Notfallpsychologie

Ein Kompendium für Einsatzkräfte

Notfallpsychologie

Ein Kompendium für Einsatzkräfte

Frank Lasogga / Bernd Gasch

3., überarbeitete und aktualisierte Auflage

Verlagsgesellschaft Stumpf + Kossendey mbH, Edewecht 2014

Anmerkungen des Verlags

Die Autoren und der Verlag haben höchste Sorgfalt hinsichtlich der Angaben von Richtlinien, Verordnungen und Empfehlungen aufgewendet. Für versehentliche falsche Angaben übernehmen sie keine Haftung. Da die gesetzlichen Bestimmungen und wissenschaftlich begründeten Empfehlungen einer ständigen Veränderung unterworfen sind, ist der Benutzer aufgefordert, die aktuell gültigen Richtlinien anhand der Literatur zu überprüfen und sich entsprechend zu verhalten.
Die Angaben von Handelsnamen, Warenbezeichnungen etc. ohne die besondere Kennzeichnung ®/™/© bedeuten keinesfalls, dass diese im Sinne des Gesetzgebers als frei anzusehen wären und entsprechend benutzt werden könnten.
Der Text und/oder das Literaturverzeichnis enthalten Links zu externen Webseiten Dritter, auf deren Inhalt der Verlag keinen Einfluss hat. Deshalb kann er für diese fremden Inhalte auch keine Gewähr übernehmen. Für die Inhalte der verlinkten Seiten ist stets der jeweilige Anbieter oder Betreiber der Seite verantwortlich. Aus Gründen der Lesbarkeit ist in diesem Buch meist die männliche Sprachform gewählt worden. Alle personenbezogenen Aussagen gelten jedoch stets für Personen beliebigen Geschlechts gleichermaßen.

Bibliografische Information der Deutschen Nationalbibliothek

Die Deutsche Nationalbibliothek verzeichnet diese Publikation in der Deutschen Nationalbibliografie; detaillierte bibliografische Daten sind im Internet über http://dnb.dnb.de abrufbar.

Umschlagfoto: Peer G. Knacke, Eutin
Umschlaggrafik: Hamidul Islam khan, Dhaka
Druck: Print Group Sp. z o.o., 71-004 Szczecin (Polen)

ISBN 978-3-943174-36-6

Inhaltsverzeichnis

1 Einleitung 9

2 Der Notfall 12

2.1 Typen von Notfällen 13
- 2.1.1 Naturkatastrophen 13
- 2.1.2 Technisch verursachte Notfälle 14
- 2.1.3 Medizinische Notfälle 15
- 2.1.4 Zwischenmenschliche Notfälle 15

2.2 Betroffene Personengruppen 16
- 2.2.1 Die Opfer 16
- 2.2.2 Die Angehörigen 17
- 2.2.3 Die Augenzeugen 17
- 2.2.4 Die Zuschauer 17
- 2.2.5. Die Verursacher 18
- 2.2.6 Die Medienvertreter 18
- 2.2.7 Die Helfer 18

2.3 Die Zeitdimension 19
- 2.3.1 Prävention 19
- 2.3.2 Psychische Erste Hilfe 21
- 2.3.3 Psychosoziale Notfallhilfe 21
- 2.3.4 Nachbetreuung 22
- 2.3.5 Therapie 22

3 Die Opfer 23

3.1 Belastungen 23
- 3.1.1 Physiologische Belastungen 23
- 3.1.2 Psychologische Belastungen 27

3.2 Moderatorvariablen 30
- 3.2.1 Biologische Variablen 30
- 3.2.2 Soziografische Variablen 31
- 3.2.3 Psychologische Variablen 32

3.3 Reaktionen 33
3.3.1 Gefühle 34
3.3.2 Gedanken 35
3.3.3 Verhalten 36
3.3.4 Verhalten der Helfer 40
3.3.5 Situative Variablen 40
3.3.6 Verhalten der Umwelt 41
3.4 Mittel- und langfristige Folgen 41
3.4.1 Mittelfristige Folgen 42
3.4.2 Langfristige Folgen 45
4 **Die Helfer** **47**
4.1 Die Helfergruppen 47
4.1.1 Laienhelfer 47
4.1.2 Professionelle Helfer (Einsatzkräfte) 48
4.1.3 Psychosoziale Notfallhelfer 51
4.1.4 Fachkräfte 54
4.2 Belastungen und Folgen 55
5 **Die Organisationen** **59**
5.1 Das »Rendezvous-System« 61
5.2 Die Leitstelle 62
5.3 Rettungsdienstmitarbeiter 63
5.4 Notarzt 64
5.5 Leitender Notarzt (LNA) 65
5.6 Organisatorischer Leiter (OrgL) 66
5.7 Ärztlicher Leiter Rettungsdienst (ÄLRD) 67
5.8 Weitere Gruppen 67

5.9 Zusammenarbeit 68

5.9.1 ... innerhalb des »Rettungsteams« 68

5.9.2 ... zwischen Rettungsteam und OrgL, Leitstelle, Polizei, Feuerwehr 70

5.9.3 ... zwischen Rettungsteam und Notaufnahme 71

5.10 Schwierigkeiten durch Länderzuständigkeit 74

6 Psychologische Hilfe 78

6.1 Begründung und Bedeutsamkeit 78

6.1.1 Ein humanistischer Gedanke 78

6.1.2 Ein psychosomatischer Gedanke 79

6.1.3 Ein ökonomischer Gedanke 80

6.1.4 Der Gedanke der Kundenorientierung 81

6.2 Psychologische Hilfe von Laien 82

6.3 Psychologische Hilfe von Einsatzkräften 88

6.3.1 Umgang mit Notfallopfern 89

6.3.2 »Todsünden« 99

6.3.3 Modifikationen bei speziellen Opfergruppen 102

6.3.4 Umgang mit Angehörigen 109

6.3.5 Umgang mit Zuschauern 122

6.4 Hilfe von psychosozialen Notfallhelfern (PSNH) 126

6.4.1 Einsatzplanung 126

6.4.2 Der Einsatz 129

6.4.3 Nachbetreuung 140

6.4.4 Akutintervention, Trauma-Therapie 141

6.5 Hilfen für Helfer 141

6.5.1 ... vor dem Einsatz 143

6.5.2 ... während des Einsatzes 144

6.5.3 ... nach dem Einsatz 145

7 Spezielle Notfallsituationen 150

7.1 Notfallsituationen bei Einzelpersonen 150

7.1.1 Akuter Herzinfarkt 150

7.1.2 Öffentlicher Suizid 153

7.1.3 Wohnungseinbruch 162

7.2 Großschadensereignisse 165

7.2.1 Reaktionen der Bevölkerung 166

7.2.2 Organisatorische Probleme 166

7.2.3 Psychologische Probleme 170

7.2.4 Das Eintreffen am Notfallort 172

7.2.5 Der Umgang mit Medienvertretern 175

7.2.6 Psychosoziale Notfallhelfer bei einem Großschadensereignis 176

7.2.7 Prävention 179

7.2.8 Panik 180

8 Nachwort 197

9 Literatur 199

Autoren 217

Register 218

1 Einleitung

Die wissenschaftliche Psychologie hat sich schon früh in ihrer Geschichte mit Problemen der Praxis beschäftigt – sei es mit der Identifikation und Förderung von benachteiligten Schülern (Binet 1905), der Arbeitsleistung in Unternehmen (Mayo 1927) oder dem Auftreten bestimmter psychischer Störungen im Alltagsleben (Freud 1900). Umso verwunderlicher ist es, dass der Bereich »Notfälle« lange ausgespart wurde. Gerade hier, wo es um sehr drastische Einschnitte im Leben eines Menschen geht, manchmal sogar um Leben und Tod, sollte man vermuten, dass eine darauf angewandte Psychologie großen Nutzen für einzelne Menschen und die Gesellschaft leisten könnte. De facto jedoch finden sich Publikationen zu diesem Thema in nennenswertem Ausmaß erst gegen Ende der 80er-Jahre des vergangenen Jahrhunderts. Ab dem gleichen Zeitpunkt wird auch die Öffentlichkeit durch die Medien wesentlich häufiger über psychologische Implikationen von Notfällen informiert. Beispiele sind das Zugunglück von Eschede, das Flugzeugunglück von Ramstein, das Lawinenunglück von Galtür und die Terroranschläge von New York, Washington und Boston sowie das Love-Parade-Unglück in Duisburg. In fast jedem entsprechenden Pressebericht wird erwähnt, dass alle Beteiligten, Opfer wie Helfer, Angehörige und sogar Zuschauer, nicht nur körperlichen, sondern auch psychischen Belastungen ausgesetzt waren, die auch zu längerfristigen dramatischen Folgeerscheinungen führen können.

Derartige Notfälle widerfahren Menschen allerdings nicht nur bei spektakulären Großereignissen wie bei Terrorakten, Erdbeben, Wirbelstürmen, Überschwemmungen, sondern vielmehr auch im alltäglichen Leben. Sie werden Opfer von kleineren Naturereignissen wie einem Lawinenabgang, aber auch von Verkehrs- oder anderen Unfällen, von kriminellen Delikten wie Raubüberfällen, Vergewaltigungen oder Einbrüchen. Hinzu kommen medizinische Notfälle wie das plötzliche Eintreten eines Herzinfarkts oder Schlaganfalls oder »soziale Notfälle« wie das Nichtbestehen einer Prüfung.

Die vorliegende Publikation versucht, das Gebiet Notfallpsychologie unter diesem breiten Rahmen zu sehen. Allerdings können nicht alle relevanten Themen in der gebotenen Ausführlichkeit bearbeitet werden. Dies liegt sowohl am Forschungsstand als auch daran, dass es sich manchmal – zumindest in Deutschland – um seltene Einzelfälle handelt (wie z.B. Umgang mit Folteropfern). Ein Anliegen des Buches ist auch, so weit wie möglich Hinweise und handhabbare praktische Regeln für den Umgang mit direkten Notfallopfern und weiteren Beteiligten vorzuschlagen. Dabei ist eine Schwierigkeit zu beachten: Die Notfallpsychologie muss sich von der oft gebrauchten Argumentation »Das ist individuell verschieden.« und »Das hängt ganz von der Situation ab!« weitgehend verabschieden. Hier findet sich eine Parallele in der Notfallmedizin: Kein Notarzt würde zum Beispiel einen Notfallpatienten wiegen, um ein Medikament exakt nach »5 mg pro kg Körpergewicht« zu dosieren. *»Alle Männer sind 80 kg schwer, alle Frauen 65 kg und 40 Jahre alt!«* äußerte eine Notärztin provokant, als sie auf dieses Problem angesprochen wurde. Selbst die jedem Führerscheininhaber vertraute »stabile Seitenlage« als Erste-Hilfe-Maßnahme bei Unfällen ist bei manchen Verletzungsmustern kontraindiziert. Trotzdem ist es richtig, sie zu vermitteln und im Falle eines Unfalls zu praktizieren, da bei der Anwendung dieser Regel weniger Menschen Schaden erleiden, als wenn sie nicht umgesetzt wird.

Ähnlich pauschalisierend müssen die Helfer vorgehen, die sich um die Psyche von Notfallopfern kümmern. Notwendig sind auch hier klare, einfache Konzepte, die schnell angewandt werden können und keine langwierige differenzierte Voranalyse erfordern. Es wird sich also immer nur um »90-%-Regeln« handeln. Keine hat für sämtliche denkbare Situationen und Menschen Gültigkeit, jedes Konzept psychologischer Hilfe wird Ausnahmen enthalten.

Für wen ist dieses Buch geschrieben? Für alle, die sich für die psychologischen Aspekte von Notfällen interessieren und sich um ein adäquates Handlungsrepertoire bemühen wollen (und sollten):

- professionelle Helfer wie Rettungsdienstmitarbeiter, Feuerwehrleute, Polizeibeamte, Notärzte, also Personen, die in ihrer beruflichen Tätigkeit häufig mit Notfällen konfrontiert werden,
- Personen, die aus verwandten Berufen oder Ausbildungsgängen kommen (Seelsorger, Psychiater, Pädagogen, Sozialarbeiter) und die sich dafür interessieren und/oder qualifizieren wollen,

- Psychologen, die sich als Notfallpsychologen spezialisiert haben oder sich spezialisieren wollen,
- Laien, die sich aus diversen Gründen für die Thematik interessieren.

2 Der Notfall

Notfälle *sind Ereignisse, die aufgrund ihrer subjektiv erlebten Intensität physisch und/oder psychisch als so beeinträchtigend erlebt werden, dass sie zu negativen Folgen in der physischen und/oder psychischen Gesundheit führen können. Von Notfällen können Einzelpersonen oder Gruppen betroffen sein.*

Notfallpsychologie *ist die Entwicklung und Anwendung von Theorien und Methoden der Psychologie sowie ihrer Nachbardisziplinen bei Einzelpersonen oder Gruppen, die von Notfällen betroffen sind. Notfallpsychologische Maßnahmen wenden sich sowohl an die Opfer als direkt Betroffene als auch an indirekt Betroffene wie Angehörige, Augenzeugen, Zuschauer, aber auch an Helfer. Notfallpsychologie umfasst Präventions-, Interventions- und Nachsorgemaßnahmen, bezogen auf einen relativ kurzen Zeitraum.*

Bei der Entwicklung notfallpsychologischer Konzepte sind drei Dimensionen zu beachten:

1. Notfalltyp,
2. Personen(gruppen),
3. Zeitdimension.

Trägt man diese drei Aspekte in Form eines Quaders auf (Abb. 1), wird deutlich, dass nicht für alle Spezialfälle, die kombinatorisch

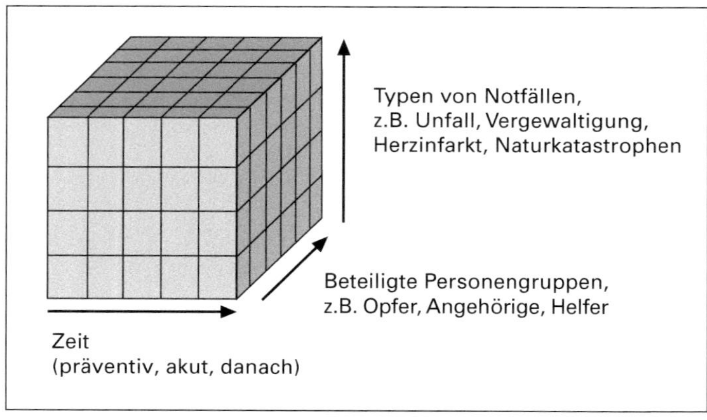

Abb. 1 ▶ Faktoren der Notfallpsychologie

denkbar sind (zum Beispiel Prävention für potenzielle Opfer von Vergewaltigungen, mittelfristige Psychoedukation für Pressevertreter bei Großschadensereignissen, Nachsorge für Feuerwehrleute nach Überschwemmungen), ausgearbeitete und überprüfte psychologische Theorien und Methoden vorliegen.

Es können somit nicht alle in der Abbildung dargestellten »Klein-Quader« ausführlich behandelt werden.

Trotzdem ist eine derartige Darstellung nicht nutzlos. So wie GUILFORD (1967) mit einem ähnlichen Quadermodell der Intelligenz auf theoretisch vorhandene, aber bislang noch nicht bekannte Intelligenzfaktoren hinweisen konnte, soll das vorliegende Schema die Erforschung und Erprobung bislang noch nicht berücksichtigter Felder der Notfallpsychologie anregen. Andererseits stellte sich jedoch bei der Analyse der verschiedenartigen notfallpsychologischen Konzepte auch heraus, dass einige Maßnahmen übergreifend für eine Vielzahl von Situationen angewandt werden können (beispielsweise das »Aktive Zuhören« nach ROGERS 1973).

2.1 Typen von Notfällen

Die Vielfalt von Notfällen, die Menschen begegnen können, ist sehr groß. Deshalb ist eine Kategorisierung nicht einfach. Als erste Orientierung kann folgende Einteilung vorgenommen werden (eine ähnliche findet sich bei HEINERTH 2000):

- Naturkatastrophen,
- technisch verursachte Notfälle,
- medizinische Notfälle,
- zwischenmenschliche Notfälle.

2.1.1 Naturkatastrophen

Dieser Typ von Notfällen ist am eindeutigsten definierbar. Es handelt sich um Ereignisse, die primär von der Natur verursacht werden. Beispiele für Naturkatastrophen sind:

- Erdbeben,
- Erdrutsche,
- Schneestürme,
- Lawinenabgänge,
- Vulkanausbrüche,
- Stürme, Hurrikans, Blizzards,

- Überschwemmungen,
- Waldbrände.

Einige dieser Ereignisse können plötzlich und unmittelbar eintreten, wie Erdbeben und Vulkanausbrüche. Dabei kann insbesondere das Überraschungsmoment spezielle psychologische Reaktionen und Verhaltensweisen hervorrufen. Bei anderen besteht eine Vorwarnzeit, wie bei Überschwemmungen oder in gefährdeten Lawinengebieten. Darin liegt die Chance einer Prävention. Jedoch ergibt sich hier das Problem, dass die betroffenen Personen oft Warnungen und Vorsorgemaßnahmen nicht hinreichend ernst nehmen.

2.1.2 Technisch verursachte Notfälle

Unter dieser Kategorie sollen Ereignisse zusammengefasst werden, die nicht durch die Natur verursacht werden, sondern im Zusammenhang mit der technisch-zivilisierten Welt eintreten. Sie können etwas grob mit dem Schlagwort »Unfälle« bezeichnet werden. Dazu gehören:

- Verkehrsunfälle (Auto, Zug, Flugzeug, Schiff),
- Hausunfälle,
- Arbeitsunfälle,
- Freizeitunfälle,

aber auch:

- Brände,
- Explosionen,
- Austreten von Giftstoffen,
- Freiwerden von Radioaktivität,
- Bergwerksunglücke,
- Talsperrenbrüche,
- Pipeline-Brüche.

Für diese Ereignisse liegen in vielen Ländern gut ausgearbeitete organisatorische und medizinische Rettungskonzepte bereit, die allerdings unter psychologischen Gesichtspunkten ergänzt werden müssten.

2.1.3 Medizinische Notfälle

Eine dritte Kategorie von Notfällen stellen die biologischen dar, d.h. medizinische Ereignisse oder Krankheiten, die einen Menschen mehr oder minder plötzlich betreffen:

- Herzinfarkt,
- Schlaganfall,
- Vergiftungen,
- Fehlgeburten,

aber auch:

- Epidemien (Cholera etc.),
- Seuchen.

Entgegen der öffentlichen Meinung sind Notfalleinsätze des Rettungsdienstes in internistischen Bereichen viel häufiger als in Unfallsituationen. Für die psychologischen Aspekte gilt jedoch Ähnliches wie bei Unfällen: Die medizinischen Strategien hinsichtlich des Umgangs mit diesen Personen sind sehr gut entwickelt, psychologische dagegen bislang noch unzureichend. In dieser Publikation wird ein Typ von medizinischen Notfällen ausgeklammert, da er spezielle, andersartige Interventionen erfordert als hier beschrieben: Psychiatrische Notfälle, beispielsweise plötzliche schizophrene Schübe oder Panikattacken (siehe dazu D'Amelio & Pajonk 2011).

2.1.4 Zwischenmenschliche Notfälle

Hierbei handelt es sich um Notfälle, die im Wesentlichen durch die Interaktion von Menschen verursacht werden. Dazu zählen alle kriminellen Delikte wie:

- Mord,
- Raubüberfall,
- Vergewaltigung,
- Kindesmissbrauch,
- Entführung,
- Einbruch,
- Folter,

aber auch:

- Todesfälle von Bezugspersonen,
- Eröffnung von schweren Krankheitsdiagnosen (Krebs, HIV),
- Suizide und Suizidversuche,
- ungewollte Schwangerschaften,
- vermisste Personen.

Diese Einteilung ist nicht ohne Problematik: Vielfach können sich die hier vorgestellten Typen von Notfällen überschneiden. Ein konstruiertes Extrembeispiel: Aufgrund eines Erdrutsches (Natur) entgleist ein Zug (technisch), daraufhin erleidet ein Passagier einen Herzinfarkt (medizinisch).

Eine andere mögliche Einteilung wäre eine Kategorisierung nach dem Typ der Schädigung. So könnten z.B. körperliche Beeinträchtigungen danach unterschieden werden, ob sie mechanisch, chemisch, thermisch, physiologisch oder psychisch verursacht sind. Es ist dann zu fragen, ob beispielsweise bei Brandopfern (thermische Ursache) andere psychologische Maßnahmen sinnvoll sind, da sie massivere psychologische Belastungsreaktionen zeigen als Patienten mit einem Schädel-Hirn-Trauma (mechanische Ursache) oder Patienten mit einem Asthmaanfall (medizinische Ursache).

2.2 Betroffene Personengruppen

Mit Notfällen sind unterschiedliche Personengruppen konfrontiert. Natürlich ist zunächst an die direkten Notfallopfer (bei Unfällen, kriminellen Akten, Naturkatastrophen usw.) zu denken. Aber auch Angehörige, Augenzeugen, Zuschauer, Verursacher und Helfer etc. sind »betroffen« und bedürfen möglicherweise einer psychologischen Hilfe. Die vorliegende Publikation verwendet dabei überwiegend die Bezeichnung »Betroffene« als allgemeinen Begriff und den Begriff »Opfer« (bzw. »Notfallopfer«) für die »direkt Betroffenen« oder auch »Patienten«, wenn es sich vorwiegend um medizinisch betroffene Personen handelt.

2.2.1 Die Opfer

Eine psychologische Hilfe muss sich natürlich auf die direkt betroffenen Personen (»Notfallopfer«) beziehen (s. Kap. 3). Dabei sollte keinesfalls das Ausmaß der physischen Verletzung das einzige Kriterium für eine psychologische Hilfe darstellen. Auch Personen, die medizinisch kaum verletzt sind, können psychisch sehr stark beeinträchtigt sein. Eine psychologische Intervention kann bei ihnen sogar notwendiger sein als bei medizinisch schwer Verletzten. Zu denken ist hierbei beispielsweise an Opfer eines Raubüberfalls oder Eltern, die erfahren, dass ihr Kind tot zur Welt kommen wird.

2.2.2 Die Angehörigen

Bei einem Notfall sind auch Angehörige (oder auch Freunde) psychisch stark belastet und benötigen Hilfe und Unterstützung. Dies gilt nicht nur für den Fall, dass sie unmittelbar Zeuge des Ereignisses wurden, sondern auch, wenn ihnen mitgeteilt werden muss, dass ihrem Kind, Elternteil, Geschwister, Ehepartner ein Notfall zugestoßen ist. Im Extremfall muss ihnen sogar eine Todesnachricht überbracht werden.

2.2.3 Die Augenzeugen

Wenig beachtet wurden bisher die Augenzeugen von Notfällen. Erst bei der Berichterstattung über die Katastrophe am 11. September 2001 im World Trade Center in New York wurden sie ausführlich erwähnt. Das Erlebte kann auch für sie eine große psychische Belastung darstellen. Sie können miterlebt haben, wie Menschen verzweifelt um Hilfe riefen, aus Gebäuden sprangen, bei einem Flugzeugabsturz verbrannten oder vor ihren Augen erschossen wurden. Bei dem Ereignis in New York waren sogar viele Personen psychisch betroffen, die das Geschehen »nur« im Fernsehen verfolgt haben.

2.2.4 Die Zuschauer

Im Gegensatz zu den Augenzeugen sollen unter dem Begriff »Zuschauer« die Personen gefasst werden, die sich erst nach dem Ereignis zum Ort des Geschehens begeben. Dies kann erfolgen, weil sie durch Lärm, Licht oder die Anfahrt der Rettungsfahrzeuge darauf aufmerksam werden oder sogar aufgrund von Berichten in den Medien extra anreisen (Katastrophentourismus). Sie wirken auf Helfer und Betroffene häufig störend. Die meisten Notfallopfer erleben es als belastend, »begafft« zu werden. Auch behindern große Zuschauermengen, insbesondere bei sog. Massenanfällen von Verletzten/Betroffenen (MANV/E), häufig die Hilfsmaßnahmen. Aber auch Zuschauer können durch das Gesehene psychisch beeinträchtigt werden.

2.2.5 Die Verursacher

Die Verursacher eines Notfalls sind eine sehr heterogene Gruppe. Auf der einen Seite kann es sich um einen Autofahrer handeln, der die Kontrolle über sein Fahrzeug verloren hat, oder einen Lokomotivführer, der einen Suizidenten überfahren hat. Zu dieser Gruppe gehören aber auch Personen, die fahrlässig einen Unfall verursacht haben, weil sie beispielsweise unter Alkoholeinfluss gefahren sind. Auch Täter, die mit Absicht einen Notfall herbeigeführt haben, beispielsweise ein Kind entführt und/oder missbraucht haben, gehören zu dieser Gruppe. Die psychische Situation dieser »Täter« soll hier allerdings nicht weiter betrachtet werden.

2.2.6 Die Medienvertreter

Vertreter der Medien haben ein legitimes Interesse daran, über einen Notfall zu berichten. Andererseits gestaltet sich der Umgang mit ihnen zuweilen schwierig, da sie sich häufig in Bereiche begeben, in denen ihre Anwesenheit aus diversen Gründen nicht angebracht ist. Sie behindern z.B. die Rettungsarbeiten oder gefährden sich selbst.

Für Opfer, Angehörige und Helfer können sie eine psychologische Belastung darstellen; welcher Schwerverletzte will sich schon gerne filmen oder interviewen lassen. Eine unsachgemäße Berichterstattung über Notfallopfer kann sogar zusätzlich belastend sein, wenn sich Opfer später in ihnen unangenehmen Situationen abgebildet sehen oder ihre Äußerungen unzutreffend zitiert werden. Aber auch Journalisten sind »Menschen«, die durch den Anblick der Notfallsituation belastet sein können.

2.2.7 Die Helfer

Zu den betroffenen Personengruppen bei Notfällen gehören auch die Helfer, seien es Laien, die zufällig gerade anwesend sind, oder die diversen professionellen Helfer wie Polizei, Feuerwehr, Rettungsdienst, Notärzte (s. ausführlicher Kap. 4). Helfer sind in zweierlei Hinsicht vom Notfall betroffen: Einerseits können sie mit ihrer Hilfeleistung zu einer Stabilisierung der Opfer beitragen, indem sie psychologisch adäquat mit ihnen umgehen. Hierfür müssten sie eine angemessene Ausbildung erhalten. Andererseits können sie durch ihre Tätigkeit selbst psychisch belastet werden und selbst psychologische Hilfe benötigen.

2.3 Die Zeitdimension

Der oben aufgeführte Quader zur Strukturierung von Notfällen enthält auch eine zeitliche Dimension. Viele Notfälle treten plötzlich ein, wie etwa ein Raubüberfall oder eine Explosion, andere nach einer kurzen oder längeren Vorwarnzeit, wie bei Hurrikans. Sogar der gleiche Notfalltyp kann mit oder ohne Vorwarnung auftreten. So wird beispielsweise an bestimmten Berghängen vor Lawinenabgängen gewarnt, andere Lawinen gehen an Stellen nieder, die man nicht in Betracht gezogen hat.

Ein anderer zeitlicher Aspekt betrifft die Ausdehnung der Notsituation, bis Hilfe geleistet wird. Bei Straßenverkehrsunfällen sind dies in Deutschland nur Minuten, bei anderen kann es Stunden oder Tage dauern, wie bei Bergwerksunglücken. Geiselnahmen können sich über Wochen erstrecken, ein sexueller Missbrauch kann über Jahre erfolgen. Hierbei stellt sich die Frage, in welcher Weise notfallpsychologische Maßnahmen je nach Zeitdauer der belastenden Situation modifiziert werden müssen.

Ein dritter zeitlicher Aspekt betrifft sowohl den Zeitpunkt als auch die zeitliche Ausdehnung der notfallpsychologischen Arbeit. Diese umfasst drei Hauptphasen: Prävention (vor dem Ereignis), akute Intervention (während oder kurz nach dem Ereignis), Nachsorge (mittelfristig nach dem Ereignis).

Das auf der folgenden Seite abgebildete Schema (Abb. 2) soll diesen zeitlichen Aspekt veranschaulichen. Die sich verjüngende Form des Schemas soll andeuten, dass ein immer geringer werdender Personenkreis derartige Hilfe nötig hat.

2.3.1 Prävention

Präventionsmaßnahmen für Notfälle sind für alle Menschen relevant. Zu unterscheiden ist dabei zwischen einer objektiven und einer subjektiven Prävention (Fischer & Riedesser 2009, S. 162ff.). Die Maßnahmen einer *objektiven Prävention* zielen darauf ab, ein potenziell traumatisches Ereignis durch organisatorische Maßnahmen zu verhindern oder beim Eintreten zumindest die Schäden zu

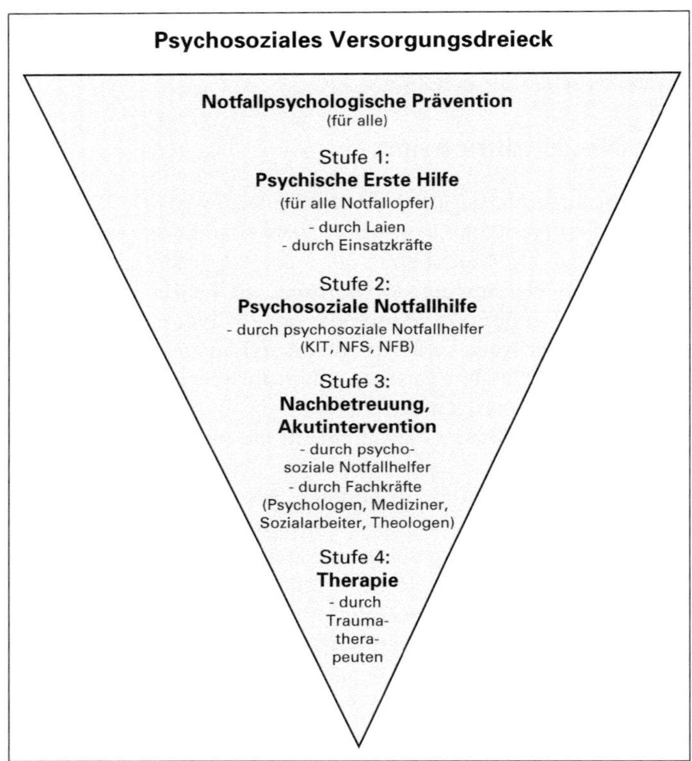

Abb. 2 ▶ Zeitliche Dimension notfallpsychologischer Interventionen

minimieren. So sind beispielsweise Maßnahmen bei der Planung einer Großveranstaltung möglich, die eine Panik vermeiden können. Dies gilt nicht nur für bestimmte Baumaßnahmen, wie das Anlegen sicherer Fluchtwege und deren Freihaltung, sondern auch für die Vorbereitung eines Textes, den geschulte Sprecher beim Eintritt einer Notsituation verlesen könnten (s. Kap. 2.8).

Bei Maßnahmen zur *subjektiven Prävention* geht es darum, Individuen oder Gruppen auf eine potenziell belastende Notfallsituation vorzubereiten. Ziel ist es, neben einem angemessenen Umgang mit dem Notfall auch negative Folgeerscheinungen zu verhindern oder zu reduzieren. Die beim Erwerb eines Führerscheins vermittelten Kenntnisse über medizinische Erste Hilfe gehören ebenso dazu wie die unten aufgeführten Regeln zur Psychischen Ersten Hilfe für Laien. Piloten und das Begleitpersonal von Flugzeugen werden routinemäßig auf kritische Situationen vorbereitet und darin trainiert, wie sie sich zu verhalten haben. Auch bereiten manche Banken ihr Personal auf das Verhalten bei Überfällen vor, oder prominente Manager werden für den Fall einer Geiselnahme geschult.

2.3.2 Psychische Erste Hilfe

Die Psychische Erste Hilfe vor Ort stellt ein Kernstück des Umgangs mit Notfallopfern dar. Jedes Opfer eines Notfalls ist psychisch verletzt. Mit ihm muss psychologisch angemessen umgegangen werden. Diese Hilfe sollte so früh wie möglich ansetzen. Dadurch kann die Gefahr von Spätfolgen stark reduziert werden: Sie treten seltener auf und werden, wenn sie auftreten, seltener chronisch (s. auch Hütter 2000, S. 274).

Eine Psychische Erste Hilfe für direkte Notfallopfer kann bereits durch Laienhelfer erfolgen. Entsprechende Regeln hierzu werden im Kapitel 6.2 vorgestellt. Die dann eintreffenden professionellen Helfer sollten diese Arbeit fortsetzen. Für andere Betroffene wie Augenzeugen und Zuschauer ist eine Psychische Erste Hilfe vor Ort meist schlecht leistbar. Häufig besteht sie allein darin, dass sie das Erlebte zu Hause erzählen und sich möglicherweise »ablenken«. Dies reicht in der Regel auch aus. Wenn nicht, werden sich diese Personen hoffentlich von selbst an entsprechende Fachleute (Psychotherapeuten, Ärzte, Seelsorger) wenden. Relevanter ist dagegen die psychologische Betreuung von Angehörigen, falls diese sich am Ort des Geschehens befinden (z.B. Eltern, deren Kind zu Hause am »Plötzlichen Kindstod« verstorben ist).

2.3.3 Psychosoziale Notfallhilfe

Alle professionellen Einsatzkräfte sollten in der Lage sein, eine Psychische Erste Hilfe zu leisten. Wenn diese nicht genügt, sollten weitere Helfer herbeigerufen werden, die speziell für diese Aufgabe ausgebildet sind und sich um direkte und indirekte Notfallopfer kümmern. Eine derartige Anforderung kann bereits bei der Meldung spezieller Notfalltypen (wie z.B. einem Großschadensereignis oder eines Suizides) in der Leitstelle erfolgen. Dann können die Leitstellendisponenten auf Anregung der Einsatzkräfte vor Ort spezielle Helfer nachalarmieren. Für diese Helfergruppe hat sich der Begriff »Psychosoziale Notfallhelfer (PSNH)« eingebürgert (ausführlicher: s. KAP. 4.1.3).

2.3.4 Nachbetreuung

Der größte Teil der von Notfällen betroffenen Menschen (Opfer, Angehörige, Helfer) verarbeitet dieses Ereignis einigermaßen adäquat und ohne größere negative Folgen. Ein geringer Teil wird jedoch nach einer einmaligen psychosozialen Notfallhilfe weitere Hilfe benötigen. Dies können spätere Gespräche sein oder z.B. auch die Begleitung eines Bankangestellten nach einem Überfall auf dem Weg nach Hause oder später zurück zum Arbeitsplatz (FRITZ 2001). Auch hierfür ist ein psychosozialer Notfallhelfer die geeignete Betreuungsperson. Sollten sich die Beeinträchtigungen jedoch als stärker erweisen, ist eine Akutintervention durch Fachkräfte erforderlich. Dies können beispielsweise Sozialarbeiter, Mediziner, Theologen oder Psychologen sein. Deren Intervention erstreckt sich häufig auf eine oder einige wenige Stunden.

2.3.5 Therapie

Treten schwerere Symptome nach dem Notfallereignis auf, müssen die direkten und indirekten Notfallopfer von entsprechend ausgebildeten Psychotherapeuten behandelt werden. Diese Intervention kann häufig aus einigen wenigen Stunden bestehen, bei denen der Fokus auf dem Notfallgeschehen liegt. Notfalls muss auch eine längerfristige »Trauma-Therapie« erfolgen. Derartige »Trauma-Therapien« gibt es inzwischen in vielen Varianten.

3 Die Opfer

Auf Notfallopfer wirken sehr viele und sehr unterschiedliche Belastungen ein. Diese sind von verschiedenartiger Stärke und Bedeutung. Wenn eine Person in einem Auto eingeklemmt oder bei einem Raubüberfall zusammengeschlagen wurde, sind natürlich zunächst die körperlichen Verletzungen bedeutsam; diese rufen allerdings auch mannigfaltige psychische Belastungen hervor. Bei einem Einbruch dagegen werden die Betroffenen vor allem von Ängsten und Ärger geplagt sein. Dies dürfte aber auch eine durchaus messbare physische Belastung (Kreislauf, Blutdruck etc.) zur Folge haben.

Die verschiedenen Belastungen treffen auf unterschiedliche Menschen. Diese unterscheiden sich biologisch, soziografisch und psychologisch. Daher sollte es nicht verwundern, wenn selbst bei ähnlichen oder identischen Notfällen eine ganze Bandbreite von völlig unterschiedlichen Reaktionen beobachtet werden kann. Auch die mittel- und langfristigen Folgen fallen sehr unterschiedlich aus. Das Schema in ABBILDUNG 3 soll dies beschreiben. Es ist primär auf unmittelbare Notfallopfer bezogen, kann aber mit Modifikationen auch auf indirekt Betroffene wie Angehörige, Augenzeugen und Zuschauer und sogar Helfer übertragen werden.

3.1 Belastungen

Generell kann in einem Notfall zwischen den physiologischen und psychologischen Belastungen unterschieden werden. Beide Bereiche stehen in Wechselwirkung.

3.1.1 Physiologische Belastungen

Die physiologischen Belastungen eines Notfallopfers können nach externen und internen Faktoren unterteilt werden, die nicht immer miteinander korrespondieren.

▶ Interne Belastungen

Schmerzen: Je nach Art und Schwere der inneren und äußeren Verletzungen können Notfallopfer unter mehr oder minder großen Schmerzen leiden. Ihr Ausmaß variiert interindividuell (zwischen verschiedenen Personen) und intraindividuell (innerhalb einer Person) beträchtlich. Bei dem Ausmaß der Schmerzen spielt die Schwe-

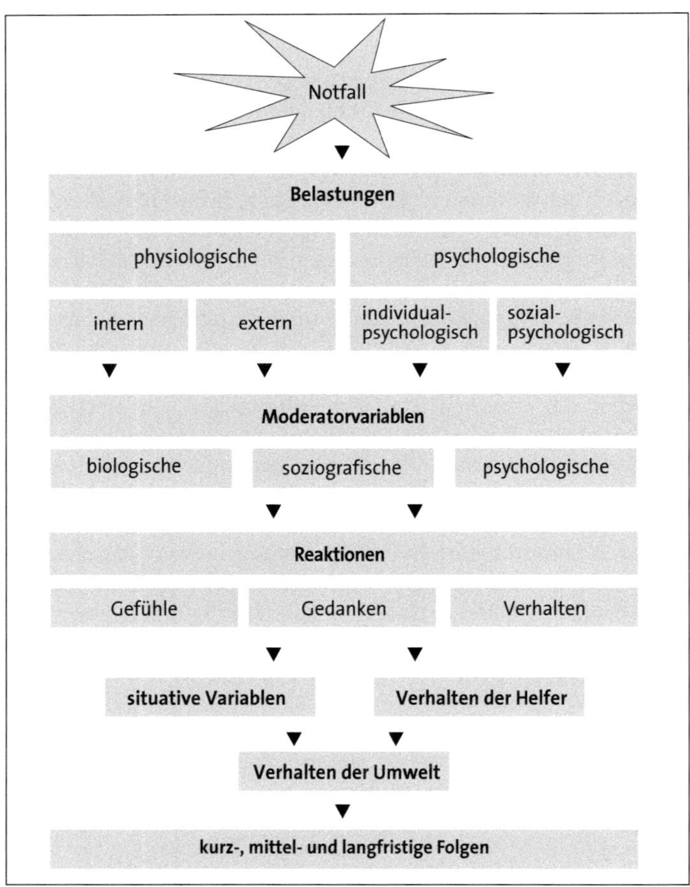

Abb. 3 ▶ Belastungen eines Unfallopfers und die Folgen

re der Verletzungen nicht unbedingt die ausschlaggebende Rolle (nach Wendrich 2000 schmerzen zuweilen kleinere Verletzungen mehr als große), sondern eher subjektive Faktoren, beispielsweise die eigene Einschätzung der Bedrohlichkeit der Verletzung etc. (vgl. Melzack 1978). Auch die bisherige Erfahrung des Verletzten mit dem Erdulden von Schmerzen ist bedeutsam. Schmerzen verursachen häufig Angst, die dann wieder zusätzliche physiologische Folgen (z.B. Blutdrucksteigerung) nach sich zieht. Diese Wechselwirkung ist aber auch in umgekehrter Richtung beobachtbar: Schmerzen treten auch ohne äußere Verletzungen aufgrund psychologischer Auslöser auf (»Herzschmerzen« bei starker Aufregung).

Bewusstseinstrübung: Eine Einschränkung des Bewusstseins, der Wahrnehmungs- und Denkfunktionen bis zur Bewusstlosigkeit wird von Notfallopfern unterschiedlich erlebt. In der Regel ruft das Schwinden des Bewusstseins unangenehme Empfindungen hervor, es kann sogar als das beginnende Sterben interpretiert werden. Wird eine Bewusstseinstrübung durch die Gabe von starken Schmerzmitteln oder Narkotika intentional herbeigeführt, ist somit eine entsprechende Aufklärung des Patienten notwendig. Dominieren dagegen sehr starke Schmerzen, kann eine Ohnmacht sogar als positiv empfunden werden.

Atemnot: Atemnot wird meist als extrem bedrohlich erlebt. Bei manchen Notfallopfern überdeckt die dabei entstehende Angst selbst starke Schmerzempfindungen. Auch hier kann ein psychosomatischer Kreislauf eintreten: Die Wahrnehmung einer eigenen Atemnot erzeugt Angst, die wiederum die Atemnot verstärkt usw. Darum ist die medizinische Grundregel, die Atemwege freizumachen und die Atmung zu normalisieren, auch psychologisch von erheblicher Bedeutung.

Sensorische Empfindungen: Bei Notfallopfern können völlig ungewohnte sensorische Empfindungen auftreten wie z.B. Taubheitsgefühle. Diese können wiederum zu Ängsten führen, weil sie als beginnende Lähmung interpretiert werden. Am häufigsten treten – völlig unabhängig von der aktuellen Außentemperatur – Kälteempfindungen auf, seltener Wärmeempfindungen. Manche Notfallopfer bemerken auch ungewohnt laut ihren eigenen Herzschlag. Einige berichten, dass sie plötzlich den Eindruck hatten, der Boden schwanke. Sollten medizinische Maßnahmen derartige sensorische Empfindungen auslösen oder verstärken (z.B. Kälte oder Kribbeln durch Infusion), sollte der Patient im Vorhinein darüber aufgeklärt werden.

▶ Externe Belastungen

Hitze/Kälte: Nicht nur die intern-physiologisch bedingten Kälte- bzw. Hitzeempfindungen, sondern auch die objektive Temperatur kann eine Belastung für ein Notfallopfer darstellen, beispielsweise bei Explosionen, Bränden und Lawinenunfällen. Aber auch bei Verkehrsunfällen kann dieser Faktor belastend wirken, wenn diese im Hochsommer oder unter extremen Winterbedingungen eintreten. Dies gilt nicht nur für absolute Temperaturen, sondern auch für extreme Temperaturunterschiede (vom warmen Auto in den kalten Straßengraben).

Lärm/Stille: Bei manchen Notfällen erleben die Opfer extreme akustische Empfindungen. Viele berichten von einer völlig irritierenden Stille nach dem Ereignis (»... *und dann war es plötzlich ganz ruhig* ...«). Andererseits herrscht z.B. bei Rettungsmaßnahmen oft starker Lärm, beispielsweise verursacht durch die Motoren der Rettungsfahrzeuge oder durch die Generatoren und Kompressoren zum Betrieb von Rettungsgeräten, von landenden und startenden Rettungshubschraubern ganz zu schweigen. Ähnliche akustische Belastungen gibt es auch bei manchen Naturereignissen (Orkane, Vulkanausbrüche etc.) – wiederum mit psychologischen Folgen (Angst).

Licht/Dunkelheit: Was im akustischen Bereich gilt, kann auf den optischen übertragen werden. Bei Nachtunfällen kann es in mehrfacher Hinsicht plötzlich »ziemlich dunkel« werden, z.B. bei einem Autounfall durch das Abkommen von der beleuchteten Fahrbahn, aber auch durch übereinanderliegende Unfallteile oder durch Blut, das über das Gesicht rinnt. Das Gleiche gilt für ein Zugunglück in einem Tunnel oder das Verschüttetsein bei einem Lawinenabgang. Bei einer Explosion, einem Feuer oder mit Beginn der Rettungsmaßnahmen bei Nacht kann das Gegenteil eintreten: Starkes Licht erhellt die Notfallstelle und blendet möglicherweise die Beteiligten, insbesondere, wenn sie sich nur eingeschränkt bewegen können.

Lage des Unfallopfers: Belastungen können sich auch aus der Lage des Notfallopfers ergeben, selbst wenn dadurch keine Schmerzen verursacht werden. Beispielsweise sind bei Verkehrsunfällen die

Opfer manchmal in unbequemer Lage eingeklemmt. Als besonders belastend werden Positionen »mit dem Kopf nach unten« erlebt. Extrem belastend ist die Situation von Verschütteten. Das Gesichtsfeld ist u.U. eingeschränkt und die Möglichkeit zur Orientierung behindert (»*Wo bin ich eigentlich?*«). Dies setzt wiederum psychophysiologische Angstreaktionen in Gang.

Sonstige externe Belastungsfaktoren: Bei speziellen Notfallsituationen können weitere externe Belastungen auftreten wie Rauch oder Nebel, die negativ auf andere Sinneskanäle wie den Geruchssinn wirken und/oder die Orientierung beeinträchtigen. Gelegentlich werden auch irritierende Vibrationen z.B. durch spezielle Rettungsmaßnahmen erlebt.

3.1.2 Psychologische Belastungen

Neben den physiologischen tritt bei Notfällen eine ganze Reihe psychologischer Belastungen auf, denen ein Notfallopfer ausgesetzt ist. Diese können auf individualpsychologischen Ursachen, d.h. bedingt durch die Persönlichkeit des Individuums selbst, aber auch auf sozialpsychologischen Ursachen, bedingt durch andere Menschen, beruhen.

▶ Individualpsychologisch

Neuheit: Während für professionelle Helfer ein Notfall im Rahmen der alltäglichen Routine liegt (beispielsweise ein Einbruch für Polizeibeamte), bedeutet er für die meisten Notfallopfer etwas völlig Neues, das sie in dieser Form noch nie erlebt haben. Eine Vielzahl von bisher nicht bekannten und damit irritierenden Empfindungen, Gefühlen, Gedanken tritt auf. Interessant ist dabei, dass nicht die objektive, sondern die erlebte subjektive Neuheit der Situation maßgebend ist. Bezeichnend hierfür ist die Reaktion von Mitgliedern eines Rettungsteams (LNA und OrgL), die auf der Rückfahrt von einem Einsatz selbst in einen Verkehrsunfall verwickelt wurden. Trotz ihrer Ausbildung und trotz des für sie eigentlich gewohnten Bildes erlebten sie aus der jetzt vorherrschenden Perspektive eines Unfallopfers zunächst die gleichen Irritationen wie andere Unfallopfer auch (Crespin 1995).

Kontrollverlust: Notfallopfer können ihr Umfeld meist nicht mehr selbst kontrollieren. Es ist gut belegt, dass ein derartiger Kontrollverlust als unangenehm erlebt wird und zu vielfältigen negativen Folgereaktionen führen kann; bei permanentem Andauern kann er sogar psychische und körperliche Krankheiten verursachen (Brehm 1966). Verfügt man dagegen noch über einen Rest an Eigenkontrolle, mindert dies die Intensität einer negativen emotionalen Folgereaktion (s. beispielsweise Davison et al. 2007, Maercker 1997). Dies ist vermutlich einer der Gründe, warum einige Opfer schon von sich aus bemüht sind, in irgendeiner Form die Kontrolle zu behalten (*»Ich wollte zu verstehen geben, dass ich nicht ganz hilflos bin.«*). Eine derartige Intention ist also als durchaus positiv zu bewerten und sogar zu fördern. So konnte bei Vergewaltigungsopfern aufgezeigt werden, dass diejenigen, die sich bemühten, einen Rest von Kontrolle und Autonomiebewusstsein in der Situation zu erhalten, weniger Krankheitssymptome entwickelten (Ehlers et al. 1997; Hagen 1997). Dass die erlebte Kontrolle auch bei Unfallopfern wichtig für den körperlichen Genesungsprozess ist, haben Rogner et al. (1987) aufgezeigt: Die Regeneration verlief günstiger, wenn die Patienten den Eindruck hatten, dass sie selbst Kontrolle über den eigenen Heilungsprozess hatten.

Unterbrochene Handlung: Ein Notfall unterbricht in der Regel den Ablauf einer anderen Handlung, die man sich zu diesem Zeitpunkt vorgenommen hat. Diese bleibt zwangsweise unerledigt. Bereits in den 1920er Jahren vermutete Zeigarnik (1927), dass dies zu internen psychischen Spannungen führt, die teilweise dauerhaft bestehen bleiben. Möglich sind auch Schuldgefühle, insbesondere wenn die unterbrochenen Aktivitäten wichtig waren und anderen Menschen galten.

▶ Sozialpsychologische Belastungen

Zuschauer: Als ein massives, sozialpsychologisch bedingtes Belastungselement werden von vielen Notfallopfern Zuschauer erlebt, sei es bei Unfällen, Geiselbefreiungen, Todesfällen von Angehörigen, aber auch schon dann, wenn die Polizei erscheint, um die Schäden eines Einbruchs festzustellen. Derartig im Mittelpunkt des Interesses zu stehen, ist für viele Menschen sehr unangenehm. Bei körperlich Verletzten ist diese Situation besonders belastend: Man fühlt sich hilflos, eventuell ist auch die Kleidung nicht in korrektem Zustand, Urin oder Kot geht ab oder man schämt sich wegen seines schmerzbedingten Stöhnens, Schreiens oder Weinens. Dies kann zu Wut und Aggressionen gegenüber der Umwelt führen.

Andere Notfallopfer: Sind bei einem Notfall auch andere Menschen als Opfer betroffen, kann dies ambivalent wirken. Einerseits könnten die Gedanken aufkommen, man sei mit seinem Schicksal nicht allein, anderen gehe es genauso, wenn nicht sogar schlechter (z.B. nach einem Lawinenunglück: *»Ich lebe wenigstens noch.«*). Andererseits können Neidreaktionen gegenüber denen auftreten, die relativ unverletzt aus der Situation herausgekommen sind, während man selbst stärker betroffen wurde. Umgekehrt können auch Schuldgefühle gegenüber denen entstehen, die beim Notfall sehr schwer verletzt wurden oder überhaupt nicht überlebt haben (*»Wieso bin ich davongekommen?«*). Auch können sich Notfallopfer Vorwürfe machen, anderen Notfallopfern nicht geholfen zu haben, selbst wenn dies unter den Umständen gar nicht möglich gewesen wäre. In einigen Notfallsituationen können die Schreie oder das Stöhnen anderer Notfallopfer eine zusätzliche Belastung darstellen. Besonders bedrückend ist die Situation, wenn Lebenspartner, Eltern, Kinder oder Verwandte in den Notfall mit einbezogen sind. In diesen Fällen kann die Sorge um deren Wohlergehen so stark dominieren, dass selbst schwere eigene Verletzungen oder Belastungen negiert oder nicht mehr wahrgenommen werden.

Soziale Hierarchie: Wie schon unter dem Stichwort »Kontrollverlust« angedeutet, führt ein Unfall zu einer temporären oder permanenten Veränderung der sozialen Hierarchiestruktur eines Menschen. Über lange Jahre hinweg hat jedes Individuum ein eigenes internes System dafür entwickelt, wem es sich persönlich oder organisatorisch überlegen oder unterlegen fühlt, wer wem Anweisungen erteilen darf und wer diese von wem erhält. Es ist für viele deshalb nicht einfach zu akzeptieren, dass sie im Fall eines Notfalls ohne reale Chance von Widerstand oder Protest das tun müssen, was andere von ihnen verlangen. Selbst ein Vorstandsvorsitzender einer großen Bank hat sich bei einem Verkehrsunfall den Anweisungen eines Rettungsdienstmitarbeiters zu beugen (»*Jetzt bleiben Sie mal ganz ruhig hier liegen!*«). Auch manche Geiseln berichten, dass sie sich mit der in der Situation aufgezwungenen Machtstruktur nicht abfinden konnten.

Lageperspektive: Zu den schon erwähnten physiologischen Belastungen, die aus bestimmten Körperlagen resultieren, kommen noch sozialpsychologische. Insbesondere wenn man sich zwangsweise in einer liegenden Position befindet, bringt diese Position eine unübliche Verzerrung der Wahrnehmung der Umwelt mit sich. Die Proportionen anderer Menschen sind verschoben, mit dem Effekt, dass Helfer, die sich über einen beugen, sogar manchmal als bedrohlich erlebt werden.

3.2 Moderatorvariablen

Die Belastungen in einem Notfall treffen Menschen, die sich biologisch, soziografisch und psychologisch stark unterscheiden. Diese Faktoren sollen »Moderatorvariablen« genannt werden, da sie mit dafür verantwortlich sind, dass sich in einem Notfall bei verschiedenen Menschen völlig unterschiedliche Reaktionen und Folgen kurz-, mittel- und langfristiger Art zeigen.

3.2.1 Biologische Variablen

Unter den biologischen Variablen spielen vor allem Alter und Geschlecht eine wesentliche Rolle. Physiologisch wie psychologisch können beispielsweise Kinder oder alte Menschen die entstandenen Belastungen stärker oder schwächer, auf alle Fälle jedoch anders erleben als Menschen in mittleren Altersstufen. Auch das Geschlecht könnte von Bedeutung sein, beispielsweise bei Schmerzempfindungen. Verschiedenartige Reaktionen resultieren möglicherweise aus der unterschiedlichen Sozialisation von Männern und Frauen: Frauen haben eventuell weniger Hemmungen, ihre Emotionen und Schmerzen durch Weinen oder Schreien zu zeigen als Männer, auch wenn hier in letzter Zeit Änderungen zu beobachten sind. Auch die angeborene oder momentane körperliche Konstitution (trainierter Sportler versus »Stubenhocker«) dürfte bei manchen Notfalltypen eine Rolle spielen, ebenso Vorerkrankungen oder allergische Empfindlichkeiten.

3.2.2 Soziografische Variablen

Die Reaktion auf einen Notfall wird auch durch soziokulturelle Variablen beeinflusst, so z.B. den unterschiedlichen Umgang mit Schmerz, Trauer oder Einsamkeit. Diese werden in verschiedenen Ländern und Religionen unterschiedlich ausgedrückt. Der Tod eines Kindes durch Krankheit in einer Eingeborenenkultur des Urwalds stellt für die Eltern eine andere Belastung dar als ein derartiger Todesfall für eine mitteleuropäische Mittelstandsfamilie. Eine bei einem Verkehrsunfall verunglückte türkisch-islamische Großfamilie wird anders reagieren (und von den Helfern anders zu behandeln sein!) als eine entsprechende katholische Familie aus Bayern. Auch innerhalb eines Kulturkreises sind Unterschiede zu verzeichnen. Bei einem Mann, der verheiratet ist und zwei kleine Kinder hat, steht wahrscheinlich die familiäre Situation bei einem Raubüberfall oder einem Bergwerksunglück gedanklich und emotional stärker im Vordergrund als bei einem Single, bei dem möglicherweise die beruflichen Konsequenzen im Fühlen und Denken dominieren.

Bestimmte soziografische Variablen sind als besonders positiv bei der Verarbeitung des Notfallgeschehens anzusehen und stellen somit protektive Faktoren dar, (nach Heim 1996, Egle et al. 1997) zum Beispiel:

- dauerhaft gute Beziehungen zu mindestens einer primären Bezugsperson,
- Aufwachsen in einer »Großfamilie«, z.B. mit Großeltern etc.,
- hohe Intelligenz,
- körperliche und psychische Unversehrtheit,
- sicheres Bindungsverhalten,
- soziale Anerkennung,
- verlässlich unterstützende gleichaltrige Bezugspersonen,
- konstante Beziehungspartner,
- sicherer Arbeitsplatz,
- positives Selbstbild.

Umgekehrt stellen bestimmte Faktoren ein erhöhtes Risiko für die Entwicklung einer Störung nach einem Notfall dar. Dazu gehören nach Egle et al. (1997) u.a.:

- niedriger sozioökonomischer Status der Herkunftsfamilie,
- schlechte Schulbildung der Eltern,

- große Familien mit wenig Wohnraum,
- Kriminalität oder Dissozialität der Eltern,
- psychische Störungen der Mutter oder des Vaters,
- mütterliche Berufstätigkeit im ersten Lebensjahr,
- früher Verlust der Mutter,
- schlechte Kontakte zu Gleichaltrigen.

Die Wirkung eines einzelnen Faktors sollte dabei nicht überbewertet werden. Erst das Zusammentreffen mehrerer Faktoren führt zu einem größeren Risiko. Risikofaktoren können aber auch durch protektive Faktoren kompensiert werden.

3.2.3 Psychologische Variablen

Unter die psychologischen Moderatorvariablen fallen u.a. alle bisherigen lebensgeschichtlichen Erfahrungen eines Menschen. So hat jeder bestimmte Bewältigungsstrategien (Coping-Strategien) für Problemsituationen entwickelt, die im konkreten Fall mehr oder weniger hilfreich sein können (Bsp.: *»Ich habe in meinem Leben schon so viel erlebt, ich werde auch das schaffen!«*). Dabei ist besonders der Terminus der »Kontrollüberzeugungen« bedeutsam: Menschen unterscheiden sich darin, inwieweit sie meinen, auf die Umwelt einwirken zu können, oder von anderen Menschen oder dem Schicksal (oder Zufall) abhängig zu sein. Positiv ist es, wenn ein Individuum über vielfältige und flexible Coping-Strategien verfügt, da dann, wenn eine Strategie (z.B. der Versuch, psychische Belastungen durch körperliche Bewegung abzureagieren) wegen äußerer Bedingungen nicht anwendbar ist, auf andere Verfahren (z.B. Beten) ausgewichen werden kann. Coping-Strategien können aber auch dysfunktional und schädlich oder zusätzlich belastend sein. Negativ wäre es beispielsweise, wenn man gelernt hätte, sich bei Konflikten oder Schwierigkeiten aufzugeben und inaktiv zu werden.

Auch weitere Grundeinstellungen, beispielsweise eine generell pessimistische oder optimistische Sichtweise, spielen beim Umgang mit den Belastungen eine Rolle, ebenso wie der Grad an »kommunikativer Offenheit«: Einige Menschen haben in ihrem Leben nie gelernt, über Probleme zu sprechen; sie »fressen sie in sich hinein«, während andere gewohnt sind, über alles mit irgendjemandem zu reden. Bei Notfällen ist ein aktives kontaktfreudiges Verhalten als günstiger anzusehen.

3.3 Reaktionen

Aus der vorangegangenen Darstellung folgt, dass die akuten Reaktionen bei Notfällen sehr variieren. Dabei sind nicht nur die Art und Stärke der Belastungen maßgebend, sondern die unterschiedlichen biologischen, soziografischen und psychologischen Variablen. Die Zusammenhänge zwischen Notfall und Reaktion sind also sehr komplex. Es kann beispielsweise nicht von vornherein angenommen werden, dass die Reaktion eines Opfers um so drastischer ausfällt, je stärker die belastenden Faktoren (einzeln oder in ihrer Summe) auftreten, auch nicht, dass eine bestimmte Art der Belastung notwendigerweise zu einer bestimmten Reaktion führt. Ebenfalls kann nicht vorausgesagt werden, ob eine Reaktion sofort nach dem Notfall auftritt oder erst zu einem späteren Zeitpunkt. Schließlich kann aus den Belastungen nicht abgeleitet werden, ob eine sehr schwache oder sehr starke Reaktion erfolgt. Nach einem Wohnungseinbruch kann jemand zum Beispiel wie folgt reagieren:

> *»Hauptsache ich lebe noch! Ansonsten bin ich gut versichert. Einen neuen Videorecorder wollte ich mir ohnehin kaufen. Ein zweites Mal passiert das sicher nicht.«*

Eine andere Person dagegen fängt an, hysterisch zu weinen, und leidet dann wochenlang unter Angstattacken, wacht nachts schweißgebadet, von Alpträumen geschüttelt auf und wechselt schließlich sogar die Wohnung. Selbst dort muss sie noch oft an den Einbruch denken und kontrolliert mehrmals täglich, ob sämtliche Fenster und Türen verschlossen sind.

Einige Reaktionen treten jedoch in der Gesamtschau besonders häufig auf, sodass sie im Folgenden kurz beschrieben werden. Dabei werden sie der Übersichtlichkeit halber in die Kategorien »Gefühle« und »Gedanken« unterteilt sowie das daraus resultierende »Verhalten« beschrieben. Selbstverständlich ist jedoch jeder Bereich mit jedem anderen verbunden, z.B. ist jede Emotion von Kognitionen, also von Gedanken und Bewertungen, begleitet; Gedanken sind immer auch mit Emotionen unterlegt und erzeugen zuweilen auch ein spezielles Verhalten.

3.3.1 Gefühle

▶ Angst

Angst tritt bei nahezu allen Notfallopfern auf. Teilweise ist sie eher diffus, teilweise bezieht sie sich sehr konkret auf Schmerzen, die möglichen Folgen schwerer Verletzungen, mögliche Behinderungen oder den eigenen Tod, aber auch auf die Probleme eines Krankenhausaufenthalts und die Unannehmlichkeiten medizinischer Maßnahmen, die Trennung von Angehörigen und sogar die finanziellen Konsequenzen. Das Ausmaß und die Art der erlebten Angstgefühle variieren sehr stark. Viele Notfallopfer haben aufgrund ihrer Ängste das Bedürfnis zu reden; dies wird als entlastend empfunden. Der Drang, das Geschehen in dieser Weise zu bearbeiten, besteht nicht nur unmittelbar nach dem Notfall oder während der Rettungsaktionen, sondern teilweise auch noch Wochen oder Monate später. Nicht nur die aktuelle Unfallsituation, sondern auch die Fahrt zum Krankenhaus wird in dieser Hinsicht unterschiedlich erlebt. Die Unfallopfer befinden sich jetzt in einer eher isolierten Situation, d.h. sie werden jetzt nicht mehr durch eine Vielfalt von Wahrnehmungen und Aktionen abgelenkt. Insbesondere wenn das Rettungspersonal nicht mit ihnen spricht, kommt manchen Unfallopfern die Schwere ihrer Verletzungen jetzt erst voll zu Bewusstsein – es sei denn, sie sind medikamentös sediert worden. Sie befürchten dann, dass ein längerer stationärer Aufenthalt mit vielen Unannehmlichkeiten droht. Andererseits erfahren Patienten im Rettungswagen auch positiv, dass ihre physische Situation jetzt »unter Kontrolle« gebracht wurde, was ihre Erregung mindert.

▶ Schuldgefühle

Die Schuldfrage ist für einige Notfallopfer von zentraler Bedeutung. Insbesondere geht es ihnen darum, den eigenen Beitrag zum Geschehen zu klären. Dabei gibt es drei typische Zuschreibungsformen:

1. Ich bin schuld (*»Warum musste ich auch dieses Urlaubsgebiet aussuchen?«*),
2. Andere sind schuld (*»Unverschämt, dass keine größeren Warnschilder aufgestellt waren.«*),
3. Die Umstände sind schuld (*»So ein dummer Zufall, dass ich in diesem Zug saß!«*).

Unabhängig von der tatsächlichen Schuldfrage werden diese Zuschreibungen persönlichkeitsspezifisch vorgenommen. So entwickeln einige Personen Schuldgefühle, ohne dass tatsächlich ein objektives Eigenverschulden vorliegt. Ein Schuldgefühl kann auch entstehen, weil man anderen nicht geholfen hat, selbst wenn dies aufgrund der eigenen Verletzungen unmöglich war (subjektives Schuldgefühl, Lasogga & Münker-Kramer 2009). Eine andere Art von Schuldgefühlen kann durch die Sorge entstehen, nach dem Notfall berufliche und familiäre Verpflichtungen nicht mehr wahrnehmen zu können.

▶ Scham

Schamgefühle können in Notfallsituationen in verschiedenen Varianten auftreten. Am leichtesten kann man dies nachfühlen, wenn sich das Notfallereignis vor Zuschauern abgespielt hat. Aber auch eine andere Art von Scham kann auftreten: die unangenehme Empfindung, die Hilfe anderer zu benötigen, »Umstände« zu machen, ja sogar »Kosten zu verursachen«.

▶ Misstrauen

Spezielle Notfallsituationen können das Vertrauen zu anderen Menschen beeinträchtigen. Bei Vergewaltigungsopfern ist leicht nachvollziehbar, wie schwer sie es haben werden, wieder ein vertrauensvolles Verhältnis zu Männern zu entwickeln. Auch ein Raubüberfall kann zu einem generellen Misstrauen gegenüber allen Menschen führen (»*Ich traue niemandem mehr!*«). Es kann dann sehr schwierig sein, mit den Opfern in Kontakt zu treten, d.h. sie können auch Helfern gegenüber misstrauisch und ablehnend reagieren.

3.3.2 Gedanken

▶ … an die eigene Gesundheit

Insbesondere bei Notfällen mit möglichen körperlichen Beeinträchtigungen gilt der erste Gedanke häufig der eigenen Gesundheit (»*Wie schwer bin ich verletzt?*«). Dies schließt auch Gedanken an den eigenen Tod mit ein (»*Muss ich sterben?*«). Gedanken dieser Art decken sich allerdings nicht immer mit der jeweiligen medizinischen Diagnose (Nahmias 1983).

▶ ... an die Notfallfolgen

Gedanken hinsichtlich der möglichen Folgen und Auswirkungen machen sich Notfallopfer in sehr unterschiedlicher Form. Für einige spielen sie zunächst überhaupt keine Rolle, selbst wenn sie evident sind. Andere dagegen reflektieren intensiv über alle möglichen Auswirkungen des Geschehens (»*Was werden die Nachbarn sagen?*«). Es werden verschiedene Alternativen durchgespielt, die um die künftige Situation kreisen. Gelegentlich dominieren aber auch scheinbar recht banale Themen wie der nun abzusagende Urlaub, die Arbeiten, die verschoben werden müssen, Vertretungsregelungen am Arbeitsplatz oder das Problem »*Wer füttert jetzt meine Katze?*«.

▶ ... an Angehörige

Einer der ersten Gedanken gilt häufig Angehörigen. Man sorgt sich um die Auswirkungen, die der Notfall für sie hat (»*Ich hatte auch Sorge um meinen Mann ... der darf sich nicht aufregen!*«). Ansonsten wünscht man sich, dass Angehörige möglichst schnell benachrichtigt werden und man sie möglichst bald sieht. In der Regel (nicht immer) fühlen sich Notfallopfer dann durch deren Anwesenheit beruhigt.

▶ ... an Materielles

Gedanken an die materiellen Folgen eines Notfalls stehen bei den meisten Notfallopfern nicht im Vordergrund, sind aber auch nicht selten (»*Was das alles wieder kosten wird!*«). Wenn sie jedoch auftreten, umfassen sie nicht immer die gesamten finanziellen Konsequenzen, sondern gelten auch belanglosen Dingen, die für Außenstehende angesichts des Geschehens gelegentlich fast grotesk erscheinen *(»Jetzt ist das Rücklicht von meinem Fahrrad kaputt.«)*. Für die Opfer stehen sie aber durchaus im Zentrum. Die Toleranz der Helfer, derartige Äußerungen zu akzeptieren, wird dabei gelegentlich stark gefordert.

3.3.3 Verhalten

Aus den Belastungen und Moderatorvariablen sowie den Gedanken und Gefühlen resultieren unterschiedliche Verhaltensweisen. Häufig werden die im Folgenden beschriebenen Reaktionen auch unter dem Begriff »Schock« zusammengefasst. Dieser Terminus ist wenig hilfreich, da er für sehr viele unterschiedliche Phänomene angewandt wird. Außerdem führt er zu Verwechslungen mit dem medizinischen Schockbegriff, mit dem nach HOFMANN (2001) generell eine »ungenügende Herzauswurfleistung« bezeichnet wird, wobei allerdings auch dort die Ursachen und Erscheinungsformen differieren. Deshalb wird er hier nicht verwendet.

Für Helfer ist es wichtig, jedes Verhalten zunächst zu akzeptieren, es nicht per se zu be- oder gar zu verurteilen. Sämtliche Reaktionen dienen dazu, die durch das Geschehen angestaute Erregung in der Weise abzuführen, die für das Opfer individuell adäquat ist. »Akzeptieren« soll aber nicht bedeuten, nichts zu unternehmen, sondern lediglich, die Reaktionen nicht als gut, schlecht oder unangemessen zu bewerten.

▶ Weinen

Weinen in Notfällen ist eine auch für Laien verständliche Reaktion und tritt aufgrund einer in den letzten Jahren beobachtbaren Wandlung in der Gesellschaft auch bei Männern häufiger auf. Dieses Verhalten kann nicht nur aufgrund von Schmerzen erfolgen, sondern auch aus Angst oder einer anderen Gefühlsregung. Es wirkt entlastend und sollte nicht unterbunden werden.

▶ Schreien

Auch lautes Schreien kann bei Notfällen beobachtet werden. Dies hat einen biologischen Sinn: Die eigene Not wird den Artgenossen bekannt gemacht und man signalisiert, dass man Hilfe braucht. Dementsprechend reagieren Helfer auch häufig so, dass sie sich sofort um die Opfer kümmern, die am lautesten schreien. Ihnen muss diese Reaktion jedoch eher abtrainiert werden, denn andere, schwerer verletzte Personen könnten ihre Hilfe eventuell dringender benötigen.

▶ Aggressionen

Manche Notfallopfer zeigen Aggressionen. Diese können sich in Beschimpfungen niederschlagen, aber auch in körperlichen Reaktionen wie Um-sich-Schlagen oder Wegstoßen. Diese Handlungen können sich wahllos gegen andere anwesende Personen richten, gegen andere Notfallbeteiligte wie Zuschauer, die Polizei, den Rettungsdienst, gelegentlich auch gegen sich selbst. Dabei handelt es sich meistens nicht um eine gerichtete Feindseligkeit, sondern eine Art der Erregungsabfuhr. Jeder davon Betroffene sollte dabei der Versuchung widerstehen, mit Gegenaggression zu reagieren.

▶ Überaktivität

Die hohe Erregung bei einem Notfall führt häufig zu einer starken motorischen Erregung. Im Extremfall rennen die Personen orientierungslos umher und sind kaum zu stoppen. Hier muss der Helfer versuchen, dies deutlich zu unterbinden, ggf. auch mithilfe anderer Instanzen, beispielsweise der Polizei. Im gemäßigteren Fall wirken diese Notfallopfer nur agitiert, reden sehr viel, möchten unbedingt »etwas machen«. Nicht immer sind diese Handlungen und Aktionen jedoch sinnvoll.

▶ Lähmung

Eine der Überaktivität entgegengesetzte Reaktion ist ebenfalls beobachtbar: Die Opfer stehen der Situation wie gelähmt gegenüber. Sie wirken apathisch, erstarrt, bewegungslos, stieren vor sich hin. Das Geschehen hat für sie anscheinend keine Bedeutung mehr. Ihre Umwelt scheint sie nicht zu interessieren.

▶ Ruhe/Beherrschung

Manche Notfallopfer reagieren aber auch erstaunlich ruhig und gelassen, obwohl aufgrund der Schwere des Notfalls mit einer heftigeren Reaktion zu rechnen wäre. Für einige ist dies ihre erworbene Form von Problembewältigung. Helfer sollten nicht dem Irrtum unterliegen, dass diese Gelassenheit auch immer innerlich besteht. Teilweise werden die bestehenden Emotionen wie Erregung und Angst lediglich temporär unterdrückt. Wenn zu einem späteren Zeitpunkt keine angemessene Verarbeitung des Geschehens erfolgt, kann verzögert eine starke Reaktion einsetzen.

▶ Lachen

Manchmal kommt es bei Notfallopfern auch zu kurios anmutenden Verhaltensweisen. So kann beispielsweise lautes Lachen beobachtet werden. Diese Verhaltensweise dient wie alle anderen ebenfalls der Erregungsabfuhr in dieser Situation und ist keineswegs als Unempfindlichkeit, mangelnde Sensibilität oder gar sadistische Tendenz zu werten.

▶ Abwehrmechanismen

Einige Verhaltensweisen erscheinen auf den ersten Blick geradezu unlogisch oder übertrieben. Sie können durch die aus der Psychoanalyse bekannten »Abwehrmechanismen« erklärt werden. Auch diese dienen dazu, die empfundenen Spannungen zu reduzieren. Bei Notfällen werden häufig folgende Mechanismen beobachtet (s.a. Redelsteiner 1988):

Verleugnung: Die Betroffenen leugnen das Geschehen. So wollen beispielsweise einige Eltern bei plötzlichem Kindstod nicht wahrhaben, dass ihr Kind verstorben ist. Sie nehmen dann sogar Anzeichen wahr, dass das Kind noch lebt (*»Sehen Sie doch, es hat sich gerade noch bewegt!«*) und bedrängen den Notarzt, weitere Maßnahmen zu unternehmen bzw. die Reanimation fortzusetzen.

Verdrängung: Der Mechanismus der Verdrängung kann als eine schwächere Form der Verleugnung angesehen werden. Dies bedeutet, dass die Betroffenen das Geschehen möglichst rasch zu vergessen suchen. Im Alltagssprachgebrauch wird dies durchaus auch als Verarbeitung angeboten: *»Forget it!«* Bei Notfällen ist dieser Mechanismus gelegentlich problematischer: Dann werden z.B. Verletzungen in ihrer Schwere heruntergespielt, Informationen über das Geschehen abgewehrt, Hilfe abgelehnt (*»Ich will nur in Ruhe gelassen werden.«*).

Rationalisierung: Dieser Mechanismus bedeutet, dass Notfallopfer das Geschehen nachträglich als konsequente Folge von vorangegangenen Verhaltensweisen oder Ereignissen rechtfertigen. Es werden diverse Gründe angegeben, warum der jetzige Zustand eintreten konnte und sogar musste (*»Es konnte eigentlich gar nicht anders kommen!«*) und eventuell sogar positive Aspekte in sich trägt (*»Mein Herzinfarkt ist gerade rechtzeitig gekommen! Ich lebe jetzt viel intensiver.«*). (Dass ein Notfall unter philosophischer Betrachtung tatsächlich ein positives Ereignis für einen Menschen darstellen kann, soll hier nicht diskutiert werden.)

Regression: Dieser Abwehrmechanismus ist häufig zu beobachten. Das Notfallopfer fällt dabei auf eine kindliche Altersstufe zurück. Ein Problem kann dann darin bestehen, dass sich Notfallopfer hilfloser geben als sie sind, Verantwortung an andere delegieren, keine Entscheidungen fällen und es vermeintlich sogar zu genießen scheinen, wenn sie durch die Helfer »bemuttert« werden.

3.3.4 Verhalten der Helfer

Die Helfer spielen sowohl bei den akuten Reaktionen der Notfallopfer als auch bei den mittel- und langfristigen Folgen eine entscheidende Rolle. Nach einem Notfall treten sie in der Regel als erste mit den Opfern in Kontakt. Die beschriebenen Gedanken, Gefühle und Verhaltensweisen der Notfallopfer treffen auf einen sozialen Interaktionspartner, der für sie in diesem Moment eine ganz zentrale Rolle spielt. Die Helfer stellen sozusagen eine »externe Moderatorvariable« dar.

Verhält sich der Helfer psychologisch angemessen, hat dies eine positive Auswirkung sowohl auf die momentane Befindlichkeit der Opfer wie auf die mittel- und langfristigen Folgen. Verhält sich der Helfer unangemessen, kann dies zu einer »Sekundär-Traumatisierung« führen (man denke beispielsweise an eine unsensible polizeiliche Vernehmung nach einer Vergewaltigung).

Das Opfer hat all seine Hoffnungen auf den Helfer gerichtet und wird nun, in seiner ohnehin sehr labilen Verfassung, stark enttäuscht (*»Ich war so erleichtert, als die eintrafen. Aber dann haben die mich in einer Weise behandelt, dass ich richtig schockiert war, das kann ich überhaupt nicht vergessen.«*). Das Verhalten der Helfer bleibt dann negativer in Erinnerung als der eigentliche Notfall selbst. Dies hat auch Folgen für die Entwicklung von mittel- oder langfristigen Störungen (HÜTTER 2000): Verhalten sich Helfer psychologisch unangemessen, treten in der Folge häufigere und stärkere Störungen auf und werden leichter chronisch. Diese Störungen werden allerdings nicht immer mit der »eigentlichen« Ursache, dem unangemessenen Helferverhalten in Verbindung gebracht, sondern fälschlicherweise als eine Folge des Notfalls gesehen.

3.3.5 Situative Variablen

Die Folgen eines Notfalls werden auch von einigen situativen Variablen beeinflusst. Dazu gehört beispielsweise, ob Bezugspersonen, wie zum Beispiel der Ehepartner oder bei Kindern ein Lehrer oder die Eltern, anwesend sind. Die Anwesenheit von derartigen Bezugspersonen beruhigt in der Regel. Auf Kinder hat das Verhalten der Bezugspersonen einen sehr starken Einfluss: Bleiben sie ruhig, bleiben auch die Kinder eher ruhig, umgekehrt kann Nervosität von Bezugspersonen auch zu starker Unruhe bei Kindern führen (KARUTZ & LASOGGA 2014). Von Bedeutung ist ebenso der Ausgang des Notfalls. Wenn ein Ehepartner einen Herzinfarkt überlebt, hat dies andere Folgen, als wenn er an dem Herzinfarkt verstirbt.

3.3.6 Verhalten der Umwelt

Für die Entwicklung von mittel- und langfristigen Folgen nach einem Notfall hat die Umwelt eine entscheidende Bedeutung. Wenn sich Angehörige, Freunde etc. angemessen verhalten, also das Notfallopfer weder über- noch unterfordern, werden sich weniger negative Folgen einstellen. Eine Unterforderung hingegen kann dazu führen, dass das Notfallopfer sich für beeinträchtigter hält, als es tatsächlich ist. Der Genesungsprozess kann somit verzögert werden. Dass eine Überforderung ebenso schädlich ist, versteht sich von selbst.

In diesem Zusammenhang ist ein Phänomen anzuführen, das in der psychoanalytischen Theorie beschrieben wird, der »sekundäre Krankheitsgewinn«. Dieser Terminus besagt, dass jede Krankheit auch positive Seiten für einen Patienten hat, also einen psychologischen Gewinn mit sich bringt. Dieser besteht beispielsweise darin, dass man umsorgt, gepflegt und schonend behandelt wird, dass sich andere Menschen um einen kümmern oder man im Zentrum des Interesses steht. Dieses Phänomen kann sogar dazu führen, dass manche Personen die Gesundung unbewusst hinauszögern, um nicht wieder selbstverantwortlich in Aktion treten zu müssen.

3.4 Mittel- und langfristige Folgen

Es ist trivial, dass kein Ereignis, das ein Mensch erlebt, ohne persönliche Folgen bleibt. Sowohl gedanklich als auch emotional bleiben Spuren zurück. Allerdings können die Wirkungen sehr stark variieren. Eine ganze Reihe von Notfallopfern bewältigt das Geschehen mittel- oder langfristig ohne größere negative Folgeerscheinungen.

Einige Aspekte können sogar eine positive Wende in der eigenen Lebensgestaltung (z.B. ein verstärktes Gesundheitsbewusstsein) einleiten. Andere Notfallopfer hingegen zeigen deutliche negative Reaktionen, unter denen sie mehr oder minder stark leiden. Dies gilt auch für Augenzeugen, Angehörige und Helfer.

Neben diesen interindividuellen Schwankungen sind auch intraindividuelle Schwankungen zu verzeichnen: Nicht sämtliche Reaktionen zeigen sich an allen Tagen gleich stark. Sie treten auch auf, ohne dass spezifische Auslöser identifiziert werden können. Eine besondere Gefährdung besteht allerdings an Tagen mit einer speziellen individuellen Bedeutung, an Geburtstagen, Jahrestagen des Ereignisses oder Weihnachten.

Bei der Entwicklung von Störungen könnte auch der Notfalltyp eine Rolle spielen. Eine sog. posttraumatische Belastungsstörung entwickelt sich z.B. eher, wenn der Notfall eine Folge menschlichen Handelns (z.B. eines kriminellen Delikts) ist und nicht einer Naturkatastrophe (Margraf 1996). Ein fiktiver, wenn auch makabrer Selbstversuch kann dies veranschaulichen: Man stelle sich vor, das eigene Kind käme bei einem Notfall ums Leben. Möglichkeit a) es wird durch ein Erdbeben verschüttet, Möglichkeit b) es wird von einem Sexualmörder missbraucht und ermordet. Trauer, Aggression und erlebte Belastung dürften im zweiten Fall erheblich stärker sein.

3.4.1 Mittelfristige Folgen

Trotz aller inter- und intraindividuellen Unterschiede können generell folgende mittelfristige Auswirkungen von Notfällen beobachtet werden:

▶ Ängste

Wie dargelegt, treten bei einigen Notfallopfern sofort im Anschluss an den Notfall häufig starke Ängste auf. Diese können eine ganze Zeit lang bestehen bleiben und sich dann abschwächen (»*Die Zeit heilt Wunden.*«). Allerdings finden sich auch Verläufe, in denen sich die Ängste im Laufe der Zeit verstärken. Auch bei Notfallopfern, die direkt im Anschluss an den Notfall zunächst keine sichtbaren Angstzeichen zeigen, können sich diese erst nach einiger Zeit entwickeln.

▶ Depressionen

Ähnlich wie Ängste können auch depressive Reaktionsmuster zunächst auftreten und dann mit der Zeit abnehmen; sie können sich aber auch verstärken oder erst nach einem größeren zeitlichen Abstand zum Notfall auftreten. Die Muster der individuellen Vorerfahrungen sind hierbei bedeutsam: Menschen, die schon vor dem Ereignis zu depressivem Verhalten neigten, zeigen diese Reaktion auch vermehrt nach einem Notfall (Greis 1992).

▶ Alexithymie (»Gefühlsarmut«)

Wenn in der akuten Situation Angst oder Trauer unterdrückt werden mussten, kann dies zu einer Beeinträchtigung der Affektregulation führen (Lueger-Schuster 2000). Die Betroffenen können auf Dauer unfähig werden, ihre eigenen Gefühle zu erkennen und zu benennen. Sie wirken bzw. nehmen sich selbst so wahr, als ob sie überhaupt keine – wie auch immer gearteten – Gefühle mehr empfinden würden.

▶ Entsetzen über die eigene Reaktion

Einige Notfallopfer sind im Nachhinein völlig entsetzt über das eigene Verhalten. Es geht ihnen nicht aus dem Kopf und sie wundern sich über sich selbst (»*Wie konnte ich nur ...*«). Beispielsweise können sie kaum verstehen, dass sie so stark geweint haben, umhergeirrt sind oder wild um sich geschlagen haben. Am liebsten würden sie alles ungeschehen machen oder aus ihrer Erinnerung verdrängen.

▶ Rückzug

Einige Notfallopfer ziehen sich nach einem Notfall völlig in sich zurück. Sie isolieren sich, schränken ihre Kontakte stark ein, gehen kaum noch in die Öffentlichkeit und wirken völlig in sich gekehrt. Von der Umwelt, dem Tagesgeschehen scheinen sie kaum noch Notiz zu nehmen. Gesellschaftliche Aktivitäten werden nicht mehr wahrgenommen, man tritt z.B. aus einem Verein aus.

▶ Vermeidungsverhalten

Eine häufige und sehr verständliche Reaktion von Notfallopfern ist, Situationen zu meiden, durch die sie an den Notfall erinnert werden. Der Gegenstand oder der Ort ist derartig mit Angst besetzt, dass der Anblick (und manchmal sogar nur der Gedanke daran) als sehr belastend erlebt wird. So steigen einige Personen, nachdem sie einen Verkehrsunfall erlitten haben, sehr ungern wieder in ein Auto oder fahren große Umwege, um die damalige Unfallstelle zu umgehen.

▶ Somatisierung

Die Notfallerlebnisse können auch zur Entwicklung von körperlichen Beschwerden in einer sehr großen Bandbreite führen. So können beispielsweise Kopf-, Rücken- oder Magenschmerzen auftreten, aber auch Schlaf- oder Konzentrationsstörungen, Schwindelgefühle, Atem- und/oder Kreislaufprobleme sind zu beobachten.

▶ Akute Belastungsstörung

Treten die folgenden Symptome innerhalb von vier Wochen nach dem Notfall auf und dauern mindestens zwei Tage, wird von einer »akuten Belastungsstörung« gesprochen (genauer: Sass et al. 2003). Symptome hierfür sind:

- subjektives Gefühl von Taubheit, von Losgelöstsein oder Fehlen emotionaler Reaktionen,
- Beeinträchtigung der bewussten Wahrnehmung der Umwelt
- Derealisationserleben (sich irreal fühlen),
- Depersonalisationserleben (das Ich außerhalb des eigenen Körpers fühlen),
- dissoziative Amnesie (Unfähigkeit, sich an einen wichtigen Aspekt des Traumas zu erinnern),
- Wiedererleben des traumatischen Ereignisses durch wiederkehrende Bilder, Gedanken, Träume, Illusionen, Flashback-Episoden; starkes Leiden bei Reizen, die an das Trauma erinnern,
- deutliches Vermeiden von Reizen, die an das Trauma erinnern (Gedanken, Gefühle, Gespräche, Aktivitäten, Orte, Personen),
- deutliche Symptome von Angst oder erhöhter Erregung (Schlafstörungen, Reizbarkeit, Konzentrationsschwierigkeiten, Hypervigilanz, übertriebene Schreckreaktion, motorische Unruhe),
- Leiden oder Beeinträchtigungen in sozialen, beruflichen oder anderen wichtigen Funktionsbereichen in klinisch bedeutsamem Ausmaß.

3.4.2 Langfristige Folgen

Die Beeinträchtigungen nach einem Notfall können bestehen bleiben und sich sogar verstärken. Es kann sich auch eine »posttraumatische Belastungsstörung« gemäß DSM-IV-TR (einem Diagnosesystem psychischer Störungen) entwickeln. Die Symptome müssen für die Diagnoseerstellung mehr als einen Monat andauern und in klinisch bedeutsamer Weise Leiden oder Beeinträchtigungen in sozialen, beruflichen oder anderen wichtigen Funktionsbereichen verursachen. Die posttraumatische Belastungsstörung wird als akut bezeichnet, wenn die Symptome kürzer als drei Monate dauern, als *chronifiziert*, wenn sie länger als drei Monate anhalten. Eine posttraumatische Belastungsstörung kann auch *verzögert* auftreten. Davon wird gesprochen, wenn die Symptome später als sechs Monate nach dem belastenden Ereignis einsetzen.

Die Symptome sind im einzelnen (ausführlich: Sass et al. 2003):

- Das traumatische Ereignis wird wiederbelebt durch ...
  - wiederkehrende und eindringliche belastende Erinnerungen an das Ereignis (Bilder, Gedanken, Wahrnehmungen), z.B. wiederkehrende, belastende Träume,
  - Illusionen, Halluzinationen, dissoziative Flashback-Episoden,
  - intensive psychische Belastung bei der Konfrontation mit internalen oder externalen Hinweisreizen,
  - körperliche Reaktionen bei der Konfrontation mit internalen oder externalen Hinweisreizen;
- anhaltende Vermeidung von Reizen, die mit dem Trauma verbunden sind, oder eine Abflachung der allgemeinen Reagibilität in der Form von ...
  - bewusstem Vermeiden von Gedanken, Gefühlen oder Gesprächen, die mit dem Trauma in Verbindung stehen,
  - bewusstem Vermeiden von Aktivitäten, Orten oder Menschen, die Erinnerungen an das Trauma wachrufen,
  - Unfähigkeit, einen wichtigen Aspekt des Traumas zu erinnern,
  - deutlich vermindertem Interesse oder verminderter Teilnahme an wichtigen Aktivitäten,

  - dem Gefühl der Losgelöstheit oder Entfremdung von anderen Menschen,
  - eingeschränkter Bandbreite des Affektes (z.B. Unfähigkeit, zärtliche Gefühle zu empfinden),
  - Gefühl einer eingeschränkten Zukunft;
- anhaltende Symptome erhöhten Arousals (Erregung) in der Form von ...
  - Schwierigkeiten, ein- oder durchzuschlafen,
  - Reizbarkeit oder Wutausbrüchen,
  - Konzentrationsschwierigkeiten,
  - übermäßiger Wachsamkeit,
  - übertriebener Schreckreaktion.

Wie häufig diese Störungen auftreten, wird unterschiedlich eingeschätzt. Gemäß DSM-IV-TR variieren die Angaben für die Allgemeinbevölkerung von 1–14%, für »Risikopopulationen« von 3–58%. Einige Autoren sprechen von einem »unterschätzten Krankheitsbild« und meinen, dass *»ein großer Teil der Bevölkerung zeitlebens hiervon betroffen ist«* (Albrecht et al. 1999, S. 612), oder bezeichnen es als ein *»ernstes Problem unserer Gesellschaft«* (Margraf 1996, S. 107). Andere hingegen meinen, die Zahlen würden eher übertrieben dargestellt (Brauchle et al. 2000). Sie argumentieren, dass dabei auch eine Rolle spiele, dass *»ein neues Tätigkeitsfeld«* entdeckt würde.

Festzuhalten ist jedenfalls, dass keinesfalls sämtliche Personen, die einen Notfall erlebt haben, an einer akuten oder posttraumatischen Belastungsstörung erkranken.

4 Die Helfer

Die Personen, die nach Notfällen Hilfe leisten, lassen sich danach unterscheiden, wie umfangreich sie für das Agieren in Notsituationen vorbereitet bzw. ausgebildet sind. Aber auch Helfer unterliegen bestimmten Belastungen, wie im Folgenden verdeutlicht wird.

4.1 Die Helfergruppen

Die verschiedenen Helfergruppen werden unterschiedlich häufig mit Notfällen konfrontiert und verfügen über unterschiedliche Kenntnisse und Erfahrungen.

4.1.1 Laienhelfer

Zur Frage, wer wem hilft und unter welchen Umständen geholfen oder nicht geholfen wird, gibt es einige Erkenntnisse. Dabei ist zu unterscheiden zwischen Laien- und professionellen Helfern. Für die Laienhelfer stellt Bierhoff (2009) fest, dass bei ca. jedem 15. Notfall keine Erste Hilfe geleistet wurde, obwohl Personen anwesend waren. Bekannt ist beispielsweise der Fall der Ermordung einer Frau (Kitty Genovese) im New Yorker Stadtteil Queens, die von insgesamt 38 Personen mehr als eine halbe Stunde lang beobachtet wurde, ohne dass ein Zuschauer half oder auch nur die Polizei anrief (zitiert nach Manning et al. 2007). Eine mögliche Erklärung für die Passivität der Zuschauer liefern die Ergebnisse von Daniel (1987), der in Intensiv-Interviews Augenzeugen von Unfällen befragt hat. Er berichtet, dass bei der Wahrnehmung eines schweren Unfalls ein paralysierendes Gefühl auftritt, das den Beobachter dazu zwingt, »hinzustarren« und das es ihm gleichzeitig unmöglich macht, etwas tun zu können. Studien von Schwind et al. (1991) zeigen, dass u.a. die Einschätzung der eigenen Kompetenz beeinflusst, ob man helfend anpackt oder nicht. 78 % der Nicht-Helfer gaben bei einer Befragung an, dass sie bei Verkehrsunfällen oder anderen Situationen nicht geholfen haben, weil sie Angst vor Fehlern hatten (Bierhoff 2009). Hinzu kommt noch ein sozialpsychologischer Effekt, der mit »Verantwortungsdiffusion« bezeichnet wird. Er beschreibt, dass umso weniger geholfen wird, je mehr Zuschauer sich am Ort des Geschehens befinden. Dann hat jeder Anwesende offenbar das

Gefühl, es könne ein anderer mit mehr Kompetenz anwesend sein und die Aufgabe übernehmen.

Bei den Laienhelfern besteht ihre wesentlichste Aufgabe darin, die Zeit zu überbrücken, bis professionelle Helfer eintreffen. Einige haben dabei ein intuitiv richtiges Gespür, in welcher Weise dies geschehen soll; andere jedoch machen es auch »intuitiv falsch« oder gar nicht. Für Laienhelfer wurde von Lasogga & Gasch (2013) ein Katalog von Regeln für Unfälle entwickelt, die leicht anzuwenden sind und damit die Hemmschwelle zu helfen abbauen sollen (s. a. Kap. 6.2).

4.1.2 Professionelle Helfer (Einsatzkräfte)

Zu den professionellen Helfern (Einsatzkräften) zählen u.a. Rettungsdienstmitarbeiter, Feuerwehrleute, Polizisten, Notärzte, Bergrettungsdienste, Mitarbeiter des Technischen Hilfswerks. Bei diesen Gruppen stellt sich wie bei allen Berufen die Frage, welche Motivationsstruktur einen Menschen dazu bewegt, den Beruf eines hauptamtlichen Helfers zu ergreifen. Die hierzu vorliegenden Hypothesen und Erkenntnisse können an dieser Stelle nicht ausführlich beschrieben werden. Auf alle Fälle scheint insbesondere nach den Analysen von Lasogga & Gasch (2011) und Schmidbauer (1992) festzustehen, dass es sich nicht ausschließlich um altruistische Motive handelt bzw. dass auch altruistisches Handeln egoistische Motive beinhaltet. Auch ein professioneller Helfer findet offenbar in seiner Tätigkeit eine gewisse eigene Befriedigung. Dies wird zumindest gelegentlich in »Insiderkreisen« auch selbstkritisch diskutiert. Fertig 1996 (S. 241/242) erwähnt hierzu die Formulierungen *»Reiz des Blaulichtfahrens, des Doktorspielens«*, der *»Abenteuerlust«* (siehe auch Stepan 2000). Gleichzeitig wird aber auch beschrieben, dass ein andauerndes »Helfersyndrom« auch zu psychischen und somatischen Störungen (Degner 1995/97), in manchen Fällen bis zum »Burnout« und der Aufgabe des Berufs führen kann.

Die psychologischen Aufgaben dieser Helfer sind natürlich wesentlich umfangreicher als die von Laienhelfern. Von ihnen kann erwartet werden, dass sie differenziertere Regeln der Psychischen Ersten Hilfe beherrschen, und zwar nicht nur kognitiv, sondern auch in ihrer Handlungskompetenz. Auch müssen sie angemessen nicht nur mit Opfern, sondern auch mit Zuschauern und Medienvertretern umgehen können und gegebenenfalls auch psychologische Team- und Führungskompetenz aufweisen.

Die Ausbildung für diese psychologischen Aufgaben war bisher und ist auch noch bei den Einsatzkräften sehr unterschiedlich und zum Teil unzureichend organisiert (Meyer & Balck 1997). Beispielsweise enthalten entsprechende Lehrbücher für Notfallmedizin häufig nur ungenügende Hinweise für den psychologischen Umgang mit Patienten (Ausnahme Madler et al. 2009). Etwas besser bestellt ist es um diese Thematik bei den Ausbildungsbüchern für Rettungskräfte (siehe unten).

Trotzdem ist auch dort wenig darüber zu finden, wie man den Patienten anspricht, was man zu ihm sagt, bevor die Technische Rettung einsetzt etc. Es herrscht offenbar immer noch die Auffassung vor, auf diesem Gebiet würde man intuitiv alles richtig machen. Dass dies nicht der Fall ist, belegen u.a. die Interviews mit Unfall- (Lasogga & Gasch 2013) und Herzinfarktopfern (Gasch & Lasogga 1999), die sich teilweise massiv über die professionellen Helfer beklagten. Selbst wenn einige Helfer sich weitgehend angemessen verhalten, ist eine Aus- bzw. Fortbildung im psychologischen Umgang mit Patienten erforderlich und unabdingbar. »Intuition« stellt keinen Ersatz für eine gute Ausbildung dar.

Bei der Ausbildung zum *Rettungsassistenten* war die Notwendigkeit einer psychologischen Betreuung von Notfallopfern, Angehörigen und Zuschauern zwar erkannt und benannt worden, die Realisation war jedoch nicht immer zureichend. Im Curriculum für die Ausbildung von Rettungsassistenten (Ständige Konferenz für den Rettungsdienst 1999) waren nur 44 Stunden Theorie (von insgesamt 586 Stunden) und vier Stunden Praxis (von insgesamt 214 Stunden) zum Thema »Psychische Betreuung von Verletzten und Kranken« vorgesehen mit den Unterthemen: Gesprächsführung und Patienteninformation, Patientenbeanspruchung und -belastung, Begleitung und Betreuung Sterbender, Ethik und Theologie im Rettungsdienst. Vorschläge zur differenzierteren inhaltlichen Gestaltung derartiger Curricula wurden beispielsweise von Bengel & Carl (1997) (100 Unterrichtsstunden) oder Lasogga & Gasch (2013) entwickelt.

In der nunmehr neu geregelten Ausbildung zum *Notfallsanitäter* soll seit 2014 ein größerer Wert auf psychologische Aspekte des Rettungsdiensteinsatzes gelegt werden. Die Ausbildungs- und Prüfungsverordnung hat den Themenbereich »Kommunikation und Interaktion mit sowie Beratung von hilfesuchenden und hilfsbedürftigen Menschen« mit 120 Stunden Unterricht deutlich gestärkt. Dabei sollen insbesondere personenbezogene Erfordernisse, die sich z.B. aus Alter, Pflegebedürftigkeit, Behinderung ergeben, berücksichtigt werden. Aber auch kommunikative und soziologische bzw. psychologische Grundlagen sollen Eingang in die Ausbildung finden. Die genannten Themen sind als einer von drei Prüfungsbereichen auch Bestandteil der staatlichen Prüfung zum Notfallsanitäter. Insofern wird das neue Berufsbild von einer höheren Sensibilität für das Thema und von einer hoffentlich auch gestiegenen praktischen Kompetenz geprägt sein.

In der *Notarztausbildung* kam das Gebiet des psychologischen Umgangs mit Notfallopfern bis 2006 offiziell nicht vor. Dass einige Ausbildungsorganisationen (z.B. die »Arbeitsgemeinschaft für Intensivmedizin« oder die österreichische »ARGE Notfallmedizin Salzburg«) dieses Thema freiwillig und von den Ärztekammern wenigstens geduldet mit in ihren Ausbildungskatalog aufnahmen, war ein erster Ansatz. Ab 2006, und überarbeitet 2014, wurden dann in einem neu erstellten »(Muster-)Kursbuch Notfallmedizin« einige psychologische Themen wenigstens »punktuell« angesprochen:

- 5.1 Kommunikation im Notfalleinsatz
- 6.3 Soziale Faktoren
- 28 Psychosoziale Notfälle, Krisenintervention (s. BÄK 2014)

Die psychologischen Aspekte nehmen aber weiterhin nur einen Teil des mit 2 ½ Stunden veranschlagten Zeitbudgets ein. Immerhin soll bei psychosozialen Notfällen laut der aktuellen Empfehlung auch auf »Zusammenhänge zwischen Psyche und sozialer Situation« sowie »Praktisches Verhalten und Krisenintervention im Einsatz« eingegangen werden (u.a. werden Suizide oder die Versorgung erregter Angehöriger oder aggressiver bzw. nicht kooperativer Patienten genannt).

Polizeibeamte erhalten zwar in ihrer Grundausbildung Kurse in »Psychologie«, diese variieren aber je nach Bundesland in Quantität und Qualität. Dabei kommt das Thema »Umgang mit Opfern«

nur in Einzelfällen vor. Im Fortbildungsbereich werden gelegentlich »Spezialthemen« angeboten (z.B. Probleme in der Vernehmung von Vergewaltigungsopfern, Passkowski 2001).

Für alle helfenden Berufe gilt: Eine Ausbildung im psychologischen Umgang mit Notfallopfern sollte nicht nur theoretisch erfolgen, sondern auch zu einem großen Teil aus praktischen Übungen bestehen. Die kognitive Vermittlung von Wissen hat bekanntlich noch längst nicht zur Folge, dass dieses auch angewandt wird, mag es auch noch so einsichtig erscheinen. Daher sind die diversen praktischen Übungen und Simulationen der Rettungsdienste zu befürworten, insbesondere wenn sie sich nicht nur auf die technische Abwicklung ihrer Aufgaben beschränken.

Dort, wo Helfer in definierten Organisationsstrukturen tätig werden, sind auch »notfall-organisationspsychologische« Aufgaben zu erfüllen, z.B. im Bereich der inneren und externen Führung wie der Einsatzplanung, der Delegation, der Teamarbeit, aber auch solche, die der Erhaltung eines positiven Klimas in der jeweiligen Arbeitsgruppe dienen. Dabei scheinen nicht in allen Organisationen die Erkenntnisse der Organisationspsychologie angewandt zu werden. (Dies hat die Autoren dazu bewogen, in die vorliegende Publikation auch ein Kapitel über die »Organisationen« einzufügen und die Problematik am Beispiel der medizinischen Rettungsdienste zu besprechen.)

4.1.3 Psychosoziale Notfallhelfer

Bei einigen Notfallopfern reicht die Psychische Erste Hilfe durch Einsatzkräfte nicht aus, selbst wenn diese gut ausgebildet sind. Für manche ist eine intensivere Betreuung notwendig. In diesen Fällen sollten »psychosoziale Notfallhelfer« (PSNH) herbeigerufen werden. Dieser Terminus ist inzwischen verbreitet und hat sich gegenüber anderen Bezeichnungen durchgesetzt. Er stellt einen Sammelbegriff dar für Notfallseelsorger (NFS), Kriseninterventionsteams (KIT), Kriseninterventionsdienste (KID), Notfallbegleiter (NFB) etc. Psychosoziale Notfallhelfer sind in der Regel 24 Stunden erreichbar. Zu folgenden Notfällen werden sie häufig gerufen (Lasogga & Münker-Kramer 2009; Zehentner 2011):

- Todesfälle, vor allem: plötzlicher Tod von Angehörigen, plötzlicher Kindstod, erfolglose Reanimation, Überbringen einer unerwarteten Todesnachricht, Identifizierung einer (verstor-

benen) nahestehenden Person, vermisste nahestehende Person, Suizid und Suizidversuch, Verursachung des Todes einer anderen Person;
- Betreuung der Opfer krimineller Delikte: Gewalttaten, Vergewaltigung, Mordversuch, Geiselnahmen;
- Kinder (direkt oder indirekt beteiligt);
- Großschadensereignisse generell (s. Kap. 7.2).

Manchmal zeigt sich erst am Einsatzort, dass ein psychosozialer Notfallhelfer vonnöten ist. Bei folgenden Faktoren sollte ein psychosozialer Notfallhelfer alarmiert werden:
- situative Faktoren: z.B. lange Dauer des Notfalls, Lebensbedrohlichkeit der Situation, schwere körperliche Verletzungen, extrem intensive Sinnesbeteiligung, hohe »Betroffenheit« der Beteiligten;
- biografische und soziografische Risikofaktoren: mehrere Notfälle hintereinander ohne Erholungsphase, Retraumatisierung bzw. frühere belastende Erfahrungen, mangelnde soziale Unterstützung;
- Reaktionen: starkes Als-ob-Empfinden (Intrusionen, Flashbacks), dauernde Übererregung (Herzfrequenz > 90/min), starke Hilflosigkeit, starke Schuldgefühle, hohes Ausmaß an Dissoziation, expliziter Wunsch des Betroffenen.

Günstig ist es, wenn in Leitstellen ein klarer Kriterienkatalog hierfür vorliegt. Erfahrungen mit einer derartigen Liste (Beck 2001) zeigen, dass es dabei nur sehr selten zu Fehlalarmierungen kommt. Im Zweifel gilt natürlich die Regel: Lieber einmal unnötig alarmiert, als in einem nötigen Fall nicht alarmiert.

Der Personenkreis, mit dem es ein psychosozialer Notfallhelfer zu tun bekommt, ist sehr variabel. Es ist unklar (unklarer als z.B. bei der medizinischen Hilfe), welche Opfer, Augenzeugen oder Angehörige einer Betreuung bedürfen und diese auch wollen. Auch die Zahl der zu betreuenden Personen ist (insbesondere bei Großschadensereignissen) nicht immer absehbar. Dabei muss je nach Sachlage entschieden werden, ob eine Einzel- oder eine Gruppenbetreuung notwendig ist. Auch der Ort der Betreuung ist unterschiedlich. Nach Krüsmann & Müller-Cyran (2005) und Lasogga & Gasch (2006) erfolgt in ca. 85 % der Fälle die Betreuung in den Wohnungen der Opfer und nur in 5–15 % auf Straßen und öffentlichen Plätzen.

Zu den Aufgaben eines psychosozialen Notfallhelfers gehört nicht nur eine adäquate psychologische Betreuung, sondern auch häufig psychoedukative Maßnahmen und die Aktivierung innerer und äußerer Ressourcen (ausführlich in Lasogga & Münker-Kramer 2009). Auch kann eine pragmatische technische Hilfe notwendig sein. Dazu kann die Organisation von Alltagshandlungen gehören, beispielsweise für ein Taxi oder für Getränke und Verpflegung zu sorgen. Es kann auch notwendig sein, mit Angehörigen telefonischen Kontakt herzustellen, später eintreffende Angehörige in Empfang zu nehmen, Opfer und Angehörige zusammenzuführen und/oder mit diesen zusammen Wartezeiten zu überbrücken, weil z.B. Rettungsarbeiten noch andauern.

Schließlich können sie auch gefordert sein, wenn es gilt, Konflikte zwischen den Opfern und den beteiligten Helfergruppen zu managen. So können beispielsweise die Eltern eines verstorbenen Kindes von diesem Abschied nehmen wollen, oder eine Frau möchte mit ihrem verstorbenen Ehemann noch einmal allein sein. Dem können die Interessen der Polizei, die die Todesursache ermitteln will und die Beseitigung von Spuren befürchtet, oder die medizinische Notwendigkeit einer Obduktion entgegenstehen.

Psychosoziale Notfallhelfer sind häufig nicht nur »vor Ort« nötig, sondern auch später. So übernehmen sie z.B. auch das Überbringen von Todesnachrichten oder das Begleiten des Überbringers, beispielsweise eines Polizeibeamten, ebenso die Begleitung von Angehörigen bei der Identifikation von Toten.

Bei den psychosozialen Notfallhelfern handelt es sich um eine sehr heterogene Gruppe. Keiner der bestehenden offiziellen Erst-Ausbildungsgänge für Psychologen, Pädagogen, Ärzte, Theologen etc. befähigt zu diesen Einsätzen. Weder im Psychologie- noch im Theologiestudium wird dieses Gebiet behandelt (*»Darauf wurden wir in unserer Seelsorgeausbildung nie vorbereitet.«*; Müller-Lange et al. 2013, S. 17). Von 70 befragten psychosozialen Notfallhelfern gaben nur 31 Personen (44,3 %) an, eine spezielle (Zusatz-)Ausbildung absolviert zu haben (Volmert & Lasogga 2013). Insgesamt sieht es zurzeit so aus, dass die Ausbildung von psychosozialen Notfallhelfern von Rettungsorganisation zu Rettungsorganisation bzw. Notfallseelsorge zu Notfallseelsorge (Waterstraat 2011) stark variiert bzw. teilweise kaum Gemeinsamkeiten feststellbar sind. Unterschiedlich ist auch deren Dauer und Qualität. Sie reichen von einmaligen Vorträgen bis zu einem intensiven, umfassenden, curricular gegliederten Konzept.

Keine Vorausbildung, sei es ein Theologie- oder Psychologiestudium oder eine Ausbildung im Rettungsdienst allein befähigt dazu, mit Notfallopfern angemessen umzugehen. Die erworbenen Kenntnisse und Fertigkeiten – soweit vorhanden – können eine Grundlage darstellen, auf der bei der Zusatzausbildung aufgebaut werden kann. Eine umfassende und gezielte einheitliche Ausbildung für den Umgang mit Notfallopfern müsste auf alle Fälle ausführliche Kenntnisse über psychologische Aspekte im Umgang mit Menschen in Notsituationen enthalten, sowohl was deren Reaktionen betrifft, aber auch, welche Hilfsmaßnahmen angewandt werden sollten. Auch Kenntnisse über Einsatz und Ablauf von Notfalleinsätzen müssten im Curriculum enthalten sein. Da eine Zusammenarbeit mit anderen Berufsgruppen und Organisationen nötig sein kann, andere Organisationen z.T. aber sehr unterschiedlich strukturiert sind, muss der psychosoziale Notfallhelfer auch lernen, sich in ein Team einbinden zu lassen und mit anderen Helfern zu kooperieren, d.h. eventuell seine Unterstützung zwar anzubieten, aber ggf. auch zurückzustellen. Vor allem aber müsste das praktische Verhalten im Rollenspiel geübt werden. Schließlich sollte auch der Umgang mit der eigenen Person im Ausbildungsprogramm enthalten sein, also die Vorbereitung auf mögliche eigene Stress- und Belastungsreaktionen. Ein ausführliches Konzept für die Ausbildung ist in Lasogga & Münker-Kramer (2009) zu finden. In ihm ist auch die Forderung nach regelmäßiger Weiterbildung enthalten.

4.1.4 Fachkräfte

In einigen Situationen genügt auch die Betreuung durch einen psychosozialen Notfallhelfer nicht, sondern weitergehende Interventionen können notwendig sein. Dies gilt vor allem bei Suizid- und Suizidversuch, Verursachung des Todes einer anderen Person, Beteiligung von Kindern, Vergewaltigung und Mord. Die Intervention erfolgt vor allem durch Sozialarbeiter, Theologen, Mediziner und Psychotherapeuten.

Sozialarbeiter sind z.B. notwendig, wenn etwa nach einem Brand schnell für eine Unterkunft gesorgt werden muss oder Unterstützungen aufgrund des Todes des Ernährers einer Familie beantragt werden müssen. Theologen sind die geeignete Gruppe, wenn es um Tod und Sterben, beispielsweise nach einem Suizid oder Suizidversuch geht oder wenn Rituale bedeutsam sind oder Glaubensfragen im Mittelpunkt stehen (»*Wie kann Gott so etwas zulassen?*«). Ein Mediziner kann bei körperlichen Beschwerden oder Hyperarousal intervenieren und Psychotherapeuten, wenn sich beim Notfallopfer stärkere psychische Beeinträchtigungen zeigen. In einigen Fällen kann auch eine Trauma-Therapie notwendig sein.

4.2 Belastungen und Folgen

Helfer sind ähnlichen psychischen Belastungen wie Notfallopfer ausgesetzt. Die Wahrscheinlichkeit dieser Berufsgruppen, mit einer traumatischen Situation konfrontiert zu werden, ist sehr hoch (PAJONK & CRANSAC 2010). In einer Untersuchung wurde die generelle Belastung von 59 Rettungsdienstmitarbeitern auf einer zehnstufigen Skala mit 8 angegeben (ALT-EPPING & WEHNER 1997). Einige Einsätze werden als besonders belastend erlebt: Einsätze mit schwer verletzten Kindern und Jugendlichen, Suizide, Großschadensereignisse etc. (REINECKE et al. 2006). Allerdings werden psychologische Belastungen von Helfern auch oft verdrängt und geleugnet (ALT-EPPING & WEHNER 1997; BRAUCHLE et al. 2000).

Schon während eines Einsatzes entsteht bei Helfern Stress, der auch physiologisch feststellbar ist. Es kommt bei Notfalleinsätzen zu dem AAS-Syndrom (Allgemeines Adaptions-Syndrom) mit erhöhtem Blutdruck, Erweiterung der Herzkranzgefäße, Aktivierung der Zucker- und Fettreserven, Unterdrückung der Magen- und Darmtätigkeit, Adrenalinausschüttung, Erhöhung der Gerinnungsbereitschaft des Blutes. SCHWARZ (1997) nennt z.B. Steigerungen der Herzfrequenz bei Helfern auf Spitzenwerte von bis zu 140/min bei der Ankündigung des Einsatzes und 200/min z.B. bei Reanimationen.

Besonders relevant ist dabei der erlebte Zeitdruck. Entscheidungen müssen teilweise sehr schnell gefällt werden und können massive Konsequenzen haben, Fehler kann man sich kaum leisten. Es bleibt auch meist wenig Zeit, Handlungsalternativen zu diskutieren. Außerdem sind manche Notfallsituationen unstrukturiert und nicht überschaubar. Teilweise herrscht Chaos nicht nur organisatorisch, sondern auch emotional. Man wird mit unerwarteten Handlungen von Beteiligten konfrontiert, aber auch mit Gefahren für sich selbst. Dies erfordert permanente Aufmerksamkeit und Anspannung. Belastende Momente sind ferner (wie bei den Opfern) die äußeren Bedingungen (Hitze, Kälte, Nässe, Lärm), aber auch Angst und Ohnmachtsgefühle, Wut und Ekel.

Aber auch viele Faktoren im alltäglichen Ablauf der Arbeit können belastend sein (»Mikrostressoren«). Zu ihnen gehören ein enger Zeitplan, Nacht- und Schichtarbeit, aber auch Verhaltensweisen von Vorgesetzten und Kollegen sowie Probleme im Helferteam. Daneben haben professionelle Helfer oft eigene, nicht immer bewusste Ansprüche an sich selbst. Sie wollen ihre Arbeit professionell erledigen, Karriere machen etc. Man ist Rettungsdienstmitarbeiter geworden, um anderen zu helfen (siehe Lasogga & Gasch 2011), in der Praxis erfährt man dann aber, dass diese Hilfe nicht immer zu leisten ist. Hinzu können noch individuelle Belastungen kommen, z.B. wenn die Situation den Helfer an einen Notfall aus der eigenen beruflichen oder privaten Vergangenheit oder an eine Person, die einem nahesteht, erinnert (ausführlich in Lasogga & Karutz 2012).

Die Folgen der Belastungen durch die alltägliche Arbeit (ausführlich in: Lasogga & Karutz 2012) und durch besonders belastende Einsätze werden in der Literatur sehr unterschiedlich dargestellt. In einer empirischen Erfassung von emotionalen Folgeproblemen im Rettungsdienst durch Stepan & Wesserls (1996) äußerten 34 von 43 Befragten Nachwirkungen im psycho-physischen Bereich, ähnliche Befunde gibt es bei Notärzten. In einer Untersuchung der Berufsfeuerwehren in Rheinland-Pfalz zeigte sich, dass 18,2 % der Mitglieder an einem »Posttraumatischen Stress-Syndrom« (Veith 1999) litten. Bei einer Studie an 198 Feuerwehrleuten und 155 Polizisten klagten zwischen 20 % und 50 % der Befragten über folgende Beschwerden *»in der letzten Woche«*: Kreuz- und Kopfschmerzen, Konzentrations- und Gedächtnisschwierigkeiten, Depressivität, Ängstlichkeit, Aggressivität. Bei 5–9 % wurde eine explizite und bei 13–15 % eine teilweise ausgeprägte »posttraumatische Belastungsstörung« festgestellt (Teegen et al. 1997).

Befragt man Helfer, die häufig mit Notfallsituationen konfrontiert werden, ob und welche Veränderungen sie längerfristig in ihrem eigenen Leben festgestellt haben, folgt ein ganzer Katalog psychischer und gesundheitlicher Folgen. So erbrachte eine Umfrage von LINDEMEIER folgende Befunde: Von 526 mittels Fragebogen befragten Notärzten gaben 74 % an, sich »durch den Dienst psychisch oft überlastet« zu fühlen, 35 % berichten über »Angstgefühle« (1995, S. 7). Weiter stellte er fest, dass viele an grundlosen Angstgefühlen, Schlafstörungen, Kopfschmerzen, Essstörungen, Reizbarkeit und Partnerproblemen leiden. Bezeichnend dabei ist, dass diese Belastungsgefühle mit der Länge der Notarzttätigkeit nicht unbedingt abnehmen. Ähnliches wird aus Kanada berichtet (LLOYD et al. 1994).

Das Problematische an den geschilderten Helfer-Belastungen sind nicht nur die Folgen für diese selbst, sondern auch die Konsequenzen für die Notfallopfer, die von ihnen zukünftig behandelt werden. Es liegt auf der Hand, dass in diesen Fällen die Arbeitsqualität erheblich beeinträchtigt werden kann. Dies gilt sogar für den Vollzug rein technischer Vorgänge: Nicht-Nutzung oder Falsch-Nutzung von Material oder Medikamenten. In besonderem Maße können sich die Folgen der Belastungen aber in der Interaktion mit den Opfern niederschlagen. Dies kann sich beispielsweise in mangelnder Empathie, Abgestumpftheit, zu routiniertem Verhalten, Gefühlskälte oder Hektik zeigen.

Es gibt jedoch auch andere Untersuchungen: So werden Rettungsdienstmitarbeiter in der Regel weitaus weniger oft zu dramatischen Notfällen gerufen als allgemein vermutet wird (BEHREND & SCHMIEDEL 2004). Außerdem können viele Rettungsassistenten ihrer Arbeit sogar ausgesprochen positive Aspekte abgewinnen (KARUTZ & LASOGGA 2005). VOLMERT & LASOGGA (2013) stellen in einer Studie über psychosoziale Notfallhelfer dar, dass die eindeutige Mehrheit von 70 Befragten, nämlich 79 % sich durch ihre Arbeit nicht belastet sieht, sondern ihre Arbeit sogar als für sich bereichernd einschätzt und meint, dass die positiven Seiten ihrer Arbeit überwiegen, was sich mit den Ergebnissen von WARGER (2007) bei der Untersuchung von Kriseninterventionsdiensten deckt.

Ein generelles Resümee aus diesen Ergebnissen ist schwierig zu ziehen. Folgende Faktoren könnten von Bedeutung sein:

a) Die jeweiligen Berufsgruppen wie Rettungsdienstmitarbeiter, Notärzte, Polizeibeamte, psychosoziale Notfallhelfer könnten ihren Beruf unterschiedlich erleben.
b) Die Fragen in den Untersuchungen könnten unterschiedlich gestellt sein. Bei der Frage »Fühlen Sie sich in Ihrem Beruf be-

lastet?« würden die prozentualen Ja-Antworten höher sein als bei der Frage »Hatten Sie schon mal ein berufliches Erlebnis, das Sie so belastet hat, dass Sie am nächsten Tag Ihren Dienst nicht antreten konnten?«.

c) In einigen Untersuchungen wird erfasst, ob sich Helfer akut stark belastet fühlen, in anderen Untersuchungen, ob sie sich generell stark belastet fühlen. Hier könnte insofern ein Unterschied in den Befragungsergebnissen vorliegen, dass man sich zwar akut belastet fühlt, aber nicht generell oder dauerhaft.

d) Individuelle oder generelle Antworttendenzen sind nicht auszuschließen. Man kann sich vorstellen, dass man Belastungen leugnet oder mildert, um sich als unerschrockenen Helfer darzustellen, andererseits könnte man demonstrieren wollen, wie belastend der Beruf ist, um Anerkennung oder auch Mitleid bzw. organisatorische Verbesserungen hervorzurufen.

5 Die Organisationen

Eine Vielzahl von Organisationen ist für Notfälle zuständig: Polizei, Feuerwehren, THW, DLRG, Bergrettung, Rettungsdienste, Leitstellen, Stäbe, Gerichte, Kirchen, Versicherungen, Teile der öffentlichen Verwaltung wie Sozialämter, freiwillige Gruppierungen wie der »Weiße Ring«, private Sicherheitsfirmen und eventuell sogar die Bundeswehr. Die Frage, inwieweit diese Organisationen optimal aufeinander abgestimmt sind und inwieweit ihre interne Struktur der jeweiligen Aufgabenstellung und letztlich der angemessenen Versorgung von Notfallopfern optimal angepasst ist, muss an dieser Stelle offen bleiben. Dabei besteht ein Problem in der Anzahl der beteiligten Organisationen. Diese müssen interagieren, obwohl sie alle über ihre eigenen Strukturen, Kulturen, Geschichten, Philosophien, Normen und Gewohnheiten verfügen.

Nicht strittig ist, dass organisationspsychologische Fragen in das Gebiet der Notfallpsychologie gehören. Notfallpsychologie sollte sich nicht nur mit der Psyche von Opfern und Helfern beschäftigen, sondern auch die Strukturen und Abläufe der Organisationen, die mit Notfällen befasst sind, analysieren, und zwar innerhalb der einzelnen Organisationen und auch zwischen den Organisationen, sowie Vorschläge zur Optimierung entwickeln. Dies ist im Bereich der mit Notfällen befassten Organisationen äußerst relevant, da sich hier organisatorische Defizite auf die Gesundheit und im Extremfall auf Leben und Tod eines Menschen auswirken können, auch wenn dies nicht immer auf den ersten Blick evident erscheint. Beispiele hierfür gibt es genügend:

- Es ist uneinsichtig, dass der Transport eines rückenverletzten Patienten auf einer Rolltrage vom Landeplatz des Rettungshubschraubers in eine Klinik nicht selten ein medizinisch und psychologisch gefährliches und vermeidbares »Durchrütteln« verursacht, nur weil die Auffahrt zur Notaufnahme (aus »architektonischen Gründen«) gepflastert und nicht geteert ist (Marxmüller 1998).
- Es liegt offensichtlich nicht nur am Fehlverhalten einzelner Personen, sondern auch an der Organisation unseres Rechtssystems, dass bei kriminellen Taten die Versorgung der Opfer oft gegenüber der Verfolgung der Täter vernachlässigt wird.

- Es ist nicht hinnehmbar, dass verletzte Unfallopfer oft frustrierende und belastende Verhandlungen mit Versicherungsorganisationen führen müssen und dabei teilweise ein wenig rücksichtsvoller Kommunikationsstil herrscht.

Wenn man sich mit organisationspsychologischen Fragen befasst, ergibt sich allerdings eine Reihe von Problemen. Eines zeigt sich bereits bei der Frage, welche Missstände durch organisationspsychologische Pannen verursacht sind und damit auch durch organisationspsychologische Maßnahmen beseitigt werden können. Wahrscheinlich wird es nur eine begrenzte Anzahl von Problemen geben, die allein in psychologischen Faktoren begründet liegen, aber es dürfte auch keine organisatorischen Probleme geben, bei denen psychologische Faktoren keine Rolle spielen. Dass die Auffahrt zu der Notaufnahme einer Klinik gepflastert worden ist, kann daran liegen, dass bei der Krankenhausplanung entweder niemand auf das Problem aufmerksam wurde oder es nicht gelang, den Architekten davon zu überzeugen, dass in diesem Fall die gesundheitlichen Argumente mehr zählen müssten als die ästhetischen. In einigen Organisationen werden derartige Defizite zusehends bemerkt und man ist bemüht, sie zu analysieren und zu beseitigen. Dies ist auch Bestandteil vieler Aktionen unter der Überschrift »Qualitätsmanagement«, bei denen versucht wird, den Standard der eigenen Arbeit den gestellten Anforderungen optimal anzupassen. (Einen bundesweit relativ umfassenden Versuch dazu findet man bei Koch et al. 1997).

Ein anderer relevanter Terminus in diesem Zusammenhang ist der der »Organisationsentwicklung«. Demnach sollten die Veränderungen in einer Organisation aktiv, d.h. durch die Eigeninitiative der Beteiligten, betrieben werden. Dazu sollten kontinuierlich die eigenen Stärken und Schwächen der Organisationseinheit innerhalb aber auch in der Kooperation mit anderen Organisationen analysiert, daraus Ziele für die Zukunft entwickelt und Methoden kreiert werden, mit denen sie erreicht werden können. Dabei zeigt sich meistens, in welchem Ausmaß Organisationsprobleme nicht in den Finanzen, nicht in den rechtlichen Bestimmungen, nicht in der technischen Ausstattung, sondern in den psychologischen Barrieren, Eitelkeiten, Machtansprüchen und Insuffizienzgefühlen der beteiligten Personen begründet liegen. Vielfach werden derartige

Probleme personalisiert, d.h. Fehler, die im System liegen, werden auf das Verhalten einzelner Personen zurückgeführt (Lasogga & von Ameln 2010).

Im Folgenden sollen einige dieser Problemstellungen aufgezeigt werden, die beispielhaft überwiegend auf den Bereich der medizinischen Notfallorganisationen in Deutschland bezogen werden. Die Gründe für diese Vorgehensweise liegen zum einen darin, dass es sich hierbei um einen der bekanntesten und auch breitesten Bereiche der Notfallhilfe handelt, andererseits aber auch darin, dass sich hier eine große Zahl von organisationspsychologischen Problemen darstellen lässt. Es erfolgt zunächst eine Beschreibung der formellen Strukturen unabhängig davon, wie diese von den in ihr arbeitenden Personen ausgefüllt werden. Schon dabei werden erhebliche Mängel sichtbar. Im Anschluss daran werden die aktuellen Probleme der Zusammenarbeit skizziert.

5.1 Das »Rendezvous-System«

In Deutschland rückt nicht bei jedem Notfall ein Notarzt aus. Vielmehr entscheidet in der Regel die Rettungsleitstelle, bei der ein Notruf eingeht, ob ein Rettungswagen (RTW), besetzt mit mindestens einem Rettungsassistenten/Notfallsanitäter (sowie einem Fahrer und ggf. einem sonstigen Helfer) allein ausreicht, oder ob zusätzlich auch ein Notarzt mit einem Notarzteinsatzfahrzeug (NEF, besetzt mit dem Notarzt und einem Fahrer) oder einem Notarztwagen (NAW, arztbesetzter Rettungswagen) erforderlich ist. Letzteres ist laut Statistik der Bundesanstalt für Straßenwesen (BASt) in knapp der Hälfte aller Einsätze der Fall, schwankt aber je nach Bundesland zwischen 52 % und 14 % (Ahnefeld 1998), obwohl mit dem »Notarztindikationskatalog« (NAIK) der Bundesärztekammer (revidiert 2013) klare Empfehlungen existieren. In einigen Fällen wird der Notarzt vor Ort vom RTW nachgefordert, wenn sich die Symptomatik des Patienten als ernster herausstellt als zunächst vermutet.

Da der RTW und das NEF häufig an verschiedenen Standorten stationiert sind (RTW an einer Rettungswache, NEF an einer Klinik), treffen sich die beiden erst am Ort des Geschehens (»Rendezvous-System«). An einigen Standorten besteht allerdings ein stationäres System, d.h., auch der RTW ist an einer Klinik stationiert. Bei diesem System kann der Notarzt in den RTW mit einsteigen (wodurch dieser zu einem NAW wird!), was aber nicht immer der Fall ist (zur historischen Entwicklung siehe GRETENKORT & THOMAS 2000). Inwieweit diese Varianten jeweils durch die örtlichen Gegebenheiten gerechtfertigt sind oder durch eine gewachsene Organisationsgeschichte bzw. auch durch Kompetenzgerangel oder gar Statusprobleme (*»Ich als Notarzt steige doch nicht zusammen mit Rettungsassistenten in einen RTW!«*) entstanden sind, muss offen bleiben.

Zuweilen wird ein optimaler Einsatz der RTWs auch dadurch verhindert, dass diese und die entsprechende Besatzung nicht nur für Notfälle, sondern auch für »normale« Krankentransporte eingesetzt werden und dann für Notfalleinsätze ggf. nicht zur Verfügung stehen. In den entsprechenden Organisationen werden allerdings alternative Modelle entwickelt (NADLER 2001, BÜCH & KOCH 1998). BÜCH & KOCH (1998A) rechnen vor, dass dadurch eine Kostenersparnis von bis zu 20 % erreichbar wäre.

5.2 Die Leitstelle

Leitstellen gibt es in verschiedenen Varianten, so für den Rettungsdienst, die Feuerwehr, die Polizei und sog. Integrierte Leitstellen (QUELLMELZ & LASOGGA 2013). Sie sind für einzelne Städte, aber auch ganze Landkreise zuständig (HACKSTEIN & SIEVERS 2010). Die Aufgaben von Leitstellendisponenten sind mannigfaltig (QUELLMELZ 2013). Sie nehmen die eingehenden Notfallmeldungen der Bevölkerung entgegen, müssen die Notfallsituation klassifizieren und das geeignetste und schnellste Rettungsmittel (Rettungswagen, Notarztwagen, Rettungshubschrauber) zum Notfallort senden. Dabei helfen häufig »Alarmierungsstichworte« (*»Busunfall auf der Autobahn«*), um eine vorher festgelegte Kette von Maßnahmen aufzurufen (PETER et al. 2001; PETER & MAURER 2001). Allerdings kann eine zu knappe Formulierung durch Schlüsselworte auch Nachteile haben: Beim Eisenbahnunglück von Eschede wurden die Mitglieder des ersteintreffenden Rettungsteams nur mit *»Zugunfall«* alarmiert (KNOBLING 1998). Die Vermutungen reichten von *»Person auf den Gleisen verunglückt«* bis *»Güterzug entgleist«*. Erst ein Pilot eines Rettungshubschraubers meldete dann: *»ICE-Katastrophe – Schickt alles raus, was Ihr habt!«* (KNOBLING 1998, S. 488).

Während des gesamten Einsatzes hat die Leitstelle für die Aufrechterhaltung der Kommunikation mit den Einsatzkräften zu sorgen. Damit hat sie eine zentrale Bedeutung für die Abwicklung von Notfällen. Die Arbeit von Leitstellendisponenten ist dabei höchst komplex und schwierig (Quellmelz & Lasogga 2013).

Die Leitstelle ist aber auch eine der Schwachstellen innerhalb eines Rettungsdienstsystems. Die Defizite liegen zum einen in der sehr unterschiedlichen Organisation begründet. Beklagt werden aber auch mangelnde Kompetenzen der Leitstellenmitarbeiter (Lenz 2000, Quellmelz & Lasogga 2013). Wichtig wäre eine fundierte Ausbildung, was aber nicht immer gegeben ist. Häufig wird dabei die Kommunikation mit den Anrufern und der Umgang mit Stress nur kurz thematisiert (Baumann et al. 2010). Weitere Probleme können die Bedienung der komplexen Leitstellentechnik, Softwareprobleme etc. sein.

5.3 Rettungsdienstmitarbeiter

Im Rettungswesen gibt es nach Ausbildung und Kompetenz abgestufte Berufsbilder. Der *Rettungsassistent* war bisher am breitesten qualifiziert. Er durchläuft eine Ausbildung von zwei Jahren mit theoretischen (1200 Stunden) und praktischen (1600 Stunden) Anteilen (nach Lutomsky & Flake 2000). Rettungsassistenten haben seit jeher eine »Notkompetenz«, d.h. sie können in lebensbedrohlichen Situationen auch bestimmte ärztliche Maßnahmen durchführen, falls kein Arzt anwesend ist. Je nach organisatorischer Einbindung können Rettungsassistenten hauptberuflich (u.a. bei den Berufsfeuerwehren) oder nebenberuflich (z.B. bei freiwilligen Hilfsorganisationen) tätig sein. Für sie besteht eine jährliche Fortbildungspflicht.

Dieses Berufsbild wurde im Jahr 2014 durch ein neues, das des *»Notfallsanitäters«* (NotSanG/NotSan-APrV) ersetzt. Mit dieser Änderung soll der Rettungsdienst auch auf die Herausforderungen des demografischen Wandels, zu denen ältere und multimorbide Patienten und damit verbunden höhere Einsatzzahlen aber auch ärztliche Versorgungslücken im ländlichen Raum gehören, vorbereitet werden. Die dreijährige Ausbildung umfasst neben 1920 Stunden Unterricht an Rettungsdienstschulen auch wesentlich mehr praktische Anteile (2680 Stunden an geeigneten Lehrrettungswachen und Kliniken). In ihr sind auch regulär (und nicht nur im Rahmen der Notfallkompetenz) erweiterte Kompetenzen enthalten, die den Notfallsanitäter dazu befähigen sollen, ärztliche Maßnahmen eigenständig durchzuführen, wenn diese vom jeweiligen Ärztlichen Leiter Rettungsdienst in sog. Standard Operating Procedures (SOP) vorgegeben werden und in Versorgungsalgorithmen abgebildet werden (Bens & Lipp 2014). Wegen dieser sog. »Generaldelegation« und der damit verbundenen Haftungsrisiken wird das neue Berufsbild z.T. auch kritisch betrachtet. Unstrittig ist jedoch, dass psychologische Inhalte in der entsprechenden Prüfungsordnung weitaus stärker als bisher berücksichtigt werden (z.B. »Kommunikation und Interaktion mit sowie Beratung von hilfesuchenden und hilfebedürftigen Menschen unter Berücksichtigung des jeweiligen Alters sowie soziologischer und psychologischer Aspekte«).

Rettungssanitäter haben im Vergleich zu Notfallsanitäter bzw. Rettungsassistent eine wesentlich reduzierte Ausbildungszeit von 520 Stunden, eine jährliche Fortbildungspflicht, aber keine Notkompetenz. *Rettungshelfer* werden nach unterschiedlichen Kriterien von den einzelnen Rettungsorganisationen ausgebildet. *First Responder* schließlich sollen eine Ausbildung unterhalb des Niveaus des Rettungsassistenten bzw. Rettungssanitäters erhalten und durch erste einfache Rettungsmaßnahmen die Eingriffszeit verkürzen (s. Poguntke & Eichner 2013). Sie sollen insbesondere in ländlichen Gebieten sowie in größeren Betrieben, Behörden, Schulen eingesetzt werden. Ob eine derartige Differenzierung der Rettungsdienstmitarbeiter notwendig und vorteilhaft ist, wird von einigen Autoren bezweifelt.

5.4 Notarzt

Im Medizinstudium ist der Aspekt der Notfallmedizin stark unterrepräsentiert (Schnabel et al. 1998). Mit Ausnahme einiger Universitäten (z.B. Münster) wird er im Studium nicht behandelt. Ein ausgebildeter Arzt muss in Deutschland, um als Notarzt eingesetzt werden zu dürfen, eine Weiterbildung (»Fachkundenachweis Rettungsdienst« bzw. »Zusatzweiterbildung Notfallmedizin«) absolvieren. Diese umfasst (wiederum je nach Land unterschiedlich) ca. 18 Monate klinische Tätigkeit in einer Intensivstation oder ähnlichen Einrichtungen, diverse Einzelnachweise (z.B. Intubationskenntnisse) und einen interdisziplinären Kurs von 80 Stunden Dauer sowie den Nachweis von mindestens 50 Einsätzen unter der Leitung eines erfahrenen Notarztes (es wird derzeit diskutiert, den vorgeschriebenen 80-Stunden-Kurs in einzelne »Module« umzustrukturieren). Das Renommee dieser Disziplin ist innerhalb der Medizin nicht allzu hoch. Viele Notärzte klagen über Akzeptanzprobleme (*»Der am wenigsten Qualifizierte wird zum Notfalleinsatz abkommandiert: ›Kannste mal Erfahrungen sammeln!‹«*, AGN-NW 2001), mangelndes Wir-Gefühl und eine fehlende Lobby insbesondere in den Kliniken.

5.5 Leitender Notarzt (LNA)

Bei Großschadensereignissen mit vielen Verletzten reicht ein Notarzt oft nicht aus. Um den medizinischen Ablauf zu koordinieren, wurde vor einigen Jahren eine Forderung der Bundesärztekammer und der DIVI (Deutsche Interdisziplinäre Vereinigung für Intensiv- und Notfallmedizin) erfüllt und ein Leitender Notarzt (LNA) im Rahmen einer DIN-Vereinbarung (DIN 13050) eingeführt. Er soll den medizinischen Hilfseinsatz bei Großschadensfällen koordinieren und leiten. Dazu gehören der Überblick über den Notfall (Lage- und Schadensbeurteilung, Feststellung von Geräte-, Personal- und Materialbedarf), die Organisation der Sichtung von Verletzten, die Überwachung der medizinischen Maßnahmen der Notärzte und des Rettungsdienstes sowie die Festlegung des Transportes in die Kliniken in Kooperation mit der Leitstelle. Ein LNA sollte sowohl Notarzt als auch Facharzt in einem Bereich der Notfallmedizin sein (Wichmann 2000). Dazu sollte er in entsprechenden Seminaren von etwa 40 Stunden Umfang auf seine Tätigkeit vorbereitet werden. Außerdem sollte er Detailkenntnisse der regionalen Infrastruktur und Ortskenntnisse aufweisen. Ein LNA ist vor Ort farblich mit einer speziellen Jacke gekennzeichnet, allerdings ist die Farbe (gelb, rot, grün) in den Bundesländern nicht einheitlich. Das Konzept des LNA wurde auch in die meisten Rettungsdienstgesetze aufgenommen. Probleme liegen darin, dass es aufgrund der unterschiedlichen Struktur der Leitstellen örtlich verschieden ist, wann ein Leitender Notarzt alarmiert wird. In den einzelnen Bundesländern und Kreisen differieren darüber hinaus die Interpretationen über seine Aufgaben. Außerdem sind in ländlichen Regionen die Anfahrtszeiten in manchen Fällen sehr lang. Einige Leitende Notärzte müssen ihre Aufgaben ohne Ausrüstung erfüllen. So fahren sie in einigen Gegenden Deutschlands selbst und mit ihren Privatwagen zur Unfallstelle, da der Träger des Rettungsdienstes, der Kreis bzw. die Gemeinde entsprechend ausgerüstete Fahrzeuge nicht finanziert (Wichmann 2000).

5.6 Organisatorischer Leiter (OrgL)

Beim Organisatorischen Leiter (OrgL) handelt es sich um eine im Rettungsdienst erfahrene Person mit besonderer Qualifikation, die den LNA beim Großschadenseinsatz organisatorisch-technisch unterstützt (Crespin & Peter 2007). Die Aufgabenstruktur und Ausbildung obliegt den Ländern und ist deswegen relativ uneinheitlich.

In einigen Ländern erhalten die OrgL eine spezielle Ausbildung, in Nordrhein-Westfalen z.B. im Umfang von 72 Stunden. Daneben bestehen einige private Ausbildungskonzepte. Die Aufgaben und die hierarchische Einbettung des OrgL in das Rettungssystem sind vage.

> *»Sicher ist auf jeden Fall, dass der LNA dem OrgL in medizinischen Fragestellungen weisungsbefugt ist. Ob dies umgekehrt bezüglich der organisatorischen Fragestellung so ist, bleibt bisher leider nicht eindeutig geklärt. Eine Klärung wird vielerorts mit der Begründung abgelehnt, dass durch die unterschiedlichen Aufgabenstellungen die Frage von durchzusetzenden Weisungsbefugnissen nicht auftritt. Befriedigend erscheint diese unklare Struktur der Weisungsbefugnisse nicht.«* *(Schüller 1999, S. 804).*

Diese Einschätzung hat sich bis heute nicht wesentlich geändert.

Bei Großschadensereignissen übernimmt zudem ein »Gesamteinsatzleiter« (EL) die Koordination des Geschehens (Peter et al. 2001). Dieser ist durch die Dienstvorschrift 100 »Führung und Leitung im Einsatz« der Ständigen Konferenz für Katastrophenvorsorge und Bevölkerungsschutz definiert und im Allgemeinen der Leiter eines Feuerwehr-Einsatz-Zuges.

5.7 Ärztlicher Leiter Rettungsdienst (ÄLRD)

Zusätzlich zu den bisher genannten Funktionen gibt es noch den Ärztlichen Leiter Rettungsdienst (STRATMANN et al. 2001), für dessen Etablierung sich die Bundesärztekammer seit 1990 bundesweit eingesetzt hat. Dieser soll die Sach- und Fachaufsicht über den Notarztdienst eines Standortes führen und auf regionaler beziehungsweise überregionaler Ebene Aufsichts-, Überwachungs- und Kontrollfunktionen wahrnehmen und damit das notfallmedizinische Qualitätsmanagement fördern. Er ist somit für die *»Effizienz der präklinischen notfallmedizinischen Patientenversorgung und -betreuung«* (RIEBANDT 1996), aber auch für die Anwendung der »Notkompetenz« des sonstigen Rettungsdienstpersonals verantwortlich (BUNDESÄRZTEKAMMER 2013). Die administrative Funktion des ÄLRD sollte in jedem Rettungsdienstbereich angesiedelt und vom jeweiligen Träger finanziert werden. Für die Ausbildung bestehen Empfehlungen der Bundesärztekammer. Die ÄLRD sind seit 2007 in einem Bundesverband organisiert, der z.B. Empfehlungen für die erweiterten Kompetenzen der Notfallsanitäter gibt (s. KAP. 5.3).

5.8 Weitere Gruppen

Neben den bisher genannten Funktionsträgern und Organisationen existieren noch spezielle Gruppen, die in Notsituationen agieren. Sie firmieren unter der Abkürzung »SEG«. Allerdings ist die Bezeichnung unterschiedlich und verwirrend, so heißen sie manchmal »Schnelleinsatzgruppe«, »Sondereinsatzgruppe« oder Spezialeinsatzgruppe«. Es handelt sich um eine Gruppe von ca. 10–20 Rettungskräften, die meist aus den Katastrophenschutzorganisationen rekrutiert werden und zusätzlich für eine bestimmte Aufgabe ausgebildet sind. So gibt es z.B. eine SEG-T+S (Technik und Sicherheit) speziell für technische Aufgaben wie Stromversorgung und Beleuchtung, eine SEG-Trp für den Transport von Verletzten und Kranken, eine SEG-FüUst zur Führungsunterstützung, eine SEG-GSG für gefährliche Stoffe und Güter, eine SEG-WRD für den Wasserrettungsdienst, eine SEG-RH mit Rettungshunden oder auch eine SEG-Vpfl für die Verpflegung von Einsatzkräften. Es bleibt wohl der jeweiligen Leitstelle vorbehalten, einen Katalog der im Umkreis bestehenden SEGs und deren Abrufbarkeit zu pflegen.

5.9 Zusammenarbeit

Wie viele Personen und Organisationen bei einem Notfall zusammenarbeiten müssen, sei an folgendem Beispiel verdeutlicht: Bei einem Busunglück auf der A 14 im Jahr 2007 wurden 292 Einsatzkräfte eingesetzt, und zwar 12 Notärzte, 61 Rettungsdienstmitarbeiter, 102 Mitglieder der Freiwilligen Feuerwehr, 14 Helfer des Technischen Hilfswerkes (THW), 30 Helfer der Betreuungszüge, 70 Polizeibeamte und 3 Notfallseelsorger. Diese Helfer stammten aus insgesamt 7 Organisationen (Abdulla et al. 2009). Dass die Zusammenarbeit zwischen diesen Personen und Organisationen nicht immer reibungslos verläuft, versteht sich damit von selbst, zumal die verschiedenen Organisationen unterschiedliche Aufgaben erfüllen müssen und unterschiedliche Strukturen und Einsatztraditionen aufweisen. Im Folgenden sollen einige Beispiele für die Probleme in der Zusammenarbeit angeführt werden.

5.9.1 ... innerhalb des »Rettungsteams«

Als »Rettungsteam« soll hier die Kombination von Rettungsdienstmitarbeitern und Notärzten bezeichnet werden. Juristisch gesehen leitet der Notarzt das Rettungsteam am Einsatzort und ist weisungsbefugt. Notfallsanitäter, Rettungsassistenten und Rettungssanitäter dürfen die Anweisungen nicht ablehnen, höchstens der Patient. Allerdings sind sie verpflichtet, bei einem offenkundigen Versäumnis bei der Versorgung des Notfallpatienten durch den Notarzt, diesen darauf aufmerksam zu machen. Die Ausgestaltung der Zusammenarbeit kann sehr unterschiedlich ausfallen:

> *»Bei dem einen Notarzt sind die Rettungsassistenten kompetente Partner in der Notfallversorgung, die zum größten Teil selbständig, ohne explizite Anweisung des Notarztes tätig werden. Bei anderen sind sie nur Assistenten des Arztes und dessen ›Befehlsempfänger‹!«* (Freund 1997, S. 803)

Mitarbeiter des Rettungsdienstes beklagen sich in diesen Fällen häufig, dass der eintreffende Notarzt die Maßnahmen, die sie nach ihren offiziell verpflichtenden Routinen durchgeführt haben, rückgängig macht (Treukann 1999). So legte ein Rettungsassistent im Rahmen der Notkompetenz einen Zugang. Der Notarzt riss ihn heraus und legte selbst einen. Auf Nachfrage des Rettungsassistenten antwortete der Notarzt: *»Das ist meine Entscheidung, das geht Sie nichts an.«* (FREUND 1997). In einem anderen Fall weigerten sich die Rettungskräfte, eine Anweisung der Notärztin zu befolgen. Es entwickelte sich ein Streitgespräch, im Laufe dessen die Rettungskräfte den Notfallort verließen. Diese Situation endete mit einem Gerichtsprozess und der Kündigung der Rettungsdienstmitarbeiter (WETZCHEWALD 2012). Es werden aber auch positive Beispiele angeführt:

> *»Bei gelungener Kooperation sind keine Worte nötig. Bevor der Notarzt eine Intubation anspricht, legt der Rettungsassistent die Instrumente schon bereit.« (GRAMLICH 1997)*

Manche Notärzte sehen sich in diesem System sehr selbstkritisch. Sie empfinden Notfallsanitäter oder Rettungsassistenten teilweise als besser ausgebildet als sich selbst und befürchten, dass einzelne Notärzte innerhalb des Rettungsdienstes miteinander verglichen und diese Vergleiche weitergetragen werden könnten (AGN-NW 2001). Gelegentlich wird auch von Konflikten der Ärzte untereinander berichtet, beispielsweise zwischen dem vor Ort tätigen Hausarzt und dem später eintreffenden Notarzt (z.B. OTTO 1997) oder zwischen dem später eintreffenden Leitenden Notarzt und einem bereits vor Ort tätigen Notarzt (SCHÜLLER 1999).

Auch wenn es sich bei diesen Beispielen um Ausnahmefälle handeln dürfte, müssen diese Probleme angegangen und gelöst werden. Schließlich haben schlecht funktionierende Teams eine verheerende Wirkung, da sie in der Situation des Notfalls nicht nur eine Belastung für die unmittelbar Beteiligten, sondern auch für die Patienten darstellen. Dabei sollte man sich der Erfahrungen aus anderen Bereichen bedienen. SEXTON (2004) berichtet über eine Studie, die sich damit beschäftigt hat, worin sich bei den Fluglinien besonders leistungsfähige Cockpit-Crews von weniger leistungsfähigen beim Lösen von Problemen unterscheiden. Es waren eindeutig die Crews besser, in denen der Chefpilot seinen Copiloten weitgehend in die Problemlösungsprozesse mit einbezogen hatte, auch wenn er die Entscheidung schließlich selbst treffen muss (»konsultative Führung«). Dies könnte in gemeinsamen Team-Entwicklungs-Seminaren der verschiedenen Berufsgruppen im Rettungsdienst geübt werden. Auch gemeinsame Nachsorgegespräche des Rettungsteams könnten entsprechende Einsichten vermitteln.

5.9.2 ... zwischen Rettungsteam und OrgL, Leitstelle, Polizei, Feuerwehr

Das Rettungsteam muss mit einer ganzen Reihe anderer Organisationen zusammenarbeiten: unter anderem mit den Leitstellen, der Polizei und der Feuerwehr. Trotz der häufig unklaren Gesetzeslage scheint die Kooperation jedoch meist zu funktionieren. Allerdings wird auch über Probleme berichtet bzw. diese sind aufgrund der Bestimmungen vorhersehbar. Beispielsweise schreiben PETER et al. über die Zusammenarbeit des Notarztes mit der Feuerwehr:

> *»Selbstverständlich wird der Einsatzleiter der Feuerwehr sich in medizinischen Fachfragen stets dem Fachverstand des Notarztes beugen, er muß aber bei allen einsatztaktischen Grundsatzfragen zustimmen. So kann der Notarzt nicht ohne Zustimmung des Einsatzleiters den Ort für Verletztenablagen bestimmen [...].«*

und

> *»Leider ist immer wieder zu beobachten, daß diese notwendige Strukturierung vergessen wird, sei es, daß der Notarzt sich einzelnen Verletzten zuwendet, sei es, daß er die Notwendigkeit struktureller Vorgaben nicht kennt oder nicht als üblich akzeptiert.« (PETER et al. 2001, S. 15/16)*

Auch die Zusammenarbeit zwischen Notarzt und Polizei funktioniert ohne größere Probleme, wenn die Grundregel eingehalten wird, sich wechselseitig über beabsichtigte und getroffene Maßnahmen zu informieren. Gelegentlich wird dies jedoch nicht befolgt, z.B. wenn die Leitstellen der Polizei bei Eingang eines Notrufes nicht genug medizinische Daten erfragen. Geht der Notruf dagegen bei der Rettungsleitstelle ein, werden dort mitunter zu wenig polizeirelevante Informationen erfragt (TRIES 1998A).

Hinsichtlich der Konstellation *Leitender Notarzt – Notarzt – Organisatorischer Leiter – Leitstelle* steht in den meisten Organisationsschemata die Leitstelle hierarchisch an oberster Stelle, LNA und OrgL meist eine Ebene darunter in gleichwertiger Position. Die Weisungskompetenz der Leitstelle bezieht sich jedoch nicht auf die medizinische Behandlung. Probleme könnten sich jedoch bei der Verteilung der Patienten auf die Kliniken ergeben. Die Leitstelle führt

> *»... den Behandlungskapazitäten- und Bettennachweis, übermittelt diesen über den OrgL zum LNA. Der LNA teilt die Patienten nach den zur Verfügung stehenden Behandlungskapazitäten- und/oder Betten zu. Die Zuweisungsentscheidung wird der Leitstelle pro Patient oder je nach Lage pro Patientenkollektiv mitgeteilt«.* (Crespin & Peter 2007, S. 142)

5.9.3 ... zwischen Rettungsteam und Notaufnahme

Die Schnittstelle zwischen dem Rettungsteam und der Notaufnahme ist die problematischste und wird von vielen Insidern seit Langem beklagt (Dick 1998; Escher 1999). Hier erschweren Status- und Prestigefragen, wechselseitige Vorurteile, unterschiedliche eingefahrene offizielle und inoffizielle Sitten und Normen die Arbeit. Am deutlichsten zeigt dies eine, wenn auch offenbar fiktive, zusammenfassende Beschreibung einer Patientenübergabe (Zydziak 1999, S. 1091).

> *»›Hallo, ist hier jemand?‹ Eine Schwester nähert sich. ›Wo kommen Sie denn her? Was bringen Sie da?‹. Grundsätzlich kommt der Rettungsdienst von draußen und bringt meistens Patienten, die der weiteren medizinischen Versorgung bedürfen. Was sollen also solche Fragen? Minuten vergehen! Der Arzt erscheint. ›Warum bringen Sie den Patienten denn zu uns? Sind wir eigentlich das einzige Krankenhaus, welches hier aufnimmt?‹ Einseitige Diskussionen vor dem Patienten über Sinn und Unsinn von Bettenplan und medizinischer Notwendigkeit entflammen! Dass der Rettungsdienst eine Transportverpflichtung hat, davon wissen weder Arzt noch Schwester. Der Patient wird endlich begrüßt. Seine Augen spiegeln Vertrauenslosigkeit. Er fühlt sich, als wäre er unerwünscht. Ist er unerwünscht? Er stört nicht selten die Routine des Dienstes.«*

Weitere Beispiele:

- Notfallpatienten müssen manchmal auf den Klinikfluren warten, bis Ärzte, Schwestern und Räume bereit sind. Gelegentlich werden auch schon Behandlungen auf den Fluren vorgenommen. Zuweilen befindet sich die Notaufnahme in den Kliniken im ersten Stockwerk, sodass auf den Fahrstuhl gewartet werden muss.
- In einer deutschen Großstadt in NRW wurde ein Rettungswagen bei der angefahrenen Klinik abgewiesen, obwohl dies rechtlich unzulässig ist (Ufer 2001; Lutomsky & Flake 2000). Da sich der Zustand des Patienten verschlechterte, riefen die Rettungsassistenten in ihrer Not den Dienst habenden Notarzt, der mit seinem Fahrzeug aus einer anderen Klinik kam und den Patienten im Fahrzeug vor dem Eingang der Notaufnahme der Klinik versorgte (Treukann 1999).
- Häufig muss der Patient vom RTW oder Hubschrauber mit der Rolltrage über sehr unebenen Boden zur Notaufnahme transportiert werden. Weitere architektonische Mängel: Gummimatten, Abstreifer, Kopfsteinpflaster, überstehende Führungsschienen (Marxmüller 1998) sowie Eingangstüren, die automatisch zuschlagen.

Ein Grund für die Probleme liegt in den unterschiedlichen organisatorischen Strukturen der Präklinik und der Klinik. Dies beginnt bei den gesetzlichen Regelungen und Trägerschaften. Zwar verpflichten einige Rettungsdienstgesetze die Kliniken, die Aufnahme von Notfallpatienten so zu organisieren, dass diese im Regelfall ohne Zeitverzug aufgenommen werden können (Ufer 1999), dies wird aber offenbar nicht überall eingehalten.

Ein zusätzliches Problem betrifft die Informationsweitergabe. Sämtliche relevante Daten eines Notfallpatienten sollten auf Protokollen vermerkt sein. Es gibt jedoch gravierende Mängel auf diesem Gebiet (Arnold 2000), die bis zu der Aussage reichen, dass die Mehrzahl dieser Protokolle im Papierkorb lande. Auch finden Übergabegespräche häufig noch unstrukturiert zwischen »Tür und Angel« statt und werden zudem selten ausreichend über ein Übergabeprotokoll dokumentiert.

Allerdings beklagen sich die Notärzte gelegentlich auch über die »cholerischen Krankenhauskollegen« und deren »kurze, harsche Befunddiskussionen« oder auch telefonische Übergaben, weil der Klinikarzt nicht in die Notaufnahme kommen kann oder will (TREUKANN 1999). Notfallpatienten beschweren sich, dass sie ihre Geschichte »x-mal« erzählen mussten: zunächst dem Rettungspersonal, dann dem Notarzt, dann der aufnehmenden Klinikschwester, dann dem Klinikarzt und dann der Röntgenassistentin.

Wenn auch diese Beispiele nicht zu stark generalisiert werden sollten, so müssen doch die Probleme angegangen werden, die ihnen zugrunde liegen. Eine Lösung könnte so aussehen, dass Rettungsdienst und Notaufnahme nicht zwei getrennte Systeme darstellen, die die Tendenz haben, sich eher voneinander abzugrenzen als zu kooperieren, sondern zu einer organisatorischen Einheit zusammengezogen werden. Hilfreich wäre aber auch der verstärkte Einsatz von digitalen Einsatzprotokollen und Telemetrie, sodass in der Klinik die wichtigsten Patientendaten bereits bei der Einlieferung vorliegen.

An dieser Stelle stellt sich die Frage, warum das deutsche Rettungswesen dennoch offensichtlich mit einer relativ hohen Qualität funktioniert. Oft hört man in der Diskussion mit Praktikern, dass es kaum Probleme gäbe, man würde sich gegenseitig gut kennen, es sei in langjähriger Zusammenarbeit ein tragfähiges Vertrauensverhältnis entwickelt worden. HÖRNER schreibt angesichts eines Konzerts von Tina Turner im Frankfurter Waldstadion:

> *»Die sanitäts- und rettungsdienstliche Betreuung bei nahezu allen Veranstaltungen in der Festhalle und bei den Open-Air-Konzerten im Waldstadion liegt in den Händen des Arbeiter-Samariter-Bundes. Wann und wo die erste Absicherung stattgefunden hat, weiß niemand genau zu sagen, jedenfalls blickt der ASB mittlerweile auf eine jahrzehntelange Erfahrung zurück. Diese über Jahre gewachsene Arbeit schuf natürlich ein Vertrauensverhältnis gegenüber den verschiedenen Veranstaltern und den Sicherheitskräften.«* *(HÖRNER 2000, S. 1106)*

Offensichtlich wirkt sich sehr positiv auf die Zusammenarbeit aus, wenn man sich persönlich kennt (LASOGGA & KUS 2013). Eine Möglichkeit zum Kennenlernen bieten auch Simulationen, z.B. in voll ausgestatteten Trainings-Schockräumen, bei denen Klinik- und Rettungspersonal Übergabesituationen gemeinsam trainieren.

5.10 Schwierigkeiten durch Länderzuständigkeit

Die Aufgaben und die Organisation des Rettungsdienstes sind in Deutschland nicht bundeseinheitlich geregelt. Gemäß Artikel 30 und 70 GG (Grundgesetz) liegt die Gesetzgebungskompetenz bei den Ländern (Zusammenstellung bei LUTOMSKY & FLAKE 2000). Allerdings enthalten diese Paragrafen nur pauschale Formulierungen in dem Sinne, dass alles, was nicht im GG geregelt ist, den Ländern übertragen wird. Es handelt sich also nicht speziell um Rettungsdienstparagrafen. Die Länder sind somit Träger des Rettungsdienstes, soweit sie diese Aufgabe nicht an die Kreise und kreisfreien Städte delegieren. *»Leistungserbringer sind durch die Träger beauftragte Hilfsorganisationen, Feuerwehren oder private Anbieter«* (AHNEFELD et al. 1998, S. 69). Die Durchführung und Finanzierung des Rettungsdienstes und somit auch die Besetzung der Rettungsmittel werden in den Landesrettungsdienstgesetzen und begleitenden Verordnungen geregelt. Der Bund bestimmt hingegen weitgehend die Qualifikation des nichtärztlichen Rettungsfachpersonals über die Berufsbezeichnungsgesetze (RettAssG bzw. NotSanG), welche zusammen mit den zugehörigen Ausbildungs- und Prüfungsverordnungen Umfang und Struktur der Ausbildung, die staatliche Prüfung und damit den Berufszugang regeln.

Die Notarztausbildung hingegen ist weder in den Ländergesetzen (Ausnahmen: Niedersachsen und Berlin) noch in den Bundesgesetzen geregelt. Allerdings haben sich Bundes- und Landesärztekammern auf ein gemeinsames Konzept und Mindestanforderungen geeinigt (s. KAP. 5.4).

Bundeseinheitlich ist (theoretisch) auch die Ausstattung der Rettungsfahrzeuge über die DIN EN 1789 bzw. die DIN EN 75079 geregelt. De facto sind aber (zumindest im Jahr 2001)

> *»noch längst nicht alle Bestandteile der DIN-Norm ... zufriedenstellend von den Herstellern in der Praxis umgesetzt worden« (REDAKTION RETTUNGSDIENST 2001, S. 18).*

Weitere Beispiele der Folgen der Länderzuständigkeit:

1. Die Rettungsdienste sind unterschiedlich angebunden. In Nordrhein-Westfalen ist z.B. der Rettungsdienst vorwiegend eine Aufgabe der Feuerwehr, in Bayern vornehmlich des Roten

Kreuzes. Dies geht bis auf die Besatzungszeit nach dem Krieg zurück. In den britischen Besatzungszonen war man eher feuerwehrzentriert (deswegen sind die meisten hauptberuflichen Feuerwehrleute in NRW auch als Rettungsassistenten ausgebildet), in den amerikanischen baute man eher auf die Hilfsorganisationen, vor allem das Rote Kreuz (Sodenkamp 2000). Aber selbst dieses Prinzip ist nicht durchgängig. Da die Länder die Zuständigkeit für die Rettungsdienste an die Kreise bzw. die kreisfreien Städte delegieren können, finden sich auch lokal verschiedene Konstruktionen. Beispielsweise trägt in der Stadt Dortmund (NRW) zwar die Feuerwehr die Hauptlast des Rettungsdienstes, aber auch die vier Hilfsorganisationen (Arbeiter-Samariter-Bund, Deutsches Rotes Kreuz, Johanniter-Unfall-Hilfe, Malteser Hilfsdienst) sind mit Rettungswachen und Rettungsfahrzeugen beteiligt. Die Länderzuständigkeit führt auch zu unterschiedlichen technischen und organisatorischen Bedingungen. Dies hat viele Nachteile. Beispielsweise wechselt die Autobahn A 9 zwischen dem Hermsdorfer Kreuz und dem Schkeuditzer Kreuz auf 60 km insgesamt 29-mal die jeweiligen Landes- (und damit auch die Kreis-)Grenzen von Sachsen, Sachsen-Anhalt und Thüringen (Burgkhardt 2000). Je nachdem, wo sich ein Unfall ereignet, treten somit unterschiedliche Konzepte in Kraft. Müssen zum Beispiel bei einem Großschadensereignis »benachbarte« Organisationen zu Hilfe kommen, werden die schon genannten Kompatibilitäts-Schwierigkeiten offenbar.

2. Ein Problem stellen auch die Notrufnummern dar. Zwar gibt es zwei einheitliche Notrufnummern in Deutschland (110 für die Polizei und 112 für die Feuerwehr). Diese sind im Telefonnetz vorrangig geschaltet, auch bei einer Überlastung und bei Stromausfällen zu erreichen und können bei den meisten Handys kostenlos gewählt werden. Europaweit kann inzwischen die Notrufnummer 112 für sämtliche Notrufe gewählt werden. Allerdings werden in den einzelnen Ländern zahlreiche weitere Nummern beispielsweise für Rettungsdienst, Ärztenotdienst, Polizei etc. genannt.
3. Die Qualität des Rettungsdienstes soll u.a. mit der »Hilfsfrist« erfasst werden. Dies ist ein Normzeitraum von der Alarmierung bis zum Eintreffen an der Einsatzstelle. Sie schwankt in

den derzeitigen Rettungsdienstgesetzen zwischen 8 und 15 Minuten, einige Gesetze formulieren jedoch auch nur »bedarfsgerecht« oder »angemessen«). Sie wird unterschiedlich definiert und gemessen, umfasst aber in den meisten Bundesländern den Zeitraum von Eingang der Meldung bis Eintreffen des Rettungsmittels auf einer öffentlichen Straße am Notfallort. Außerdem unterscheidet sich die Definition der »Hilfsfrist« bei der Feuerwehr von der des Rettungsdienstes, auch wenn in einigen Bundesländern die Notfallrettung von den Feuerwehren geleistet wird. Dies hat weitreichende Konsequenzen. Würde man sich bundesweit auf eine bestimmte Hilfsfrist einigen, z.B. auf zwölf Minuten (die, wie auch immer definiert, in 95 % aller Einsatzfälle eingehalten werden muss), müssten in bestimmten ländlichen Bereichen, in denen sie zurzeit beispielsweise 15 Minuten beträgt, neue Rettungswachen eingerichtet werden. In den Bereichen, in denen die Hilfsfrist zurzeit acht Minuten beträgt, könnten die finanziellen Träger auf eine Schließung aufgrund von Überversorgung drängen (Stratmann 2001).

4. Auch eine einheitliche Protokollierung von Notfalleinsätzen findet nicht statt. Beispielsweise wurden in Nordrhein-Westfalen im Jahr 2000 noch fünf verschiedene Systeme verwendet, auch wenn man sich inzwischen in Richtung des sogenannten DIVI-Protokolls (AGN-NW) geeinigt hat. Es werden aber auch elektronische Varianten diskutiert und erprobt.
5. Schließlich sind nicht einmal die Farben der Rettungsfahrzeuge bzw. die Kleidung der Rettungskräfte einheitlich geregelt: *»Jede Organisation kann ihr Federkleid gestalten wie sie es will.«* (Wichmann 2000).

Die genannten Probleme sind bekannt:

> *»Wir müssen dringend unsere gesamte Tätigkeit analysieren, überdenken und neu beschreiben! Das Ergebnis muss eine mindestens bundesweite Standardisierung unserer Ausbildung, Ausrüstung, Verfahren und Dokumentation sein. ... Das Ziel wäre erreicht, wenn ein Rettungsassistent aus Sachsen, ein Rettungssanitäter aus Schleswig-Holstein und ein Notarzt aus*

> *dem Saarland in Berlin gemeinsam einen Bundesbürger aus Bayern reanimieren könnten, ohne auch nur ein einziges Wort miteinander zu sprechen!«*
>
> (LUTOMSKY & FLAKE 2000, Geleitwort von Martin Voigt)

Bei allen Schwierigkeiten infolge regionaler Unterschiede darf nicht übersehen werden, dass das Rettungswesen in den letzten Jahren auch eine Vereinheitlichung und Professionalisierung erfahren hat. Versorgungsschemata wie das ABCDE-Schema und Kurssysteme zur Traumaversorgung haben sich bundesweit etabliert. Große Fachgesellschaften wie die Deutsche Interdisziplinäre Vereinigung für Intensiv- und Notfallmedizin (DIVI), aber auch die Bundesärztekammer veröffentlichen regelmäßig aktualisierte Leitlinien und Empfehlungen, die in nahezu allen Rettungsdienstbereichen als Versorgungsstandards implementiert sind. Zur Umsetzung des Notfallsanitätergesetzes haben sich zudem Rettungsdienstträger, -schulen und Ärztliche Leiter im sogenannten »Pyramidenprozess« für einen einheitlichen Kompetenz- und Maßnahmenkatalog ausgesprochen. Letztlich tragen auch überregional arbeitende private Rettungsdienstanbieter und Kooperationen (z.B. RKiSH) und das wenn auch umstrittene Prinzip der öffentlichen Ausschreibung des Rettungsdienstes möglicherweise zu einer Qualitätssteigerung und Vereinheitlichung bei.

6 Psychologische Hilfe

Bisher wurde beschrieben, wie unterschiedlich von einem Notfall Betroffene auf diesen reagieren können, welche Faktoren dafür ausschlaggebend sind und auf welchen Kenntnis- und Erfahrungsstand Laien und professionelle Helfer zurückgreifen können/müssen, wenn sie auf Notfallopfer, Angehörige, Zuschauer usw. treffen. In den folgenden Kapiteln sollen aus den bisher gewonnenen Erkenntnissen zu diesem Bedingungsgefüge konkrete und umsetzbare Hinweise für die psychologische Betreuung von Notfallopfern abgeleitet werden.

6.1 Begründung und Bedeutsamkeit

Eine psychologische Betreuung ist aus mindestens drei Gesichtspunkten heraus zu fordern.

6.1.1 Ein humanistischer Gedanke

Ein Notarzt sagte in der Fernsehsendung »Eiserne Engel« (ein Bericht über den Rettungshubschrauber Christoph 25, stationiert in Siegen) am 27. August 1995: *»In dem Moment ist er (der Patient) halt eine Maschine, die repariert werden muss.«* Ein anderer Notarzt gab in der gleichen Sendung von sich: *»Für mich ist das ›ein Fall‹; menschlich zu sein, würde mich ablenken.«* Ähnliche Aussagen herrschen oft in Krankenhäusern vor: Man sieht das Symptom, aber nicht den Menschen (*»Die Galle auf Zimmer 112.«*).

Jeder Mensch, auch ein Notfallpatient, hat eine »Würde« im Sinne des Grundgesetzes und damit einen Anspruch, als Mensch und nicht als »Ansammlung von Organen« behandelt zu werden. Dieser Anspruch ergibt sich aus unserer Kultur und unseren Werten.

Professionellen Helfern mittels einer humanistischen Argumentation die Notwendigkeit psychologischer Hilfsmaßnahmen zu verdeutlichen, ist nicht immer in jeder Hinsicht erfolgreich. Häufig erhält man zwar zustimmende Lippenbekenntnisse im Sinne der sozialen Erwünschtheit; d.h. die Helfer stimmen der Aussage zu, dass der Mensch nicht nur einen Körper, sondern auch eine Psyche (gr.: Seele) habe und dass beides beachtet werden solle, allerdings resultieren daraus nicht immer die entsprechenden Konsequenzen im

Verhalten. Erfreulicherweise scheint jedoch hier eine Verbesserung eingetreten zu sein.

6.1.2 Ein psychosomatischer Gedanke

Dass Körper und Psyche in permanenter und unmittelbarer Wechselwirkung stehen, war bereits in der Antike bekannt und ist inzwischen durch zahlreiche Untersuchungen belegt, wird aber auch bei ganz banalen Alltagsbeispielen deutlich:

- Der Körper ist beeinträchtigt. → Die Psyche ist beeinträchtigt; der Mensch fühlt sich schlechter. Jemand, der einen Schnupfen hat, befindet sich in einer negativen Stimmungslage.
- Die Psyche ist beeinträchtigt. → Es zeigen sich körperliche Symptome. Wenn man sich ärgert, steigt der Blutdruck. Wenn man sich oft ärgert, steigt der Blutdruck oft. Wenn man sich dauernd ärgert, ist der Blutdruck permanent hoch mit entsprechenden organischen Folgewirkungen.
- Dem Körper geht es nach einer Krankheit besser. → Die Psyche erholt sich. Jeder, der eine körperliche Genesung verspürt, ist sofort in besserer Stimmung. Typisch ist nach einer Erkältung die Äußerung nach einer Nacht, in der man das erste Mal wieder durchschlafen und -atmen konnte: *»Heute geht´s mir deutlich besser.«*
- Der Psyche geht es besser. → Der Körper erholt sich. Im Altersheim sind auch chronische Schmerzen von Patienten »wie weggeblasen«, wenn die geliebten Kinder und Enkel am Sonntagnachmittag auf Besuch kommen.

Diese psychosomatischen Wechselbeziehungen sind nicht auf eine einfache Interaktion beschränkt, sondern steigern sich oft in einen Kreisprozess. Deutlich wird dieser z.B. bei einem »Herzanfall«: Schneller Herzschlag erzeugt Angst, die zu einem schnelleren Herzschlag führt, dessen Wahrnehmung Angst erzeugt etc. Derartige Kreisprozesse laufen in vielen Bereichen ab: ein verkrampfter Muskel führt zu Schmerzen, diese führen zu Angst, diese Angst zu erhöhtem Blutdruck, dieser zu Sehstörungen usw.

Bei Notfällen sind immer Körper und Psyche beeinträchtigt. Daraus ergibt sich logischerweise die Forderung, bei Hilfsmaßnahmen beides zu beachten und eine Intervention auf beiden Ebenen vorzunehmen. In dem zitierten Kreisprozess liegt eine Chance: Gelingt es, einen Patienten durch psychologische Maßnahmen zu beruhigen, wird der Blutdruck gesenkt, damit werden Druckgefühle und Verkrampfungen gemindert, was zu einer verminderten Angst führt etc.

In der praktischen Konsequenz bedeutet dies Folgendes: Jeder Polizist, der nach einem Raubüberfall unangemessen mit dem Opfer umgeht, trägt dazu bei, dass das Opfer nicht nur frustriert oder verärgert ist, sondern möglicherweise auch körperliche Beschwerden oder Krankheiten entwickelt oder verstärkt werden. Natürlich stellt der Polizist (oder Feuerwehrmann oder Rettungsdienstmitarbeiter oder Notarzt) nicht die einzige Einflussgröße für eine derartige Entwicklung dar, aber er ist ein Mosaikstein, der Einfluss auf die Folgen eines Notfalls ausübt.

6.1.3 Ein ökonomischer Gedanke

Das Interesse für notfallpsychologische Aspekte könnte auch aus ökonomischen Gründen entstanden sein. Es ist nicht zu übersehen, dass dieses Thema bei der Hilfeleistung in Notfällen zwar immer schon im Hintergrund stand, derzeit jedoch mehr und mehr diskutiert wird. Dies ist natürlich besonders evident im Gesundheitswesen. Seit einiger Zeit besteht eine EU-Richtlinie, nach der Rettungsdienstleistungen »ausgeschrieben werden müssen«. In der Folge konkurrieren die verschiedenen Anbieter bei der Vergabe in den Rettungsdienstbereichen. Dies führt automatisch zur Frage, welche Leistung die Notfallopfer erwarten und welche Leistung von den Helfern in welcher Qualität und zu welchem Preis erbracht wird. Damit ist der Begriff des »Qualitätsmanagements« von Bedeutung, der – ursprünglich aus der industriellen Produktion stammend – längst auch auf andere Bereiche angewandt wird, vor allem auf die Medizin, aber auch auf die öffentliche Verwaltung, Polizei, Feuerwehr, Rettungsdienste etc. Inzwischen gibt es umfangreiche Handbücher zum Qualitätsmanagement im Rettungsdienst (z.B. Moecke et al. 2013 oder Neumayr 2013). Der Grundgedanke ist einfach: Alle Dienstleistungen können besser oder schlechter erfolgen. Nur muss festgelegt werden, was »besser« oder »schlechter« bedeutet. Die Antwort ist einfach: Die Belastungen und damit auch die Folgeerscheinungen, denen ein Notfallopfer ausgesetzt ist, können durch angemessenes Verhalten von Helfern reduziert, durch Fehlverhalten verstärkt werden. Im letztgenannten Fall kann dies zu einer psychischen, aber auch physischen Verschlechterung des Notfallopfers führen, was auch finanzielle Folgekosten nach sich zieht. Wenn dann eine Konkurrenzsituation zwischen verschiedenen Anbietern besteht, ist plausibel, dass derjenige, der neben der medizinischen auch eine adäquate psychologische Betreuung seiner Klienten ins Feld führen kann, seine Chancen auf Auftragserteilung steigert.

6.1.4 Der Gedanke der Kundenorientierung

In diesem Zusammenhang ist der Begriff »Kundenorientierung« relevant. Er soll besagen, dass beispielsweise ein Arzt einen Patienten oder ein Polizist das Opfer eines kriminellen Delikts als einen Kunden ansieht. Dieser Vorschlag ist zwiespältig: Er trifft zumindest im Falle des Arztes insofern nicht unmittelbar zu, weil ein Patient diesen in vielen Fällen aus einer Not heraus kontaktiert und nicht immer die Zeit und die Möglichkeit hat, einen Vergleich zu ziehen. Außerdem ist ihm im Fall der gesetzlichen Krankenversicherung der Preis für diese Dienstleistung nicht bekannt. Im Falle einer privaten erfährt er ihn zwar, aber in der Regel erst nach der Dienstleistung. Andererseits trifft der Begriff »Kundenorientierung« doch auf die erwähnten Leistungen zu, da der »Kunde« dafür bezahlt, entweder indirekt über den Krankenkassenbeitrag oder als Steuerzahler. Gab es früher (und gibt es auch heute noch) die stillschweigende Übereinkunft, dass in Notfällen über Geld nicht gesprochen wird und der Patient der Polizei, dem Arzt oder dem Rettungsdienst nur »dankbar« zu sein hat, so macht sich mehr und mehr der Gedanke breit, dass man für seine Bezahlung ein Anrecht auf gute Arbeit hat.

Es mag bezeichnend sein, dass in vielen Fällen vor allem psychologische Aspekte als Indiz für »Qualität« deutlich werden. Das Opfer eines Verkehrsunfalls, das vom Rettungsdienst A in eine Klinik gebracht wird und bei dem der Rettungsdienstmitarbeiter mit ihm spricht, seine Wünsche erfragt, ihm erläutert, was mit ihm geschieht, ihm verspricht, die Familie zu informieren, ihm (wenn es sich bei ihm um ein verletztes Kind handelt) ein Kuscheltier schenkt, wird weitaus zufriedener sein als der Patient des Rettungsdienstes B, bei dem sich die Besatzung nur auf die rein medizinische Versorgung konzentriert. Eine der wenigen »Kundenbefragungen« für den Rettungsdienst findet sich bei Höhn (1998). Bei immerhin 1 692 präklinischen Patienten zeigt sich das nicht weiter erstaunliche und mit den oben aufgeführten Gedankengängen übereinstimmende Ergebnis, dass die »Freundlichkeit« (also ein »psychologischer« Faktor) für die subjektive Gesamtzufriedenheit der Patienten wesentlich bedeutsamer ist als der zweite Faktor »Kompetenz«. In der Regel können Notfallpatienten und ihre Angehörigen die Güte der medizinischen Versorgung kaum beurteilen, umso mehr richten sie ihre Aufmerksamkeit auf die sogenannten Softskills. Dieser Gedankengang kann durchaus analog auf Krankenhäuser, Polizei, Feuerwehr, technische Hilfsdienste etc. übertragen werden.

Alle diese Gründe sprechen dafür, psychologische Aspekte in allen Phasen des Helfens bei Notfällen mit in Betracht zu ziehen. Einige Autoren (Poloczek et al. 2001) sprechen sogar von einer *»psychologischen Rettungskette«*, die etabliert werden und vom Laien-Ersthelfer über die psychosozialen Notfallhelfer bis zur stationären Psychiatrie reichen müsse; andere (Deutscher Anästhesiekongress 2001) fordern eine *»Verknüpfung«* von medizinischer Notfallversorgung und *»psychosozialen Versorgungsangeboten«*.

6.2 Psychologische Hilfe von Laien

Bei den meisten Notfallsituationen sind als erstes Laienhelfer vor Ort. Schon ihr Verhalten hat Folgen für die Reaktion von Notfallopfern. Von Laienhelfern kann jedoch nicht erwartet werden, dass sie umfangreiche technische, medizinische, psychologische und organisatorische Kenntnisse über einzuleitende Maßnahmen aufweisen. Zwar hat jeder Führerscheininhaber einen Grundkurs zur medizinischen Ersten Hilfe besucht, ohne Auffrischung werden aber diese Regeln bald vergessen. Über »Psychische Erste Hilfe« hat er dabei in der Regel ohnehin nichts erfahren.

Dieses Nichtwissen führt in vielen Fällen dazu, dass Laien Angst haben, irgendetwas zu unternehmen. So fahren Autofahrer oft an Unfällen vorbei und nehmen dabei sogar in Kauf, wegen unterlassener Hilfeleistung (§ 323c Strafgesetzbuch) angezeigt zu werden (Fiedler et al. 2004). Es gibt allerdings Unterschiede: In Großstädten wird weniger geholfen als auf dem Land. Wenn mehrere Zuschauer vor Ort sind, wird ebenfalls weniger geholfen (Bierhoff et al. 1990). Neben anderen Gründen spielt hierbei auch eine Rolle, dass man Angst hat, sich vor anderen zu exponieren mit der Gefahr, etwas falsch zu machen (»Bewertungsangst«, Schwind 1998).

Um Laienhelfern die Angst vor der Hilfeleistung zu nehmen, ist für diesen Personenkreis eine kleine Anzahl von leicht merkbaren Regeln für die Psychische Erste Hilfe nützlich. Es handelt sich dabei um Regeln, die jeder befolgen kann und bei denen es unmittelbar evident erscheint, nichts falsch machen zu können. Lasogga & Gasch (2013) haben vier Regeln für Laienhelfer zum Umgang mit Unfallopfern entwickelt, die diese Anforderungen erfüllen. Sie sind hier – leicht modifiziert für Notfallopfer generell – wiedergegeben.

Regel 1: Sage, dass Du da bist und dass etwas geschieht!
Der Betroffene soll spüren, dass er in seiner Situation nicht allein ist. Gehen Sie zu den Betroffenen. Schon der Satz »Ich bleibe bei Ihnen, bis Helfer eintreffen.« wirkt entlastend und beruhigend. Ferner soll der Betroffene über vorgenommene Maßnahmen informiert werden, z.B. »Die Feuerwehr ist informiert und auf dem Weg.«

▶ Erläuterung:

Notfallopfer fühlen sich in dieser Situation allein. Schon wenn man das Gefühl hat, dass jemand einfach »da« ist, wirkt dies beruhigend. Das kennen viele aus der eigenen Kindheit. Wenn die Mutter anwesend war, tat die Wunde gleich weniger weh. Dieses Gefühl wird durch die Anwendung dieser Regel in der Notfallsituation aktualisiert. Dabei ist es wichtig, für das Notfallopfer nicht nur physisch da zu sein, sondern dies auch zu äußern.

Physisch verletzte Notfallopfer befürchten auch, von einer plötzlichen Veränderung ihres Zustandes überrascht zu werden, beispielsweise zu »ersticken«, »zusammenzubrechen«, »ohnmächtig« zu werden. Sie erhoffen sich dann »einfache« Hilfeleistungen oder wenigstens das Herbeirufen eines kompetenten Helfers. Dieses Wissen beruhigt und stabilisiert.

Notfallopfer haben meist keine Informationen über das Geschehen und eingeleitete Maßnahmen. Sie wissen nicht einmal, ob Maßnahmen eingeleitet sind und Rettung auf dem Weg ist. Dies führt zu einer starken Verunsicherung. Allein die Information, dass beispielsweise ein Krankenwagen, ein Notarzt oder die Polizei informiert wurden und auf dem Wege sind, erleichtert sie.

Ein Laienhelfer sollte auf alle Fälle so lange beim Notfallopfer bleiben, bis professionelle Hilfe eintrifft und die Versorgung übernimmt. Dies sollte dem Notfallopfer gesagt werden. Nichts wäre schlimmer, als wenn zunächst eine Hilfsperson anwesend ist, aber dann doch wieder verschwindet.

Regel 2: Schirme das Notfallopfer vor Zuschauern ab!
Neugierige Blicke sind für ein Notfallopfer unangenehm. Weisen Sie Zuschauer freundlich, aber bestimmt zurück, z.B. indem Sie sagen: »Bitte treten Sie zurück, es kommt gleich ein Notarzt, der Platz braucht!« Wenn Zuschauer stören, weil sie unnötige Ratschläge geben oder von eigenen Erlebnissen berichten, geben Sie ihnen eine Aufgabe. Sagen Sie z.B. »Schauen Sie bitte, ob die Notfallstelle abgesichert ist.«

▶ Erläuterung:

Die Anwesenheit von Zuschauern wird von den meisten Notfallopfern als belastend erlebt. Derart im Mittelpunkt des Interesses zu stehen, ist für viele unangenehm. Man ist es nicht gewohnt, die Blicke auf sich zu ziehen und das eigene Verhalten kritisch beäugen zu lassen. Dies wird schon im Alltag als unangenehm empfunden, umso mehr in einer Situation, in der man sich hilflos fühlt, eventuell die Kleidung zerrissen ist oder man gar weint oder stöhnt. Wenn zudem noch ungebetene Kommentare abgegeben werden, wird die ohnehin vorhandene Anspannung und Unsicherheit weiter verstärkt. Wenn es möglich ist, sollten Zuschauer daher von dem Ort des Notfalls entfernt oder zumindest dazu gebracht werden, sich in größerer Entfernung aufzuhalten. Sie sollten somit freundlich aber bestimmt aufgefordert werden, zurückzutreten oder den Ort zu verlassen. Eine andere Möglichkeit besteht darin, Zuschauer in das Geschehen einzubinden und aufzufordern, z.B. die Hand des Notfallopfers zu halten oder das Umfeld frei zu halten auch von anderen Zuschauern. Die Chancen hierfür stehen gut. Wenn Menschen erregt sind, weisen sie eine erhöhte Handlungstendenz auf. Das erhöhte Erregungsniveau kann auch im Sinne von Hilfsbereitschaft genutzt werden.

Regel 3: Suche vorsichtigen Körperkontakt!
Leichter körperlicher Kontakt wird von vielen Notfallopfern als angenehm und beruhigend empfunden. Begeben Sie sich auf die gleiche Höhe wie das Opfer. Knien Sie sich hin oder beugen Sie sich herab. Halten Sie die Hand (Hand auf Handrücken), den Arm oder die Schulter des Betroffenen. Berührungen am Kopf und anderen Körperteilen sind hingegen nicht zu empfehlen.

▶ Erläuterung:
In unserer Gesellschaft hat man es sich angewöhnt, mit Worten zu beruhigen, Ängste zu nehmen und zu trösten. Dabei wird oft vergessen, dass dies auch nonverbal z.B. durch Körperkontakt erfolgen kann. Oft ist dies sogar weitaus effektiver. Gerade in Notfallsituationen hat leichter körperlicher Kontakt eine erhebliche Bedeutung. Auf die meisten Menschen wirkt er beruhigend. Dabei ist nicht nur die direkte Beruhigung bedeutsam, sondern auch eine indirekte: Ein Notfallopfer erhält auf diese Weise nonverbal die Information, dass es nicht allein gelassen wird (siehe oben Regel 1). Bei dem körperlichen Kontakt sind einige Regeln zu beachten:

- Nicht alle Körperpartien sind für einen beruhigenden Körperkontakt geeignet. V.a. Kontakt an den Händen, Armen und Schultern wird als beruhigend empfunden, das Berühren anderer Körperteile dagegen meist als unangenehm erlebt.
- Statischer Kontakt, also das Halten der Hand oder das Drücken der Schulter, wird häufig als angenehmer empfunden als ein dynamischer Kontakt, beispielsweise Streicheln.
- Der Kontakt von Haut zu Haut wirkt beruhigender als der Kontakt durch die Kleidung. Besonders zu empfehlen ist somit, wenn der Helfer mit seiner Hand den Handrücken des Notfallopfers erfasst.

Eine Einschränkung erfährt diese Regel bei Notfällen, die selbst mit körperlichem Kontakt verbunden waren, beispielsweise bei den Opfern von sexuellem Missbrauch und Vergewaltigung. Sie können Körperkontakt aufgrund der Erlebnisse als belastend empfinden.

Wenn Notfallopfer sitzen oder am Boden liegen, sollte sich der Helfer auf die gleiche Ebene begeben, sich also hinsetzen oder hinhocken. Selbstverständlich sollte es sein, dass mit dem Notfallpatienten Blickkontakt gehalten wird. Häufig wird es auch als angenehm empfunden, wenn man mit einer Decke oder einem Kleidungsstück zugedeckt wird. Hierbei ist nicht nur der wärmende Aspekt zu beachten: Die Decke spendet in einem gewissen Ausmaß auch Schutz und Geborgenheit und das Opfer fühlt sich nicht so sehr den Blicken anderer ausgesetzt.

Regel 4: Sprich und höre zu!
Sprechen kann für das Notfallopfer wohltuend sein. Wenn das Opfer von sich aus redet, hören Sie geduldig zu. Sprechen Sie auch von sich aus, möglichst in ruhigem Tonfall. Fragen Sie: »Kann ich etwas für Sie tun?« Unterrichten Sie ggf. die professionellen Helfer über die Bitten des Opfers.

▶ Erläuterung:

Eine Notfallsituation stellt für ein Opfer eine große emotionale Belastung dar. Eine wesentliche Möglichkeit, die Anspannung zu reduzieren, besteht darin, über das Geschehene zu reden. Dies wird von vielen Betroffenen während des Notfalls, aber auch in späteren Phasen genutzt. Für den Zuhörer ist es dabei wichtig zu wissen, dass der Gesprächspartner nicht primär einen Ratschlag oder eine Lösung erwartet, sondern schon das Sprechen allein Spannungen abbaut. Ein geduldiges Zuhören mit der Rückmeldung, dass man verstanden hat, was der Betreffende gesagt hat, reicht dabei als Reaktion völlig aus. Miteinander zu sprechen, bringt auch ein Stück Normalität in die Situation.

Die Themen, über die in einer Notfallsituation gesprochen wird, sind nicht von Bedeutung. Die Auswahl sollte man den Opfern überlassen. Meistens wird es sich um das abgelaufene Geschehen drehen. Dies ist jedoch nicht immer der Fall, die Betroffenen reden auch über völlig andere Themen. Für einen Außenstehenden mag es dann befremdlich klingen, wenn jemand in einer möglicherweise lebensbedrohlichen Situation z.B. darüber spricht, wer denn nun seine Blumen gießt. Für das Opfer ist aber gerade dieses Thema nun einmal der zentrale Punkt und man sollte deshalb auch darauf eingehen. Sollte das Opfer von sich aus kein Gespräch beginnen, kann es der Helfer durch unspezifische Anstöße in Gang setzen. Eine gute Einstiegsmöglichkeit liegt darin zu fragen: *»Kann ich noch etwas für Sie tun?«* Weitere Einstiegs- oder Fortsetzungsmöglichkeiten für ein Gespräch bieten offene Fragen. Diese Fragen bringen nahezu jeden Menschen dazu, etwas über sich zu erzählen (*»Wie ist das Ganze denn passiert?«, »Was hatten Sie gerade vor?«, »Wieso waren Sie an diesem Ort?«*).

Helfer versuchen in vielen Fällen, mit allgemeinen Formulierungen zu trösten bzw. Mut zuzusprechen: *»Das wird schon wieder.«, »Mein Schwager ist auch wieder gesund geworden.«, »Ich habe erst neulich gelesen, dass die Mehrzahl dieser Verbrecher geschnappt wird!«* Dies ist für die Opfer weniger hilfreich, als sich die Helfer dies vorstellen. Viele der Gesprächspartner spüren das Klischeehafte in diesen Äußerungen.

Falls das Opfer von sich aus nicht reden kann oder will oder sichtlich unter der verbalen Interaktion leidet, sollte man es natürlich nicht dazu zwingen. Es ist dann aber trotzdem günstig, wenn der Helfer wenigstens in Abständen von sich aus einige Bemerkungen macht, um Kontakt zu signalisieren (*»Gerade ist der Rettungsdienst eingetroffen!«*). »Allein zu sein« ist in der Regel die größte Furcht von Notfallopfern.

Es kann auch sein, dass Helfer angesichts einer Situation starkes Mitleid verspüren. Man sollte diese Regung nicht unterdrücken. Sie wird in der Regel nicht als unangenehm empfunden, befriedigt aber nicht das primäre Bedürfnis des Notfallopferns nach Strukturierung und Information (*»Was passiert jetzt mit mir?«*).

Es ist sicherlich verständlich, wenn sich angesichts mancher Notfallsituationen die Helfer sofort Gedanken über die Schuld am Geschehen machen. Diese Fragen stellen sich schließlich auch häufig Notfallopfer selbst. Wenn die Opfer selbst an dem Notfall schuld sind, sei es, dass sie trotz Warnung ein lawinengefährdetes Gebiet betreten haben, sei es, dass sie eine Leiter unzureichend gesichert aufgestellt haben, ist es trotzdem nicht angemessen, das Notfallopfer in dieser Situation damit zu konfrontieren (Falsch: *»Warum mussten Sie auch dort hinaufgehen!«, »Wie konnten Sie die Leiter auch so dämlich hinstellen!«*).

6.3 Psychologische Hilfe von Einsatzkräften

Nachdem Laienhelfer den ersten Kontakt mit Notfallopfern hergestellt und hoffentlich Psychische Erste Hilfe geleistet haben, werden in der Regel professionelle Helfer für den jeweiligen Notfall eintreffen und dort die Aufgaben verrichten, für die sie ausgebildet worden sind.

Bei fast allen Notfällen müssen dabei zunächst organisatorische und diagnostische Aufgaben erledigt werden: Überblick gewinnen, Eigensicherung betreiben, erste allgemeine Diagnosen stellen, Rückmeldungen geben, ggf. weitere Einsatzkräfte alarmieren. Danach muss mit den ersten »eigentlichen« Rettungsmaßnahmen begonnen werden. Dabei müssen die ersteintreffenden Helfer auch organisationsfremde Aufgaben übernehmen, beispielsweise müssen Polizeibeamte medizinische Erste Hilfe, Rettungsdienstmitarbeiter auch organisatorische Arbeit leisten oder Feuerwehrmänner bei polizeilichen Maßnahmen behilflich sein. Im Laufe der weiteren Rettungsmaßnahmen wird dann mehr und mehr die spezifische berufliche Kompetenz des jeweiligen Retters zur Anwendung kommen. Immer ist jedoch von allen Gruppen zu allen Zeiten zu fordern, psychologisch angemessen mit den Notfallopfern umzugehen.

Gelegentlich wird der Einwand geäußert, dies sei eine zusätzliche Aufgabe und Belastung, die bei der ohnehin schwierigen Aufgabe einer Einsatzkraft (über die Beachtung von technischen und juristischen Problemen hinaus) nicht zusätzlich zu leisten sei. Deshalb wurde bei der Entwicklung der folgenden Regeln darauf geachtet, dass die psychologischen Aspekte mit den sonstigen Aufgaben kompatibel sind. Beispielsweise kann ein Notarzt die medizinisch notwendige »Prüfung der Ansprechbarkeit« eines Patienten durchaus mit einer Begrüßung und Vorstellung seiner Person und Funktion verbinden.

6.3.1 Umgang mit Notfallopfern

Die im Folgenden dargestellten allgemeinen Regeln tragen dazu bei, ein Notfallopfer psychisch zu stabilisieren.

▶ Allgemeine Regeln

Begrüßung:

Nennen Sie Ihren Namen und anschließend Ihre Funktion! Lassen Sie sich den Namen des Opfers nennen! Versichern Sie ihm, dass etwas zu seiner Hilfe geschieht! Beispiel: »Guten Tag, mein Name ist Knabitz. Ich bin Rettungsassistent und werde Sie jetzt versorgen. Wie ist Ihr Name?«

Ein Notfallopfer ist meist nicht nur emotional, sondern auch informatorisch verwirrt. Es ist damit konfrontiert, dass plötzlich völlig unterschiedliche Personen mit unterschiedlichen Aufgaben und Interessen am Notfallort agieren. Dies können Rettungsdienstmitarbeiter, Polizisten, Notärzte, technische Helfer, Pressevertreter, Zuschauer, andere Notfallopfer, Feuerwehrleute, Bergretter, freiwillige Laienhelfer etc. sein. Ein Notfallopfer weiß dann nicht, wer es mit welcher Intention anspricht und welche Funktionen, Kompetenzen und Rechte mit dieser Person verbunden sind. Eine möglicherweise vorhandene Uniform oder Aufschrift auf den Rettungsjacken wird in der Aufregung nicht wahrgenommen oder nicht richtig identifiziert. Selbst bei einem Notfall im eigenen Haus weiß der Betreffende in seiner eingeschränkten Wahrnehmungssituation oft nicht, ob die Person, die ihn anspricht, ein Arzt, ein Notfallseelsorger oder ein ihm nicht bekannter, aber fürsorglicher Nachbar ist.

Das Notfallopfer sollte deshalb eindeutig informiert werden, wer mit ihm Kontakt aufnimmt und in welcher Funktion er dies tut. Der Helfer sollte sich somit immer mit seinem Namen und dann mit seiner Funktion vorstellen. Diese Reihenfolge ist nicht ohne Bedeutung. Mit der Nennung des Namens wird demonstriert, dass man nicht als anonymer Vertreter einer Institution vor einer Person steht, sondern als helfender Mitmensch. Daran anschließend sollte die Funktion bzw. die Institution genannt werden, um damit seine Kompetenz, aber auch seine Möglichkeiten und Rechte zu zeigen. Wenn möglich, sollte sich der Helfer dann auch den Namen des Notfallopfers nennen lassen und ihn damit ansprechen. Neben der Förderung der mitmenschlichen Beziehung hat dies noch einen zweiten Effekt: Es wird dadurch ein (wenn auch kleines) Stück Normalität in eine unnormale Situation eingebracht, was die vorhandene Erregung reduziert. Anschließend sollte noch einmal explizit gesagt werden, dass man sich um den Betroffenen kümmern wird. Allein diese explizite Aussage kann schon zu einer spürbaren Erleichterung führen.

Nonverbales Verhalten:

Suchen Sie vorsichtigen Körperkontakt. Halten Sie die Hand (Handrücken) des Opfers oder legen Sie Ihre Hand auf die Schulter. Berührungen am Kopf und anderen Körperteilen sind nicht zu empfehlen. Begeben Sie sich auf die Ebene des Opfers. Halten Sie Blickkontakt. Akzeptieren Sie Weinen und Jammern. Bemühen Sie sich um eine beruhigende Stimmlage.

Die Bedeutung des nonverbalen Verhaltens eines Helfers wurde schon bei den Regeln für Laienhelfer begründet. Gerade in Notfallsituationen hat leichter körperlicher Kontakt eine erhebliche Angst reduzierende und beruhigende Bedeutung (DICK & DICK-RAMSAUER 1996; FLEISCHHACKL et al. 2001). Selbstverständlich sollte dieser Kontakt nur dann erfolgen, wenn dabei nicht aufgrund physischer Verletzungen zusätzliche Schmerzen verursacht werden. Eine Einschränkung erfährt dies auch bei Notfällen, die selbst mit körperlichem Kontakt verbunden waren (sexueller Missbrauch, Vergewaltigung o.Ä., s.o.). Ansonsten ist jedoch leichter Körperkontakt nützlich. Er hat nicht nur einen emotionalen, sondern auch einen informatorischen Wert. Ein Notfallopfer erhält auf diese Weise nochmals zusätzlich zur verbalen die nonverbale Information, dass es nicht allein gelassen wird. Für einen professionellen Helfer sind dabei die gleichen Regeln zu beachten wie bei den Laienhelfern (s. S. 82-87).

Wenn Notfallopfer weinen, sollte ihnen signalisiert oder explizit gesagt werden, dass dies nicht unterdrückt werden muss. Wenn der Eindruck besteht, dass Opfer kurz vor dem Weinen stehen, sich dies aber nicht trauen, können sie sogar direkt dazu ermutigt werden (»*Weinen Sie ruhig. Das tut in so einer Situation einfach gut.*«). Dies ist insbesondere bei Männern wichtig, da diese manchmal so erzogen wurden, dass sie sich derartige Gefühlsäußerungen nicht gestatten dürfen, auch wenn sich in diesem Punkt in den letzten Jahren Änderungen abzeichnen.

An dieser Stelle soll auch auf die Bedeutung der paraverbalen Aspekte der Kommunikation hingewiesen werden: Dies betrifft vor allem die Stimmlage, in der die verbalen Interaktionen mit dem Notfallopfer stattfinden. Hektik und Aufgeregtheit des Helfers, aber auch Vertrauen, Selbstsicherheit und Kompetenz teilen sich im Tonfall oft deutlicher mit als durch den Inhalt der geäußerten Sätze. Leider sind hierfür Regeln in schriftlicher Form schlecht zu formulieren. Es kann nur empfohlen werden, in Übungen und Rollenspielen die Rückmeldungen von Interaktionspartnern über den eigenen Tonfall und die Sprachmelodie einzuholen und ggf. Alternativen zu üben, die beruhigend wirken.

Informieren:

Geben Sie dem Notfallopfer Informationen. Erläutern Sie, welche Maßnahmen unternommen werden und aus welchen Gründen. Geben Sie Informationen über die hierfür notwendige Zeit. Verwenden Sie keine Fachbegriffe.

Notfallopfer sind verunsichert und häufig desorientiert. Deshalb sollten sie von den Helfern hinreichend informiert werden. Informationen geben nicht nur eine Orientierung, sondern beruhigen auch (»*Wir haben den Täter festgenommen!*«). Dies gilt auch für eingeleitete Maßnahmen. Hilfreich ist dabei, kurz zu erklären, aus welchen Gründen eine Maßnahme vorgenommen wird (»*Wir bitten Sie jetzt in diesen Raum, weil sich dann eine Polizeibeamtin ungestört mit Ihnen unterhalten kann.*«).

Wenn möglich, sollten auch ungefähre Zeitangaben gegeben werden (»*Der Rettungshubschrauber ist abgeflogen und wird in etwa zehn Minuten hier sein.*«). Diese Zeitinformation ist besonders wichtig, da manche Notfallopfer das Zeitgefühl völlig verloren haben. Dabei sollte auf vage Adjektive wie »bald«, »gleich«, »viele«,

»einige«, »kurz« zugunsten konkreter Angaben (*»drei Injektionen«, »In etwa 10 Minuten!«*) verzichtet werden. Die Interpretationen, die ansonsten von den Empfängern unterlegt werden, sind sehr unterschiedlich und weichen oft stark von dem ab, was der Helfer meinte. Außerdem dokumentiert der Helfer durch derartige Informationen auch seine Kompetenz (siehe unten).

Allgemeine Floskeln wie *»Das wird schon wieder.«* oder *»Das ist alles nicht so schlimm.«* werden ambivalent und – entgegen den Erwartungen mancher Helfer – nicht immer als beruhigend erlebt. Viele Notfallopfer reagieren darauf eher mit Skepsis oder Abwehr. Sie vermuten, dass es sich dabei um allgemeine Redensarten handelt, die ein Helfer routinemäßig äußert und die nur wenig mit der spezifischen Situation zu tun haben. Sicher wird es aber dabei auch von paraverbalen Faktoren (Stimmlage etc.) abhängen, inwieweit derartige Sätze glaubwürdig erscheinen.

Alle Informationen sollten verständlich, in einfacher deutscher Sprache gegeben werden. Fachbegriffe sind zu vermeiden. Unverständliches wird leicht als bedrohlich empfunden (z.B. bei medizinischen Diagnosen). Man stelle sich vor, bei einem Unfall kündigt der Notarzt einem Unfallopfer an, man werde jetzt eine »Natrium-chlorid-Lösung« spritzen, oder der Polizeibeamte erläutert, der Täter eines kriminellen Aktes habe sich möglicherweise im Zustand eines »vermeidbaren Verbots-Irrtums« befunden.

Die Regel, Informationen zu geben, sollte jedoch nicht in der Weise interpretiert werden, jedes Detail ausführlich zu erläutern. Ein Notfallopfer sollte nicht mit Informationen »zugeschüttet« werden. Es wird meistens eine Formulierung geben, die einerseits nichts vertuscht, andererseits das Opfer aber auch nicht verwirrt oder ihm die Hoffnung raubt. Für einige typische Situationen kann der Helfer sich auch vorher Formulierungen zurechtlegen (*»Wir geben Ihnen jetzt eine Spritze, die Sie entspannt! Dabei kann der Arm etwas warm werden, das ist nicht gefährlich!«, »Wir machen jetzt Fotos von Ihnen und der Umgebung, um den Vorfall zu dokumentieren. Diese Bilder dienen nur der Ermittlung.«, »Im Moment fehlen uns noch vier Rettungsfahrzeuge. Wir haben aber schon Kontakt mit dem Nachbarkreis aufgenommen, die werden uns weitere Fahrzeuge schicken!«*).

Viele Opfer machen sich auch Gedanken darüber, wer Angehörige informiert. Wenn sie selbst nicht mehr dazu in der Lage sind, wünschen sie oft, dass die Helfer dies übernehmen. Diesem Wunsch sollte so weit wie möglich entsprochen werden (»*Wenn Sie es wünschen, werden wir Ihre Eltern anrufen.*«).

Gelegentlich beschäftigen sich Notfallopfer auch mit scheinbar recht banalen Problemen, z.B. was aus ihrem demolierten Fahrrad wird, wer ihre Haustiere füttert, wer den Berufskollegen informiert. Auch dies sollte ein professioneller Helfer so weit wie möglich ernst nehmen, die weitere Vorgehensweise erläutern und mögliche Hilfen entwickeln (»*Wir können die Akten in einem Dienstwagen in das Büro bringen lassen!*«, »*Ihr Fahrrad wird bei uns gelagert; Sie können es später abholen!*«, »*Vielleicht können Sie einen Nachbarn anrufen, der sich um die Katze kümmern kann.*«). Falsch wäre es, in dieser Situation zu sagen »*Das ist doch jetzt wirklich nicht so wichtig.*«, denn es gibt keine objektiven Kriterien dafür, was einem Notfallopfer in seiner Situation subjektiv wichtig zu sein hat oder unwichtig erscheinen muss (ausführlich in Lasogga & Münker-Kramer 2009).

Einige Notfallopfer sind über ihre eigenen Reaktionen erschrocken (»*So kenne ich mich gar nicht!*«). Ihr eigenes Verhalten verunsichert sie. Sie, die sich sonst beispielsweise für sehr ruhig und beherrscht halten, können auf einmal kaum noch einen klaren Gedanken fassen; sie, die sonst sehr souverän sind, verspüren schon allein bei der Vorstellung, allein gelassen zu werden, massive Angst. Die Wahrnehmung und Unerklärbarkeit dieses eigenen Verhaltens führt zu weiterer Verunsicherung, sodass sich die Angstgefühle aufgrund der Unerklärbarkeit immer weiter aufschaukeln. Allein die Information, dass ein solches Verhalten in einer derartigen Situation bei vielen Personen auftritt, kann beruhigen. Deshalb sollte den Notfallopfern gesagt werden, dass es sich um eine normale Reaktion handelt, die viele in ähnlichen Situationen zeigen (»*Das geht vielen so!*«).

Schwierig wird die Frage einer Information bei Notfallopfern mit sehr schweren und lebensgefährlichen körperlichen Verletzungen. In diesem Dilemma muss von den Helfern eine gewisse Balance gewahrt werden: Die Opfer sollen über ihren Zustand »im Groben« wahrheitsgemäß informiert werden, ohne dass diese Informationen zu belastend wirken. Meistens ist jedoch in einer Notfallsituation eine exakte Diagnose ohnehin nur sehr schwer zu stellen, sodass beispielsweise eine Aussage wie »*Sie sind schwer verletzt, wir müssen Sie ins Krankenhaus bringen und dort behandeln!*« beide Bedingungen erfüllt.

Die Frage, wie Notfallopfern geantwortet werden soll, die explizit nach ihren Überlebenschancen fragen, ist ebenfalls sehr schwer zu beantworten. Die Autoren können an dieser Stelle nur ihre eigene Überzeugung ausdrücken, die lautet: Ein Mensch sollte gerade in dieser Situation nicht noch belogen werden. Allerdings muss dabei auch berücksichtigt werden, ob sich der Helfer in der Lage fühlt, die Wahrheit zu sagen. Im Zweifelsfall bietet sich eine ähnliche Formulierung an wie bereits oben empfohlen: Frage: *»Muss ich jetzt sterben?«* Mögliche Antwort: *»Das kann ich nicht sagen. Sie sind sicher schwerer verletzt, wir tun alles, um Sie optimal zu versorgen!«*

Kompetenz zeigen:

Kompetenz beruhigt. Vermitteln Sie dies, indem Sie die erforderlichen Maßnahmen ruhig und sicher vollziehen und Informationen geben. Führen Sie keine Diskussionen vor dem Opfer über das weitere Vorgehen.

Von Notfallopfern wird ein Helferverhalten als angenehm und psychisch stabilisierend erlebt, das unter dem Begriff »Kompetenz« zusammengefasst werden kann. Es geht dabei nicht nur darum, dass ein Helfer kompetent ist, sondern dass der Patient einen entsprechenden Eindruck gewinnt. Kompetenz in diesem Sinne ist somit nach den Kriterien der Opfer und nicht der Experten definiert. Notfallopfer verstehen darunter die Informationsgabe, den sicheren Vollzug von technischen, organisatorischen oder medizinischen Maßnahmen, den ruhigen Umgang mit ihnen und anderen Personen. Auch das nonverbale Verhalten, zielsichere Bewegungen und ein regelmäßiger Blickkontakt sowie das paraverbale Verhalten, also eine nüchtern-ruhige Sprechweise, fördern diesen Eindruck.

Zum Eindruck von Inkompetenz dagegen führen Diskussionen unter den Helfern. Auch aus der nonverbalen Kommunikation wie abfälligen Gesten wird auf Uneinigkeit geschlossen, was die Verunsicherung des Opfers erhöht. Sollten tatsächlich ein Gedankenaustausch und eine Diskussion über das weitere Vorgehen nötig sein, sollte man sich dazu vom Notfallopfer entfernen. Das Entfernen sollte angekündigt und eine andere Hilfsperson beim Notfallopfer belassen werden (*»Ich muss jetzt mit meinen Kollegen den weiteren*

Ablauf abstimmen und komme dann wieder. Bis dahin wird Frau X bei Ihnen bleiben und uns rufen, falls es nötig ist.«).

Selbstkontrolle aktivieren:

Stärken Sie die Selbstkontrolle von Notfallopfern. Geben Sie ihnen einfache Aufgaben! Binden Sie sie ggf. bei Hilfsmaßnahmen ein, lassen Sie sie (unwichtigere) Entscheidungen treffen.

Einer der besonders belastenden Faktoren für ein Notfallopfer ist das Gefühl des Kontrollverlustes. Untersuchungen zeigen, dass Personen, die noch einen Rest von Kontrolle über eine Situation verspüren, weniger negative Folgeerscheinungen zeigen und schneller wieder genesen. Dementsprechend wirkt es sich auf Notfallopfer positiv aus, wenn ihnen das Gefühl vermittelt werden kann, dass sie nicht völlig passiv sein müssen. Wenn möglich, sollten sie in irgendeiner Weise eine Chance zur Mitarbeit erhalten. Hierbei muss es sich nicht um große und bedeutende Maßnahmen oder Entscheidungen handeln. Wesentlich ist dabei, dass ein Opfer glaubt, selbst etwas für sich tun zu können und nicht völlig ausgeliefert zu sein. Dies kann durch kleine spezifische Aufgaben erfolgen, die es bewältigen kann, z.B. Pflaster halten, Taschenlampe halten, selbst Angehörige anrufen. Eine besonders einfache und »harmlose« Instruktion ist die Aufforderung, auf den eigenen Atem zu achten (*»Bitte achten Sie darauf, dass Sie regelmäßig atmen, insbesondere gut ausatmen!«*).

Eine Möglichkeit besteht auch darin, Notfallopfer Entscheidungen treffen zu lassen. (Am empfehlenswertesten sind dabei Ja-/Nein-Fragen: *»Möchten Sie zugedeckt werden?«, »Wollen Sie etwas trinken?«, »Können wir etwas tun, um Ihre Situation zu erleichtern?«*). Auch dadurch wird das Gefühl gefördert, noch ein gewisses Maß an Selbst-Kontrolle zu besitzen.

Diese Regel erfährt allerdings eine Einschränkung, wenn ein Notfallopfer nicht mehr in der Lage ist, sich zu äußern, oder sehr stark psychisch oder physisch beeinträchtigt ist. Dies ist z.B. evident bei Bewusstlosigkeit, Stupor oder starker Verwirrung nach extrem schweren Belastungen, beispielsweise bei befreiten Geiseln nach erlebten Todesdrohungen.

Zuhören:

Halten Sie das Gespräch mit Notfallopfern aufrecht. Hören Sie »aktiv zu«, wenn Notfallopfer über ihre Gefühle und Gedanken sprechen.

Eine wichtige Möglichkeit, Anspannung zu reduzieren, besteht darin, über das Geschehen zu reden. Von Bedeutung ist dabei, dass der Helfer dem Notfallopfer aufmerksam zuhört und seine Aussagen ernst nimmt.

Eine spezielle Form der Gesprächsführung, die für Notfallsituationen besonders geeignet ist, ist das »aktive Zuhören«, das von CARL ROGERS (1973) entwickelt wurde. Rogers hatte beobachtet, dass Ratschläge oder die Darstellung der Welt aus der Sicht des Zuhörers in aller Regel nicht hilfreich sind, wenn sich jemand psychisch in einer Notsituation befindet. Vielmehr ist für diese Person die eigene Sichtweise der Dinge allein bedeutend und damit real; dies sollte vom Zuhörer akzeptiert werden. Für diese Art eines hilfreichen Gesprächs gelten folgende Regeln:

- Während des Gesprächs signalisiert der Helfer, dass er aufmerksam zuhört. Dies kann geschehen durch Blickkontakt, Kopfnicken, Worte wie *»ja«, »mhm«, »ach so«, »aha«.*
- Der Helfer versucht, die Gefühle, die Gedanken und die Sichtweise des Notfallopfers aus dessen Perspektive (nicht aus seiner eigenen) so genau wie möglich zu verstehen.
- Der Helfer fasst in eigene Worte, was er von den Gedanken, den Gefühlen und der Sichtweise des Notfallopfers verstanden hat. Dies kann durch Formulierungen erfolgen wie: *»Sie meinen ...«, »Sie denken also ...«, »Sie fühlen ...«, »Sie finden ...«* oder auch durch Zusammenfassungen: *»Sie haben das also als sehr schlimm erlebt!«*
- Der Helfer enthält sich jeglicher Bewertung, sagt also nicht: *»Da haben Sie auch recht!«* und auch nicht: *»Das sehen Sie falsch!«* Er tritt in keine Diskussion über die Inhalte ein.
- Der Helfer gibt keine konkreten Ratschläge, Analysen und Deutungen des Geschehens und der Äußerungen des Opfers, selbst wenn er dies als hilfreich erachtet (Falsch: *»In dieser Frage sollten Sie sich an das Sozialamt wenden!«*).

- Der Helfer widersteht der Versuchung, eigene Erlebnisse und Erfahrungen zu berichten (Falsch: »*Das ist ja noch gar nichts, da sollten Sie mal hören, was ich neulich erlebt habe!*«).

Jedes Notfallopfer fühlt sich – wie jeder Mensch generell – bei dieser Gesprächsführung in doppeltem Sinne, nämlich rational und emotional, verstanden, wird mehr erzählen und dadurch ruhiger und entspannter werden. Durch diese Form des Gesprächs wird vom Helfer auch signalisiert, dass er für den Betreffenden Zeit hat und sich für seine Situation interessiert. Die Themen des Gesprächs sind beliebig und werden vom Notfallopfer bestimmt. Wenn dieses über den Notfall sprechen möchte, sollte dies möglich sein. Wenn nicht, sollte ihm dieses Thema nicht aufgedrängt werden.

Es kann auch sein, dass sich das Opfer ständig wiederholt. Auch dann sollte der Helfer geduldig weiter zuhören und dies nicht blockieren (Falsch: »*Das haben Sie mir vorhin schon erzählt.*«). Eine Wiederholung der gleichen Thematik deutet an, dass eine hinreichende Bewältigung noch nicht gelungen ist und weiter an den Gedanken und Gefühlen gearbeitet werden muss.

Der Helfer kann ein Gespräch gegebenenfalls durch unspezifische Anstöße in Gang setzen. Nicht alle Opfer äußern ihre Gefühle, Bedürfnisse und Wünsche von sich aus, sondern erst, wenn sie direkt darauf angesprochen werden. Sie interpretieren dies dann als Erlaubnis des Gesprächspartners, die sie bedrückenden Fragen und Wünsche zu äußern und über das Erlebte zu sprechen.

Auch professionelle Helfer sollten, wenn kein Gespräch zu Stande kommt, in Abständen von sich aus einige Bemerkungen machen, um zu signalisieren, dass sie weiterhin Kontakt halten (»*Ich erzähle Ihnen ein bisschen, was da jetzt noch vorgeht. Sie müssen aber nicht antworten!*«, »*Es sind jetzt alle anderen Personen versorgt.*«, »*Wir haben jetzt alle umstehenden Häuser durchsucht!*«, »*Wir haben jetzt die Information bekommen, dass der Wasserspiegel langsam sinkt.*«).

Die Empfehlung, mit Notfallopfern zu sprechen, gilt sogar für Bewusstlose. Es liegen Berichte von Intensivmedizinern und Anästhesisten vor (Bischoff & Rundshagen 2011), dass zumindest ein bestimmter Prozentsatz von Patienten auch in der Bewusstlosigkeit, Totalnarkose oder sogar im Koma noch wahrnimmt, was um sie herum geschieht.

Psychischer Ersatz:

Wenn Sie ein Notfallopfer verlassen müssen, kündigen Sie dies vorher an. Sorgen Sie für psychischen Ersatz.

Notfallopfer haben eine starke Angst davor, allein zu sein. Diese Angst wird verstärkt, wenn sich ein Helfer zunächst um sie bemüht, sie dann aber wieder verlässt. Ein Notfallopfer sollte also immer wenigstens einen Ansprechpartner haben, an den es sich wenden kann. Wenn es notwendig ist, dass Helfer das Opfer verlassen müssen, sollte dies angekündigt werden. Gleichzeitig sollte eine Ersatzperson gestellt werden. Besonders bieten sich hier natürlich Angehörige an, aber auch Feuerwehrleute, Polizeibeamte, technische Helfer, im Notfall sogar Zuschauer. Dem Opfer sollte gesagt werden, aus welchen Gründen man es verlassen muss und ob und wann man zurückkommen wird (»*Ich muss mich jetzt um andere Personen in dieser Angelegenheit kümmern. Herr Müller/dieser Polizeibeamte/dieser Feuerwehrmann wird jedoch bei Ihnen bleiben. Ich komme in zehn Minuten zu Ihnen zurück.*«).

Wenn man ein Notfallopfer endgültig verlassen muss, ist es günstig, dies anzukündigen und noch einmal explizit zu sagen: »*Haben Sie noch Fragen?*« Nützlich ist es auch, die Adresse und Telefonnummer eines Ansprechpartners für Rückfragen zu hinterlassen.

Psychosozialen Notfallhelfer rufen:

Wenn Sie den Eindruck haben, das Notfallopfer benötigt eine weitere Betreuung, sorgen Sie dafür, dass ein psychosozialer Notfallhelfer herbeigerufen wird.

Wenn Einsatzkräfte die oben genannten Regeln zur Psychischen Ersten Hilfe befolgen, gehen sie auf alle Fälle psychologisch angemessen mit dem Notfallopfer um. Dies genügt bei vielen Notfallopfern; eine weitere Hilfe ist dann bei diesen nicht notwendig. Sie haben in der Regel genug Ressourcen, um angemessen mit der Situation umzugehen. Bei einigen Notfallopfern ist diese Hilfe jedoch nicht ausreichend. Sie sind zu stark beeinträchtigt und zeigen Reaktionen, die eine eingehendere, möglicherweise längere Betreuung notwendig machen. In diesen Fällen sollte ein psychosozialer Notfallhelfer zugezogen werden (s. KAP. 4.1.3).

Bedanken:

Bedanken Sie sich bei den Laienhelfern.

Es verbleibt noch eine kleine, aber wesentliche Aufgabe der Einsatzkräfte. Meist haben zunächst Laienhelfer das Notfallopfer versorgt und die Leitstelle angerufen. Bei diesem Personenkreis sollten sich die Einsatzkräfte in jedem Fall bedanken. Dies ist nicht nur ein Gebot der Höflichkeit, sondern auch ein Minimum an Psychischer Erster Hilfe für diese Personen. Für sie war diese Aufgabe nicht alltäglich, auch sie wurden davon psychisch belastet. Ferner trägt diese Rückmeldung dazu bei, die Hilfsbereitschaft in ähnlichen Situationen zu erhöhen. Gegebenenfalls könnten sich in besonderen Fällen die Helfer auch Namen und Adresse notieren und später eine Anerkennung auch in anderer Form ausdrücken.

6.3.2 »Todsünden«

Kein Helfer kann immer alles richtig machen. Er muss sich sowohl auf die technischen Aspekte seiner Arbeit als auch auf Maßnahmen der Psychischen Ersten Hilfe konzentrieren. Hinzu kommen unterschiedliches Verhalten von Opfern, Angehörigen, Zuschauern, Kollegen. Die gesamte Situation ist somit komplex. Es ist ohne Weiteres verständlich, wenn nicht alle der aufgeführten Hinweise immer in gleicher Weise umgesetzt werden. Einige Verhaltensweisen sind jedoch in den Untersuchungen von Notfallopfern, Angehörigen und von Helfern als besonders negativ und unangenehm geschildert worden und sollten daher auf alle Fälle vermieden werden. Sie werden hier als »Todsünden« bezeichnet (LASOGA & GASCH 2013).

▶ Vorwürfe

Es ist verständlich, wenn bei Helfern angesichts mancher Notfallsituationen Schuldfragen auftauchen, sei es, dass Menschen trotz Warnung ein lawinengefährdetes Gebiet betreten haben, auf einer S-Bahn »gesurft« sind oder einen Autounfall verschuldet haben. Helfer haben jedoch eine andere Rolle als Staatsanwälte oder Richter. Deswegen ist es nicht angemessen, die Personen in dieser Situation mit der Schuldfrage zu konfrontieren (*»Warum mussten Sie auch dort hinaufgehen!«, »Wie konnten Sie nur so schnell fahren!«*). Jeder, der eine derartige Äußerung von sich gibt, muss sich die Frage stellen: »Wem hilft es in dieser Situation?« Wahrscheinlich hilft es nur dem psychischen Gleichgewicht des Helfers. Notfallopfer werden durch solche Bemerkungen entweder nur noch mehr psychisch belastet, oder – wenn sie ihre Schuld noch nicht realisiert haben – diese auch nicht aufgrund einer Äußerung durch einen Helfer einsehen.

Wenn ein Notfallopfer hingegen von sich aus das Thema aufbringt, sich selbst die Schuld zuweist und darüber spricht, ist anders zu verfahren. Da die Entwicklung späterer psychischer Störungen damit zusammenhängt, wie ein Opfer die Schuldfrage erlebt (vgl. LASOGGA & FROMMBERGER 2004), ist auf derartige Äußerungen einzugehen. Dann sollte sich der Helfer zunächst im Sinne des beschriebenen »aktiven Zuhörens« verhalten.

▶ Hektik

Einige Notfallopfer beklagen sich über Eile, Hektik und Nervosität der Helfer. Dies wird teilweise auch von diesen selbst bemerkt. Es sind vor allem nonverbale (Gestik, Mimik, Umherlaufen) und paraverbale (Tonfall, Sprechgeschwindigkeit) Variablen, die diesen Eindruck erzeugen. Ein solches Verhalten kann entstehen, wenn man sich als Helfer hilflos fühlt und dies durch irgendwelche Aktionen kompensieren will, um das Notfallopfer seine Unsicherheit nicht spüren zu lassen. Man rennt hin und her, entscheidet für das Opfer, nimmt ihm jede eigene Initiative ab, gibt ihm viele Ratschläge. Damit werden Notfallopfer entmündigt; vorhandene Ressourcen des Patienten werden nicht aktiviert, was kontraproduktiv ist. Notfallopfer bringen ein derartiges Verhalten in Zusammenhang mit mangelnder Kompetenz. Sie befürchten daraus resultierende Fehler. Dadurch werden ihre ohnehin schon vorhandenen Ängste und Nervosität zusätzlich gesteigert.

Teilweise wird dieses hektische Verhalten auch durch eine falsche Ausbildung vermittelt. Das Prinzip »*Es kommt auf jede Sekunde an.*« wird hierbei missinterpretiert. Natürlich sollte keine Zeit vergeudet werden, aber andererseits soll die Qualität der Arbeit nicht durch die Schnelligkeit leiden. Ein Beispiel ist die Intubation bei Unfallverletzten. Langsam vollzogen gelingt sie meistens, wird ein Tubus möglichst schnell vorgeschoben, misslingt sie eher und es ist ein zweiter Versuch notwendig, der dann im Endeffekt mehr Zeit kostet.

▶ Abgestumpftheit

Es ist sicherlich verständlich und teilweise sogar positiv zu bewerten, wenn sich im Laufe der Jahre bei professionellen Helfern eine gewisse Routine einstellt. Sie darf nur nicht dazu führen, sich bei den medizinischen, aber auch bei den psychologischen Maßnahmen oberflächlich und abgestumpft zu verhalten. So verständlich es sein mag, wenn es aus der Sicht des Helfers nervt, drei- bis viermal am Tag zu sagen: »*Ich gebe Ihnen jetzt eine Spritze, die sie entspannt.*«, so darf dies aber keinesfalls dazu führen, dass er dies beim fünften Notfallopfer unterlässt. Aus der Sicht des Notfallopfers ist es eben nicht das fünfte, sondern das erste Mal.

Auch hier gilt die Betrachtungsweise, wie sie schon in mehreren anderen Abschnitten dargestellt wurde: Maßgebend für die emotionale Stabilisierung des Opfers ist dessen Interpretation des Geschehens und nicht die Intention des Helfers. Wenn Helfer eine Maßnahme gelassen und routiniert durchführen, sollte dies von den Opfern nicht als gleichgültig oder desinteressiert wahrgenommen werden, sondern als kompetent erlebt werden.

Zusammenfassung:
Vorwürfe, Hektik, Überaktionismus und Abgestumpftheit sollten auf alle Fälle vermieden werden.

6.3.3 Modifikationen bei speziellen Opfergruppen

Die oben dargestellten Regeln gelten für sämtliche Notfallopfer, auch wenn natürlich individuelle Unterschiede bestehen. Für einige Gruppen von Notfallopfern sind jedoch darüber hinaus Modifikationen und zusätzliche Vorgehensweisen hilfreich.

▶ Kinder und Jugendliche

Um Kinder, die bei einem Notfall beteiligt sind, sollten sich Helfer besonders intensiv kümmern. Es versteht sich dabei von selbst, dass versucht werden muss, die Eltern hinzuzuziehen. Sie wirken in aller Regel beruhigend und fördern das Gefühl von Geborgenheit und Sicherheit. Dies gilt allerdings nur, wenn die Eltern selbst ruhig bleiben. Kinder reagieren sehr stark auf das Verhalten von Bezugspersonen. Wenn diese ruhig bleiben, bleiben auch sie ruhig, umgekehrt überträgt sich aber auch Unruhe auf die Kinder.

Kinder denken nicht so rational wie Erwachsene. Daher können sie Notfallsituationen nicht kognitiv in dem Ausmaß wie Erwachsene verarbeiten. So fühlen sie sich möglicherweise bedroht, wenn sich plötzlich ein ganzes Rettungsteam in bunter Kleidung auf sie stürzt. Daher ist zu empfehlen, dass sich zunächst nur eine Helferperson (möglichst ohne Rettungsjacke) um sie bemüht (Karutz & Lasogga 2014).

Kinder benötigen darüber hinaus mehr Zuwendung im emotionalen Bereich. Besonders bedeutsam ist dabei der Körperkontakt. Er wirkt meistens beruhigend und Angst reduzierend und kann im Vergleich zu Erwachsenen intensiver ausfallen. Das heißt zum Beispiel, dass Kinder auch einmal in den Arm genommen werden können. Allerdings sollte dabei sensibel auf ihre Reaktion geachtet werden. Nicht alle Kinder sind bei Körperkontakt von Fremden positiv berührt (Karutz & Lasogga 2014), sodass ein Helfer, wenn er eine Aversion spürt, eine angebrachtere Form wählen sollte. Kindern kann auch uneingeschränkt Mitgefühl gezeigt werden.

Wenn Kinder Fragen stellen, ist auf diese einzugehen. Wie für Erwachsene, so gilt auch für Kinder, ihnen möglichst die Wahrheit zu sagen. Vermutlich haben Kinder ein besonders stark entwickeltes Gefühl für Widersprüche, beispielsweise zwischen verbaler, nonverbaler (Gestik, Mimik etc.) und paraverbaler (Tonfall, Sprechgeschwindigkeit, Pausen etc.) Kommunikation. Sie werden also eine

Lüge eher durchschauen. Die Informationen der Helfer sollen ermöglichen, die Situation zu strukturieren. Dies kann erfolgen, indem man in groben Zügen den weiteren Ablauf des Geschehens schildert. Das Geschehen sollte dabei nicht beschönigt, aber auch nicht dramatisiert werden. So tendieren beispielsweise beim Tod von Eltern oder Geschwistern manche Personen dazu, gegenüber Kindern bewusst unscharfe oder verschleiernde Formulierungen zu verwenden, ohne zu bedenken, dass dies Missverständnisse hervorrufen kann. So könnte die Äußerung, der Opa sei *»eingeschlafen«*, den kindlichen Schluss hervorrufen, das sei nicht so schlimm, weil er ja wieder *»aufwachen«* werde.

Eine sehr positive Wirkung hat ein Kuscheltier, beispielsweise ein Stoffaffe oder ein Teddybär. Viele Kinder haben derartige Tiere auch zu Hause und vertrauen ihnen ihre Ängste und Nöte an. Das Tier sollte eine angemessene Größe haben, mind. 30–50 cm in der Länge. Es sollte dem Kind auch explizit geschenkt werden. Selbst in einer Notfallsituation ist es schön, etwas geschenkt zu bekommen. Außerdem hat ein derartiger Gegenstand eine angenehme taktile Qualität: Das Kuscheltier ist weich, man kann es an sich drücken, mit ihm schmusen, es »trösten«. Man kann über ein Kuscheltier auch verbalen Kontakt mit dem Kind herstellen, indem man einen Namen dafür sucht. Sollte kein Kuscheltier vorhanden sein, kann es günstig sein, dem Kind generell etwas zum Halten zu geben, beispielsweise ein Tuch. Ein solcher Gegenstand lenkt auch von der Situation und eventuellen physischen oder psychischen Schmerzen ab.

Von Praktikern wird manchmal empfohlen, Kinder abzulenken, z.B. durch das Reden über andere Dinge als den aktuellen Notfall, das Spielen von Spielen oder das gemeinsame Singen von Liedern. Dies ist eine zweischneidige Empfehlung. Einerseits können Kinder durch die Ablenkung Distanz zu dem Geschehen gewinnen und sich temporär wieder stabilisieren. Auch in Kinderkliniken werden z.B. Clowns eingestellt, um Ablenkung und Heiterkeit in diese schwierige Situation zu bringen. Andererseits könnten Kinder dieses Verhalten als Strategie der Helfer durchschauen. Am einleuchtendsten scheint noch zu sein, den Ablenkungscharakter der Maßnahme nicht zu leugnen, wenn man sie denn durchführt (*»Wir brauchen noch etwa 10 Minuten bis zur Klinik, hast Du vielleicht ein Lieblingslied? Oder kennst Du ein Spiel, das wir hier spielen kön-*

nen?«). Auf jeden Fall ist ein Kind für sein positives Verhalten zu loben (*»Du machst das sehr gut.«*).

Bei Jugendlichen wirkt im allgemeinen der empfohlene Körperkontakt ebenfalls beruhigend, allerdings reagieren manche besonders in der Pubertät darauf sensibler als Erwachsene. Deshalb sollte man besonders auf die nonverbalen Rückmeldungen (Zurückzucken, Verkrampfen) achten und dann den Kontakt ggf. abschwächen oder abbrechen.

Eine schwierige Entscheidung stellt sich, wenn Kinder einen Notfall miterlebt haben, aber selbst unverletzt geblieben sind. Die meisten Erwachsenen tendieren dann dazu, die Kinder möglichst schnell vom Notfallort zu entfernen (gelegentlich unter deren Protest). Dem steht eine andere Überlegung entgegen: In Gedächtnis bleibt ihnen dann ein dramatisches Geschehen, z.B. ein blutender schreiender Verletzter. Die Alternative wäre, sich etwas vom Ort des Geschehens zu entfernen, dann aber zusammen mit dem Kind die einsetzenden Rettungsmaßnahmen zu beobachten und sie im zu erläutern; in diesem Fall geht das Kind dann mit dem Bild eines »abgeschlossenen Geschehens« nach Hause (*»Jetzt hat er keine Schmerzen mehr und im Krankenhaus werden sie den Mann dann wieder gesund machen.«*).

Zusammenfassung:
Bei Kindern sollten die Eltern hinzugezogen werden. Kinder benötigen mehr emotionale Zuwendung als Erwachsene. Fragen sollten auf einem kindlichen Verständnisniveau wahrheitsgemäß beantwortet werden. Ablenkende Maßnahmen sollten als solche gekennzeichnet werden. Beim Körperkontakt ist sensibel auf die Reaktionen der Kinder zu achten.

▶ Ältere Personen

Ältere Menschen reagieren in Notfallsituationen besonders unterschiedlich. Manche werden mit zunehmendem Alter toleranter und nachsichtiger, andere lassen sich leichter irritieren oder werden sogar radikaler. Dies zeigt sich auch in Notfallsituationen. Die einen erleben eine existenzielle Bedrohung, zeigen sich verwirrt und sehr wenig kognitiv gesteuert, die anderen bleiben sehr ruhig (*»Was kann mir eigentlich noch passieren – in meinem Alter!«*).

Der Umgang mit älteren Personen wird von Helfern unterschiedlich gesehen. STEPAN (1998) konstatiert, dass sich bei den meisten Helfern »die Begeisterung in Grenzen hält«, wenn sie zu älteren Personen gerufen werden (»Pinkelfahrt«). Älteren Menschen sollte jedoch auch in Notfallsituationen mit Respekt begegnet werden. Sie sollten z.B. nicht infantilisiert, d.h. wie kleine Kinder behandelt werden. Der verbreiteten Unsitte, alte Menschen zu duzen bzw. mit *»Opa«* oder *»Oma«* zu titulieren, ist sowohl aus ethischen als auch aus psychologischen Gründen entgegenzutreten.

Viele ältere Notfallopfer benötigen mehr Geduld. Die Helfer sollten sich also bewusst Zeit nehmen. Da teilweise die Sinnesorgane nicht mehr voll funktionstüchtig sind, sollte besonders langsam und deutlich gesprochen werden. Das muss nicht unbedingt »lauter« heißen, da es schwierig sein dürfte, bei sehr lauter Sprechweise keinen aggressiven Eindruck zu erwecken. Manchmal ist auch ganz konkrete Hilfe nützlich, beispielsweise das Ausfüllen von Formularen, die Suche nach Telefonnummern. Viele ältere Menschen sprechen auch sehr positiv auf Körperkontakt an.

Vor einer Einlieferung in eine Institution, sei es ein Krankenhaus, Altenheim oder Pflegeheim, haben viele ältere Notfallopfer Angst. Sie befürchten, derartige Einrichtungen nicht wieder verlassen zu können. Falls dieser Befürchtung realistisch widersprochen werden kann, hilft die Information, dass man ihnen dort helfen wird und dies keinen dauerhaften Aufenthalt bedeutet.

Zusammenfassung:
Infantilisieren Sie ältere Notfallopfer nicht. Nehmen Sie sich viel Zeit. Sprechen Sie langsam und deutlich. Leisten Sie »technische Hilfen«.

▶ Ausländer

Jeder professionelle Helfer sollte über kulturelle Besonderheiten von ausländischen Mitbürgern, die in seiner Region wohnen und mit denen er zu tun haben könnte, informiert sein. Diese Besonderheiten sollten möglichst beachtet werden. In manchen Kulturen ist es z.B. üblich, dass allgemeine Fragen, die Familie betreffend, an das Familienoberhaupt gestellt werden. Helfer sollten auch darauf gefasst sein, dass teilweise Emotionen wesentlich stärker oder schwächer gezeigt werden als sonst üblich. Dieses Verhalten sollte nicht bewertet werden. Es ist eben in anderen Ländern und Kulturen üblich, anders mit Emotionen umzugehen.

Der Umgang mit diesen Notfallopfern kann sich auch durch Sprachprobleme schwierig gestalten. Aber auch wenn Ausländer wenig oder kein Deutsch verstehen, sollte mit ihnen verbaler Kontakt aufgenommen und aufrechterhalten werden. Die Sprache sollte dann einfach sein, aber grammatikalisch korrekt (Gegenbeispiel: »*Du Mund aufmachen!*«). Die Erklärungen sollten langsam und ausführlich erfolgen. Die nonverbale und paraverbale Kommunikation ist in solchen Situationen besonders wichtig. Deshalb ist verstärkt auf Gestik und Mimik sowie den Tonfall zu achten. Dadurch können beruhigende emotionale Botschaften vermittelt werden, auch wenn der Inhalt des Gesagten nicht hinreichend verstanden wird.

Ein Problem bei Notfallopfern anderer Kulturen liegt im empfohlenen Körperkontakt. Hier können unterschiedliche Normen in den jeweiligen Kulturen bestehen. Bei den meisten islamischen, aber auch manchen südländischen Kulturen ist der Körperkontakt insbesondere zu weiblichen Personen für einen Fremden weniger gestattet als im westlichen Kulturkreis. Hier ist eine erhöhte Sensibilität für die jeweiligen Reaktionen und eine Modifikation des Kontaktes angebracht, sobald dies medizinisch zu rechtfertigen ist.

Ein weiteres Problem können die Reaktionen von Angehörigen darstellen. Im Gegensatz zum deutschsprachigen Kulturkreis werden die Angehörigen anderer Kulturkreise wie Spanien, Griechenland, Türkei verstärkt versuchen, so weit wie möglich mit dem Notfallopfer in Kontakt zu bleiben. Hier gilt jedoch die gleiche Regel wie bei allen Notfallopfern (die unten ausführlicher erläutert wird): Wenn die Präsenz von Angehörigen nach dem Eindruck des Helfers dem Betreffenden nicht schadet, dürfen sie bleiben; schadet die Anwesenheit, sollen sie weggeschickt werden.

Zusammenfassung:
Nehmen Sie so weit wie möglich Rücksicht auf kulturelle Besonderheiten. Vorsicht bei Körperkontakt. Sprechen Sie langsam und deutlich, aber grammatikalisch korrekt. Setzen Sie Stimmlage und Tonfall als beruhigendes Medium ein.

▶ Aggressive

Notfallopfer und Angehörige verhalten sich nicht immer kooperativ, wenn Helfer erscheinen, sondern in einigen Fällen aggressiv. Dies geht von massiven Vorwürfen (»*Was wollen Sie überhaupt?*«, »*Warum kommen Sie so spät?*«, »*Typisch, wenn man Sie mal braucht, sind Sie nicht da.*«) bis zu Handgreiflichkeiten. In den letzten Jahren nimmt die Gewalt gegen Einsatzkräfte anscheinend zu (PLAPPERT 2011). Die Gründe für diese Gewalt können verschieden sein. Zunächst ist festzuhalten, dass fast jeder Notfall für das Opfer eine Frustration darstellt. Eine bekannte psychologische Theorie (DOLLARD et al. 1939) postuliert, dass Aggression (neben Angst, Depression etc.) eine der möglichen Reaktionen auf Frustration darstellt. Aggressionen sind somit keine »originäre« Reaktion, sondern lediglich eine Form, die entstandene Frustration auf irgendeine Weise abzubauen. Aggressionen gelten damit primär nicht dem Helfer als Person. Er ist lediglich die momentan zur Verfügung stehende Zielscheibe. Deshalb sollten von derartigen Reaktionen Betroffene zumindest verbale Aggressionen so weit wie möglich ignorieren. Der Helfer kann sich in solchen Situationen immer sagen: »*Ich bin nicht gemeint!*« Falsch wäre es, Gegenaggressionen zu entwickeln und diese auszuleben.

Dies gilt auch, wenn Angehörige aggressiv reagieren. Auch sie sind angesichts des Notfalls angespannt und frustriert und es handelt sich bei ihnen ebenfalls oft nur um eine Erregungsabfuhr. Sind die gezeigten Aggressionen allerdings so stark, dass die Versorgung des Opfers beeinträchtigt wird, ist es gerechtfertigt, freundlich, aber bestimmt klare Grenzen zu setzen. Wenn sich Aggressionen in Handlungen manifestieren, kann härter reagiert werden, falls man sich nicht selbst dabei gefährdet. Allerdings ist dabei die eigene Hauptaufgabe zu bedenken: Es ist z.B. nicht Aufgabe des Rettungsdienstes oder der Feuerwehr, Opfer zu disziplinieren, dagegen ist die Polizei verpflichtet, dies mit den ihr vorgegebenen adäquaten Mitteln zu tun.

Zusammenfassung:
Aggressive Notfallopfer meinen mit ihren Äußerungen in der Regel nicht den Helfer persönlich. Ignorieren Sie Aggressionen weitgehend!

▶ Sterbende

Der Tod gehört zu den extremsten Ereignissen im Leben eines Menschen. Er setzt starke Emotionen frei, und zwar sowohl bei den Sterbenden als auch bei den Helfern. Derartige Extremsituationen können wahrscheinlich nicht mit psychologischen Techniken bewältigt werden, sondern erfordern im Wesentlichen »Echtheit«. Helfer sollten Sterbenden ermöglichen, in Ruhe und Würde aus dem Leben zu scheiden. Dazu sollte man ihnen auch in der größten Hektik eines Notfalls wenigstens für einige Sekunden Ruhe, Zuwendung und Kontakt vermitteln. Sind wirklich wichtigere Aufgaben zu erledigen und ist noch kein psychosozialer Notfallhelfer eingetroffen (am besten ein studierter Theologe), sollte man einen anderen Helfer, zur Not auch einen Zuschauer, bitten, einfach nur »da zu sein« und die Hand zu halten. Dass weitere Zuschauer rigoros abgeschottet werden sollten, versteht sich von selbst.

Zusammenfassung:
Sterbende haben ein Recht darauf, in Ruhe und Würde aus dem Leben zu scheiden. Es sollte eine Begleitperson bei ihnen sein. Zuschauer sollten abgeschottet werden.

▶ Augenzeugen, Verursacher

Bei einer ganzen Reihe von Notfällen gibt es Personen, die das Geschehen mit angesehen haben oder mit den Auswirkungen konfrontiert wurden. Auch für diesen Personenkreis kann die Notfallsituation eine kleinere oder größere Belastung darstellen. Bei dem Attentat am 11. September 2001 in New York waren auch manche Menschen, die dies »nur« auf dem Bildschirm sahen, sehr betroffen. Umso drastischer sind die Folgen bei Menschen, die Notfälle direkt miterlebten. Man denke an das Flugzeugunglück in Ramstein, bei dem Anwesende bei lebendigem Leibe verbrannten. Andere Augenzeugen haben beispielsweise mitangesehen, wie ein Autofahrer die Kontrolle über sein Fahrzeug verlor und in eine Menschenmenge fuhr, wie Menschen in einer Lawine verschüttet wurden, oder sie liefen nach einem Schuss aus ihrer Haustür und sahen eine Leiche. Eine Sonderstellung nehmen die Personen ein, die den Notfall selbst verursacht haben, beispielsweise ein Autofahrer, der ein Kind überfahren hat. Auch mit diesem Personenkreis muss psychologisch adäquat umgegangen werden. Generell gelten hierfür die bisher aufgeführten Regeln der Psychischen Ersten Hilfe. Darüberhinaus sind auch einige weitere Punkte zu beachten, beispielsweise dass Notfallopfer und Verursacher getrennt sind oder dass ggf. für einen Transport nach Hause gesorgt wird.

Zusammenfassung:
Beachten Sie die Augenzeugen und »Verursacher« und leisten Sie auch ihnen Psychische Erste Hilfe.

6.3.4 Umgang mit Angehörigen

Nicht nur Notfallopfer selbst, sondern auch Angehörige befinden sich in einer Ausnahmesituation. Der psychologische Umgang mit ihnen ist manchmal ebenso schwierig wie der Umgang mit diesen direkt. Im Folgenden sollen vier Situationstypen unterschieden werden, in denen teilweise differenzierte psychologische Hilfestellungen nötig sind.

Notfallopfer »verletzt« Angehörige anwesend	Notfallopfer verstorben Angehörige anwesend
Notfallopfer »verletzt« Angehörige nicht anwesend	Notfallopfer verstorben Angehörige nicht anwesend

Abb. 4 ▶ Situationstypen im Umgang mit Angehörigen

▶ Notfallopfer »verletzt«, Angehörige anwesend

Angehörige können bei dem Notfall zugegen gewesen, aber nicht oder nur gering physisch verletzt worden sein. Beispielsweise ist an Notfallsituationen zu denken, bei denen ein Kind im Beisein der Eltern verunglückt ist oder ein Mann im Beisein seiner Frau einen Herzinfarkt erlitten hat. Diese Angehörigen müssen von den Helfern auf jeden Fall beachtet und in die psychologischen Maßnahmen mit einbezogen werden. Neben den zu erwartenden psychischen Belastungen durch das Geschehen können in diesen Situationen Selbstvorwürfe und Schuldgefühle der Angehörigen auftreten (*»Hätte ich doch nur vorher ...«*, *»Und ich habe sie sogar noch gewarnt ...«*). Es wurde schon oben angeregt, hier ggf. einen psychosozialen Notfallhelfer zu verständigen. Bis dieser eintrifft, sollte im

Helferteam eine Rollenteilung vereinbart werden. So sollte festgelegt werden, wer sich vornehmlich um die Angehörigen kümmert und wer um die Opfer. Sodann gelten auch hier die Regeln der Psychischen Ersten Hilfe, also:

- sich mit Namen und Funktion vorstellen,
- vorsichtigen Körperkontakt suchen,
- Informationen geben,
- Kompetenz zeigen,
- die Selbstkompetenz stärken,
- aktiv zuhören,
- nicht allein lassen, psychischen Ersatz stellen.

Meist ist es günstig, Angehörige bei den Notfallopfern zu belassen. Dies ist für beide Seiten beruhigend. Angehörige können z.B. Hilfestellung leisten (Stärkung der Selbstkontrolle) oder den Körperkontakt zum Notfallopfer aufrechterhalten (»Hand halten«) und bekommen dabei auch das Gefühl, selbst »etwas getan zu haben« (Prophylaxe vor Schuldgefühlen). Dies gilt insbesondere, wenn Kinder Opfer sind (KARUTZ & LASOGGA 2014), und entspricht auch den Europäischen Richtlinien für Wiederbelebungsmaßnahmen (BIARENT ET AL. 2010). Einschränkend ist jedoch zu sagen, dass sich die Angehörigen selbst nicht immer sicher sind, ob sie bei dem Notfallopfer verbleiben wollen oder nicht. Zwar erwarteten die Eltern (z.B. beim plötzlichen Kindstod) ein Angebot des Notarztes, bei der Reanimation anwesend zu sein, lehnen es aber dann meist ab (SATERNUS et al. 1996). Die Meinungen sind allerdings unter Experten strittig (ausführlich s. FULBROOCK et al. 2007). Einerseits wird befürchtet, dass die Angehörigen angesichts der erlebten Situation eigene emotionale Spätfolgen zu erleiden haben, andererseits wurde in einer französischen (prospektiven randomisierten) Studie festgestellt, dass Anzeichen einer posttraumatischen Belastungsstörung bei den Angehörigen, die während des Geschehens anwesend waren, seltener auftraten (JABRE et al. 2013).

Es gibt allerdings Situationen, in denen anders zu verfahren ist. Angehörige sind wegzuschicken, wenn sie den Ablauf der Maßnahmen durch ihre Reaktionen (Dazwischenreden, Im-Wege-Stehen, Alles-besser-Wissen etc.) stören. Ist das der Fall, sollten ihnen allerdings aus Gründen der Erregungsabfuhr eine externe Aufgabe gegeben werden. Diese Aufgabe sollte den Betroffenen nützlich und einsichtig erscheinen. Bei einem Herzinfarkt könnte beispielsweise die Aufgabe lauten: *»Bitte suchen Sie alle Medikamente zusammen, die Ihr Mann in den letzten Wochen eingenommen hat, und legen Sie sie auf den Wohnzimmertisch! Ich komme dann zu Ihnen!«*

In diesen Fällen sollten die Angehörigen in Abständen von etwa 15 Minuten über den Zustand des Notfallopfers informiert werden. Dies sollte vorher angekündigt werden (Beispiel: *»Wir werden Sie alle 15 Minuten informieren, wie es Ihrem Mann geht.«*). Sollten Angehörige sehr starke psychische Reaktionen zeigen, ist wie bei dem Umgang mit den direkten Notfallopfern zu verfahren, und es sollte ein psychosozialer Notfallhelfer hinzugezogen werden. Tranquilizer zu verabreichen, ist dagegen nach Meyer & Balck (1997) fast nie indiziert.

Zusammenfassung:
Leisten Sie auch bei Angehörigen Psychische Erste Hilfe. Belassen Sie die Angehörigen nach Möglichkeit bei den Notfallopfern. Falls Sie sie wegschicken, geben Sie ihnen eine externe Aufgabe. Informieren Sie sie regelmäßig über den Zustand des Notfallopfers.

▶ Opfer verstorben, Angehörige anwesend

Ist das Opfer in der akuten Notfallsituation im Beisein der Angehörigen verstorben, ist auf alle Fälle ein psychologischer Beistand durch einen psychosozialen Notfallhelfer indiziert. Als extrem belastende Situation sei in diesem Zusammenhang auf den Tod von Kindern und von Säuglingen verwiesen. In Deutschland sterben trotz deutlichen Rückgangs jährlich noch immer etwa 200 Säuglinge am »plötzlichen Säuglingstod (SID)«; aber auch bei Haus- und Verkehrsunfällen können Todesfälle auftreten (s. Jorch 2013). In allen Fällen sind die Angehörigen psychisch stark belastet und sollten nicht allein bleiben, es sei denn, sie wünschen dies ausdrücklich.

Wie schon in den Vorkapiteln und im Folgenden (Überbringen einer Todesnachricht) beschrieben, kann das Verhalten der Angehörigen sehr unterschiedlich ausfallen. Die Reaktionen sollten nicht bewertet, sondern als das den jeweiligen Personen eigene Verarbeitungsmuster akzeptiert werden. Formelle Beileidsfloskeln werden von den meisten Betroffenen in der Regel als wenig hilfreich oder sogar als *»besonders schmerzhaft«* erlebt (KOLBE 2001). Wenn der Helfer das Bedürfnis hat, etwas zu sagen, sollte er Hilfe anbieten (*»Können wir in dieser schlimmen Situation irgendetwas für Sie tun?«*) oder in seinen Äußerungen Verständnis für die Gefühlslage der Angehörigen ausdrücken (*»Das ist wirklich tragisch.«*). Da sich manchmal Personen, besonders Eltern nach einem plötzlichen Kindstod, Selbstvorwürfe machen, ist es günstig, sie durch eine entsprechende Bemerkung zu entlasten (*»Der Tod war unvermeidbar. Sie konnten nichts tun.«*).

Einen Sonderfall stellt die Situation eines Notfalls dar, bei dem Menschen verstorben sind, die anwesenden Angehörigen dies jedoch nicht wissen und dem Helfer entsprechende Fragen stellen. Bei Großschadensereignissen wird dies häufig der Fall sein. Wenn der Helfer weiß, dass ein Todesfall eingetreten ist, befindet er sich in einem Dilemma. Einerseits hat ein Angehöriger ein Recht, die Wahrheit zu erfahren, andererseits ist die chaotische Situation eines Großschadensereignisses bei der Entgegennahme einer Todesnachricht extrem belastend. Bei einem notfallmedizinischen Kongress in Hamburg 1997 wurde dazu von einem Feuerwehrarzt folgende Fallschilderung gegeben:

- Frage eines (leicht verletzten) Vaters: *»Wo ist mein Kind?«*
- Antwort des Notarztes: *»Hatte das Kind eine gelbe Jacke an?«*
- Antwort: *»Ja!«*
- Notarzt: *»Dann ist es tot!«*

Der Vater berichtete, dass ihm dieser Dialog jahrelang nicht aus dem Kopf ging.

Die Autoren sehen diese Situation als eine der wenigen an, in denen zumindest für eine gewisse Zeit vom Wahrheitsprinzip abgewichen werden kann (ohne allerdings hierfür eine empirische oder theoretische Begründung anführen zu können). Der Notarzt könnte demgemäß antworten: *»Ich weiß darüber nichts Genaues, um Ihre Angehörigen kümmern sich Kollegen. Sie werden aber baldmöglichst informiert werden.«* Dem Verwandten sollte dann die schlimme Nachricht in einer anderen, geeigneteren Umgebung (z.B. in der Klinik) mitgeteilt werden.

▶ Opfer verstorben, Angehörige nicht anwesend: Das Überbringen einer Todesnachricht

Angehörigen die Nachricht zu überbringen, dass ein Mitglied der Familie verstorben ist, ist für die Personen, die dies übernehmen müssen, ausgesprochen schwierig (LASOGGA 2001, PRZYREMBEL et al. 2008). In einer empirischen Studie von LASOGGA (2001), bei der die Erfahrungen sowohl von Überbringern wie von Empfängern gesammelt wurden, berichten viele – auch erfahrene – Überbringer, dass sie sich nie an diese Situationen gewöhnt haben und wohl auch nicht gewöhnen werden. Man sei immer unsicher, wie man sich verhalten solle.

Für die Empfänger stellt das Erhalten einer Todesnachricht eine einmalige (oder zumindest äußerst seltene) und sehr belastende Situation in ihrem Leben dar. Ein gemeinsamer Lebensabschnitt mit der verstorbenen Person ist beendet. Die Überbringer sollten sich der Bedeutung dieser Situation für die Anwesenden immer bewusst sein. Aus der zitierten Studie sind folgende Hinweise für die Überbringer von Todesnachrichten ableitbar:

Vor dem Überbringen: Dem Überbringer werden häufig ähnliche Fragen gestellt, auf die er vorbereitet sein sollte. Vor dem Überbringen sind deshalb Informationen über den Verstorbenen und die Angehörigen einzuholen. Dies ermöglicht eine adäquatere Umgangsweise in der entsprechenden Situation. Folgendes sollte vorab geklärt werden:

- Betreffs der Angehörigen:
  - Welche Informationen über die Angehörigen liegen vor?
  - Gab es eine Vermisstenanzeige durch die Angehörigen?
  - Wussten die Angehörigen von einer Erkrankung (Bluthochdruck, Krebs, Aids etc.)?
- Betreffs des Toten:
  - Wann ist der Tod eingetreten?
  - Wo ist der Tod eingetreten?
  - Wie ist der Tod eingetreten?
  - Wer hat den Toten zuletzt gesprochen?
  - Wohin wurde der Tote gebracht?
  - Wie ist der Zustand des Leichnams?
  - Ist es möglich, den Toten zu sehen?

- Muss der Tote identifiziert werden?
- Welche weiteren Informationen über die Lebenssituation des Toten liegen vor?
- Welche Dienststelle, Behörde oder Klinik bearbeitet den Todesfall? (Name und Durchwahl des Sachbearbeiters notieren.)

Das Überbringen: Eine Todesnachricht sollte nicht telefonisch überbracht werden. Ausnahmen sind nur dann möglich, wenn ein Patient in einer Klinik liegt und die Angehörigen schon auf eine Todesnachricht vorbereitet sind. Ansonsten sollte die Todesnachricht am besten im gewohnten Umfeld der Empfänger überbracht werden, da diese sich dort am sichersten fühlen. Dies bedeutet also, dass die Überbringer eher zum Empfänger gehen und nicht die Empfänger zu sich bestellen.

Wenn die Möglichkeit besteht, sollte die Nachricht nicht alleine überbracht werden, sondern im Zweierteam. Hierbei hat sich die Kombination Polizeibeamter/Notfallseelsorger (bzw. psychosozialer Notfallhelfer) bewährt (Daschner 2001). Falls die Todesnachricht zu zweit überbracht wird, ist eine vorherige Abstimmung erforderlich, wer die Führung übernimmt, wer sich ggf. um andere Anwesende, z.B. Kinder kümmert (dies kann ggf. während der Anfahrt geklärt werden). Sehr wichtig ist, genügend Zeit einzuplanen. Angemessen erscheinen hier mindestens 30 Minuten, es muss aber auch damit gerechnet werden, dass der Besuch zwei bis drei Stunden dauern kann.

Die Überbringer sollten sich mit ihren Namen vorstellen. Im Anschluss sollte die dienstliche Funktion genannt werden (*»Guten Tag, mein Name ist Müller, das ist mein Kollege, Herr Schulz. Wir kommen von …«*). Anschließend ist eine Absicherung unabdingbar, dass man es mit der richtigen Person zu tun hat (*»Sind Sie Frau Meier, die Ehefrau von …?«*). Eine Todesnachricht sollte dann natürlich nicht zwischen Tür und Angel überbracht werden. Deshalb sollte die Bitte geäußert werden, in die Wohnung eintreten zu dürfen (*»Wir müssen Sie in einer dringenden persönlichen Angelegenheit sprechen. Dürfen wir eintreten?«*).

Wenn man die Empfänger bittet, sich hinzusetzen, ist dies sicherlich kein Fehler. Die Aufforderung, sich zu setzen, erscheint besonders dann indiziert, wenn die Nachricht wahrscheinlich völlig überraschend kommt.

Bezüglich der nonverbalen Kriterien ist es wichtig, auf eine adäquate räumliche Nähe bzw. Distanz zu den Empfängern zu achten. Der Überbringer darf dem Empfänger einerseits nicht »zu nahe treten« (im wörtlichen Sinne), denn damit verletzt er dessen »intime Zone«. Allerdings wird auch ein zu großer Abstand als unangenehm empfunden. Aus empirischen Untersuchungen ist bekannt, dass eine Entfernung über 3,50 m als eine »öffentliche Distanz« empfunden wird, dagegen eine »intime Distanz« bei etwa einem Meter beginnt. Dazwischen liegen zwei Zonen, die als »persönliche« und als »sozial-konsultative« bezeichnet werden. Der Abstand zum Empfänger sollte in diesem Bereich liegen, also zwischen ein und drei Metern.

Sodann sollte der Empfänger kurz auf die Nachricht vorbereitet werden (*»Wir müssen Ihnen eine traurige Nachricht überbringen.«*). Anschließend sollte die Nachricht ohne Umschweife mitgeteilt werden. Der Tod sollte klar benannt werden. Dabei müssen eindeutige Worte wie *»tot«, »verstorben«* o.Ä. verwandt werden (*»Ihr Mann hatte einen schweren Unfall. Er ist noch an der Unfallstelle verstorben.«*). Es sollte auf alle Fälle nicht der Fehler begangen werden, erst ausführlich die Umstände des Notfalls zu schildern, bevor die Todesnachricht mitgeteilt wird.

Generell ist es richtig, ruhig aufzutreten und Sicherheit auszustrahlen, wobei die Forderung leichter gestellt ist, als sie befolgt werden kann. Dazu gehört auch, auf die Wortwahl zu achten. Zu vermeiden sind Fremdwörter und Fachbegriffe (Falsch: *»Die Reanimation hatte keinen Erfolg.«*), aber auch Worte wie *»der Leichnam«*. Stattdessen sollte *»Ihr Mann«, »Ihr Kind«* gesagt werden. Angemessen sind kurze, einfache Sätze. Positiv ist auch, wenn erwähnt werden kann, dass der Tote wenig habe leiden müssen.

Nach der eigentlichen Mitteilung sind insbesondere das Akzeptieren von Schweigen und das Zuhören von Bedeutung. Die Angehörigen benötigen Zeit, das Gehörte zu begreifen. Sie können zunächst nicht viele Informationen in dieser Situation aufnehmen. Fragen sollten offen beantwortet und Erklärungen gegeben werden. Wenn die Angehörigen zu reden beginnen, bietet sich das aktive Zuhören an (*»Ihr Mann hat Ihnen offenbar sehr viel bedeutet.«*).

Während des Zuhörens sollte Blickkontakt mit den Empfängern gehalten werden. Körperkontakt wie Handhalten oder In-den-Arm-nehmen können als positiv angesehen werden, sofern man den Eindruck hat, dass sie vom Empfänger als angenehm empfunden werden. Gegebenenfalls sucht dieser auch von sich aus Körperkontakt, dann kann der Empfänger durchaus in den Arm genommen werden.

Inwieweit eigene Anteilnahme (wenn vorhanden) gezeigt werden soll, ist nicht ganz einfach zu beantworten. Auf der einen Seite soll nicht der Eindruck von Gefühlskälte entstehen (ein nicht seltener Vorwurf) oder der Eindruck, dass soeben routiniert die hundertste Todesnachricht überbracht wurde. Auf der anderen Seite wird auch zu viel Emotion aufseiten des Überbringers nach den Angaben der Betroffenen als unangebracht erlebt. Ein mittleres Ausmaß an gezeigter Betroffenheit erscheint somit angemessen: »Mitfühlen, aber nicht mitleiden« könnte eine Maxime sein, an der sich ein Überbringer orientieren kann. Wenn die Angehörigen starke Emotion zeigen, so sollte dieses Verhalten akzeptiert und nicht versucht werden, es einzuschränken oder zu bremsen. Es versteht sich von selbst, dass fehlende Ernsthaftigkeit oder sogar Lachen des Überbringers unangemessen ist, obwohl davon doch vereinzelt berichtet wird.

Unangemessen sind Formulierungen, die als Floskeln und oberflächliche Trostworte erlebt werden können (Falsch: *»Es wird schon wieder werden.«* oder *»Sie sind ja noch jung und können noch mehr Kinder bekommen.«* Kein Kind ist ersetzbar!). Die Betroffenen nehmen sie meist als hohl, als Plattitüde, als ohne echte Empfindung »dahergesagt« wahr. Selbst der harmlose Satz *»Es tut mir leid.«*, so gut er auch gemeint ist, könnte als unangenehm floskelhaft empfunden werden, obwohl hier der Tonfall eine wesentliche Rolle spielt.

Die Überbringer von Todesnachrichten werden teilweise auch damit konfrontiert, dass weitere Personen anwesend sind. Das Verhältnis dieser Personen zu den Empfängern ist oft nicht sofort ersichtlich. Es kann sich um Angehörige, Freunde, aber auch um oberflächliche Bekannte handeln. Diese Personen verhalten sich nicht in jedem Fall angemessen. So reagieren manche ausgesprochen gefühllos und gleichgültig oder zeigen gespielte Anteilnahme. Andere reagieren fast hysterisch, äußern Vorwürfe und Schuldzuweisungen. Sogar Beschimpfungen und Beleidigungen kommen vor.

Weitere unangemessene Verhaltensweisen, die in den Berichten beklagt wurden, waren: viel reden, beschönigen, verharmlosen, Hilfe aufdrängen, Streit anfangen. Problematisch ist somit, wie mit diesem Personenkreis umgegangen werden soll. Einerseits kann er nicht einfach ignoriert werden, möglicherweise möchte aber der Empfänger auch nicht, dass die Personen weiterhin anwesend bleiben; andererseits wäre es anmaßend und könnte es vom Empfänger auch nicht gewollt sein, sie wegzuschicken. Somit kann generell nur empfohlen werden, zunächst das Verhältnis der Anwesenden zum Betroffenen zu klären und zu erfragen, ob die Empfänger wünschen, dass diese Personen im Raum bleiben sollen (»*Möchten Sie, dass Ihre Bekannte im Raum bleibt? Mein Kollege könnte mit ihr hinausgehen.*«). Wird der Anwesenheit zugestimmt, können alle Personen in das Gespräch einbezogen werden, wobei allerdings die direkt Betroffenen im Mittelpunkt stehen sollten. Wenn die Anwesenden dann negative Verhaltensweisen zeigen, können die Überbringer dies freundlich aber bestimmt unterbinden (»*Ich denke, das sollten Sie zum jetzigen Zeitpunkt nicht besprechen.*«).

Die Mitteilung des Todes einer nahestehenden Person kann bei Kindern durch die Eltern oder andere Angehörige erfolgen. Manchmal ist es angemessen, die Kinder zunächst wegzuschicken, damit den Angehörigen die Nachricht überbracht werden kann und diese sie dann den Kindern mitteilen können. Insgesamt empfiehlt es sich aber, die sonstigen Gepflogenheiten der Familie zu beachten. Ein Überbringer hat nicht das Recht, diese zu ändern.

Viele Personen wünschen sich, Abschied von dem Verstorbenen zu nehmen. Sie möchten ihn noch einmal berühren oder einfach einige Zeit bei ihm verweilen. Dieses Abschiednehmen hilft, mit dem Tod besser fertig zu werden. Dies sollte ihnen, wenn es irgendwie möglich ist, angeboten bzw. ihrem Wunsch sollte stattgegeben werden (»*Wir lassen Sie jetzt mit Ihrem Kind allein, damit Sie von ihm Abschied nehmen können. Wir bleiben im Nebenraum.*«). Spuren einer eventuell versuchten Reanimation sollten vorher beseitigt werden. Verletzungen können z.B. durch einen Verband verdeckt werden.

Hat der Überbringer seine Aufgabe erfüllt, ist bei der Verabschiedung zu beachten, dass die verbleibenden Angehörigen möglichst nicht allein gelassen werden. Es sollte dafür gesorgt werden, dass jemand bei ihnen bleibt (»*Soll ich jemanden anrufen, der zu Ihnen*

Regeln für das Überbringen einer Todesnachricht

Vorher

- Holen Sie vor dem Überbringen möglichst viele Informationen über den Toten und die Angehörigen ein, um Fragen beantworten zu können.
- Überbringen Sie die Nachricht nicht telefonisch.
- Überbringen Sie die Nachricht in der gewohnten Umgebung des Empfängers.
- Planen Sie mindestens 30 Minuten, eher 1 – 2 Stunden Zeit ein.
- Rechnen Sie mit vielfältigen Reaktionen beim Empfänger, beispielsweise: Weinen, Fassungslosigkeit, Verzweiflung, Versteinerung, Apathie, Schock, Aggressionen, Gelassenheit, Bemühen, Fassung zu bewahren, Nicht-wahrhaben-Wollen.

In der Situation

- Stellen Sie sich mit Namen vor. Nennen Sie anschließend die Institution, von der Sie kommen.
- Vergewissern Sie sich, ob Sie es mit der richtigen Person zu tun haben.
- Bitten Sie darum, eintreten zu dürfen.
- Klären Sie das Verhältnis von weiteren anwesenden Personen zum direkt Betroffenen. Fragen Sie den Empfänger, ob weitere Anwesende dabeibleiben sollen.
- Bereiten Sie den Empfänger kurz auf eine »schlimme Nachricht« vor.
- Benutzen Sie einfache, kurze Sätze.
- Sprechen Sie eindeutig von *»Tod«, »verstorben«.*
- Sagen Sie nicht: *»der Leichnam«,* sondern *»Ihr Mann, Ihre Frau, Ihr Kind«.*
- Verwenden Sie keine Fremdwörter.
- Unterlassen Sie Floskeln oder oberflächliche Trostworte.
- Geben Sie dem Empfänger Zeit, das Gehörte zu verarbeiten.
- Hören Sie dem Empfänger aktiv zu, reden Sie selbst eher wenig.
- Beantworten Sie Fragen offen und korrekt.
- Halten Sie Blickkontakt.
- Wenn Sie den Eindruck haben, dass dem Empfänger Körperkontakt angenehm ist, halten Sie die Hand oder nehmen ihn in den Arm.
- Lassen Sie die Empfänger möglichst nicht allein zurück.
- Hinterlassen Sie eine Visitenkarte oder Kontaktadresse und ggf. eine Liste mit Hilfsadressen (Selbsthilfegruppen, psychosoziale Notfallhelfer).

Abb. 5 ▶ Zusammenfassung der Regeln für das Überbringen einer Todesnachricht

kommt?«). Wird das Angebot explizit verneint, sollte dieser Wunsch allerdings respektiert werden. Da sich oftmals erst später Fragen ergeben, die in der ersten Aufregung nicht aufkamen, sollte beim Abschied eine Visitenkarte hinterlassen werden, ggf. auch eine Liste mit Hilfsadressen, beispielsweise eines psychosozialen Notfallhelfers oder einer Selbsthilfegruppe.

Reaktionen: Personen, denen eine Todesnachricht überbracht werden muss, reagieren auf diese Nachricht sehr unterschiedlich. Die Verhaltensweisen können auch schnell wechseln. Dies liegt an den schon erwähnten »Coping-Strategien« des Empfängers, aber auch an der vorangegangenen Beziehung zu dem Toten. Nicht immer war sie gut, sodass manchmal sogar eine gewisse Genugtuung oder Erleichterung empfunden wird.

Einen wesentlichen Faktor für die Reaktion von Empfängern stellt die Frage dar, ob die Botschaft für die Betroffenen überraschend kommt. Generell fallen Reaktionen umso heftiger aus, je weniger die Empfänger darauf vorbereitet sind, beispielsweise bei Verkehrsunfällen. Zu einem völligen Zusammenbruch kommt es aber nur selten. Am häufigsten sind die Empfänger sichtbar traurig und beginnen zu weinen. Dabei kann es auch zu Wein- und Schreikrämpfen kommen. Viele Empfänger reagieren auch entsetzt, schockiert, bestürzt, gelähmt (*»Ich konnte überhaupt nichts denken.«*), sind fassungslos und hilflos. Aber auch gegenteilige Reaktionen sind zu verzeichnen: Manche Empfänger verhalten sich überraschend nüchtern, gefasst und gelassen. Sie werden sachlich aktiv, stellen sofort »technische« Überlegungen an, beispielsweise zum Abfassen der Todesanzeige oder zum Beerdigungstermin. Anderen ist anzumerken, dass sie zwar sehr betroffen sind, sich aber deutlich bemühen, ihre Fassung zu wahren. Diese Personen wollen anscheinend nicht vor einer fremden Person ihre Gefühle zeigen. Weitere Reaktionsweisen, die auftreten können, sind: Lethargie, Apathie, Sprachlosigkeit, Wut, Aggressivität, Aktionismus, körperliche Verkrampfung, starker Redefluss. Hier ist der Ratschlag für den Überbringer einfach: akzeptieren, was an Reaktionen gezeigt wird.

Beim Überbringen einer Todesnachricht soll eine Sondersituation getrennt dargestellt werden, die spezielle Belastungen mit sich bringt: die sogenannte »unklare Todesursache«. Ist für einen Arzt, der den Tod feststellt, nicht eindeutig erkennbar, welche Ursache

Sehr geehrte Frau ... / Sehr geehrter Herr ...

Sie haben heute eine Angehörige/einen Angehörigen verloren. Dazu sprechen wir Ihnen auf diesem Weg noch einmal unser Beileid aus. In den ersten Stunden sind Sie mit vielen verschiedenen Menschen konfrontiert worden: Notarzt, Rettungsdienst und jetzt auch mit uns, der Polizei. Es wundert Sie vielleicht, dass bei einem plötzlichen Todesfall auch die Polizei hinzugezogen wird. Deshalb möchten wir Ihnen dazu einige Informationen geben.

Welche Aufgabe hat die Polizei bei einem plötzlichen Todesfall?
Bei einem Todesfall wird immer zuerst ein Arzt gerufen, um die Verstorbene/den Verstorbenen zu untersuchen und den Tod festzustellen. Wenn dieser Dienst habende Arzt die Patientin/den Patienten und die Krankheitsgeschichte nicht kannte und eine natürliche Erklärung für den Tod nicht sicher feststellen kann, schreibt er auf die Todesbescheinigung »ungeklärte Todesursache«. In diesem Fall ist die Polizei verpflichtet, sich die verstorbene Person anzusehen und Ermittlungen zur Todesart einzuleiten. Das ist ein normaler und häufig vorkommender Vorgang.

Was geschieht in den nächsten Tagen?
Nach der ersten Untersuchung durch die Polizei wird die verstorbene Person zunächst in einer Klinik aufgebahrt. In dieser Zeit können Sie die verstorbene Person dort leider nicht aufsuchen. Falls weiterhin Unklarheiten bezüglich der Todesart bestehen, kann die Staatsanwaltschaft eine genauere Untersuchung (Obduktion) veranlassen. Dabei können die genaue Todesursache und weitere bedeutsame Umstände (nicht bekannte Schädigungen, Erbkrankheiten, Aspekte für Versicherungsfragen) geklärt werden. In der Regel wird die Bestattung durch diese Maßnahme nicht verzögert und der von Ihnen gewählte Bestatter kann die verstorbene Person in sein Institut überführen. Dort haben Sie die Möglichkeit, noch einmal in Ruhe von Ihrer/Ihrem Angehörigen Abschied zu nehmen.

Wer ist Ihnen bei Fragen behilflich?
Wir empfehlen Ihnen, sich innerhalb der nächsten drei Tage mit einem Bestattungsinstitut Ihrer Wahl in Verbindung zu setzen. Der Bestatter wird Ihnen bei allen aufkommenden Fragen beratend zur Seite stehen und notwendige Formalitäten für Sie erledigen.
Für alle weiteren Rückfragen bezüglich des Todesfalles Ihrer/Ihres Angehörigen stehen Ihnen die Beamtinnen und Beamten des Kriminalkommissariats während der Dienststunden von ... bis ... und oft auch darüber hinaus zur Verfügung. Die Telefonnummer lautet: ...
Falls Sie Fragen zu Nachlassangelegenheiten haben, wenden Sie sich vertrauensvoll an die Nachlassabteilung des Amtsgerichtes. Deren Telefonnummer lautet: ...

Viel Kraft für Ihren weiteren Weg wünscht Ihnen
Ihre Polizei

Abb. 6 ▶ Informationsblatt der Polizei

vorliegt, muss dies auf dem Totenschein vermerkt werden. Dies ist auch beim »plötzlichen Kindstod« die Regel; schließlich kann das Opfer auch aufgrund einer Misshandlung oder eines anderen kriminellen Aktes verstorben sein. Die Feststellung »unklare Todesursache« hat zur Folge, dass die Staatsanwaltschaft eingeschaltet und eine Obduktion vorgenommen wird. Dies den Angehörigen zu erläutern, ist oft schwierig. Es sollte auf jeden Fall darauf hingewiesen werden, dass dieses Vorgehen den Normalfall darstellt und gesetzlich vorgeschrieben ist. Das Wort »Obduktion« sollte möglichst vermieden und stattdessen von »Untersuchung« gesprochen werden. Bei Fällen des plötzlichen Kindstods hat sich bewährt, den Eltern ein Informationsblatt zu hinterlassen, das die Abläufe erläutert. Ein gutes Beispiel hierfür ist das Faltblatt des Polizeipräsidiums Mülheim an der Ruhr, das in ABBILDUNG 6 leicht modifiziert wiedergegeben wird und auch modifiziert bei anderen juristisch relevanten Todesfällen übergeben werden kann.

▶ Opfer »verletzt«, Angehörige nicht anwesend

Die letzte der zu Beginn des Kapitels vorgestellten Situationen betrifft das Überbringen der Nachricht, dass ein Angehöriger verletzt wurde oder plötzlich schwer erkrankt ist. Auch hier handelt es sich um eine schwierige und belastende Nachricht. Diese Aufgabe kann auch plötzlich einem mit dieser Aufgabe nicht Vertrauten, z.B. einem Vorgesetzten, Kollegen, Schulleiter, Sporttrainer zufallen. Hier ist – im Gegensatz zur Todesnachricht – die telefonische Übermittlung bei manchen Notfällen (z.B. Verletzungen, plötzliche Erkrankungen) möglich, wenn auch die persönliche Benachrichtigung vorzuziehen ist. In anderen Fällen (z.B. Geiselnahmen, Vermisste) ist die persönliche Benachrichtigung zu empfehlen.

Es ist auch notwendig, in diesen Fällen sofort für eine Transportmöglichkeit zu sorgen (*»Wenn Sie wollen, fahre ich Sie gleich in die Klinik.«, »Ich kann Ihnen gerne ein Taxi rufen!«, »Wenn Sie wollen, bringen wir Sie zur Polizeistation.«*). Ansonsten unterscheidet sich diese Aufgabe nicht sehr von der des Überbringens einer Todesnachricht. Auch hier sollten die folgenden Prinzipien eingehalten werden: Informationen sammeln, sich vorstellen, kurze, einfache Sätze verwenden, eventueller Körperkontakt, »Mitfühlen aber nicht Mitleiden«, Reaktionen akzeptieren, technische Hilfe leisten, ggf. Visitenkarte hinterlassen.

6.3.5 Umgang mit Zuschauern

Bei Notfällen, die im öffentlichen Raum stattfinden, finden sich häufig Zuschauer ein, die zwar den Notfall nicht miterlebt haben, aber sich in der Nähe aufhielten und sich dann zum Notfallort begeben haben. Gelegentlich werden dafür sogar weite Fahrstrecken in Kauf genommen; zeitweise wird dann von einem »Katastrophentourismus« gesprochen. Dombrowsky (1998) berichtet von Zuschauern, die nach der Anreise Eiscreme aßen und es sich auf Campingstühlen bequem machten. In einem Fall soll ein S-Bahn-Fahrer sogar extra langsam an einer Unglücksstelle vorbeigefahren sein, damit seine Fahrgäste das Schauspiel möglichst lange »genießen« konnten.

Kritiker eines derartigen Verhaltens vergessen allerdings, dass es eine derartige »Schaulust« zu allen Zeiten und in allen Kulturen gegeben hat. Sie wurde und wird auch heute überall in verschiedenen Formen befriedigt (Fiedler et al. 2004; Strauss 1998), die von öffentlichen Hinrichtungen im Mittelalter (und in manchen Ländern auch noch heute) über öffentliche Leichenöffnungen bis zu Fernsehübertragungen von Notfällen reichen. Selbst kriegerische Auseinandersetzungen werden heute »live« im Fernsehen übertragen und – was relevanter ist – auch angesehen. Hier einseitig die Medien moralisch zu kritisieren, wäre nicht richtig. Es ist z.B. kaum anzunehmen, dass bei der Live-Übertragung der Ereignisse in New York vom 11. September 2001 die Mehrzahl der Fernsehzuschauer aus ethischen Gründen abgeschaltet hat.

In der Literatur wird eine ganze Reihe von Ursachen für dieses Phänomen angeführt (s. Lasogga & Gasch 2013). Dies beginnt bei der Grundmotivation eines Menschen, seine Sinne zu gebrauchen, über primäre »Orientierungsreaktionen«, »Neugier-Motive«, aber auch die Suche nach Informationen, um ggf. selbst bei ähnlichen Vorfällen besser reagieren zu können, oder dem unterbewussten Wunsch nach »Bestätigung der eigenen Unversehrtheit«.

Im konkreten Notfall wird jedoch die Anwesenheit der Zuschauer von Notfallopfern wie von Helfern meistens als störend und unangenehm empfunden. Es wird kritisiert, dass sie im Weg stehen, die Rettungswege blockieren, unerbetene Kommentare abgeben und sich am Leid anderer ergötzen. Deswegen sollte mit Zuschauern in Notfallsituationen »adäquat« umgegangen werden. Grundsätzlich sind dabei sechs Interventionsformen möglich:

▶ Das Fernhalten

Diese Interventionsform erweist sich häufig als schwierig oder gar undurchführbar. Wenn Zuschauer vom Ort des Geschehens so fern gehalten werden sollen, dass sie dort gar nicht erst eintreffen, müssten weiträumige Absperrungen erfolgen. Diese Maßnahmen können aber erst zu einem relativ späten Zeitpunkt ergriffen werden und nur zusätzlich Eintreffende abhalten. Bei den Zuschauern, die sich bereits am Ort des Geschehens aufhalten, müssen andere Maßnahmen überlegt werden.

▶ Zuschauen unattraktiv machen

Insbesondere bei Großschadensereignissen kann das Zuschauen durch Sichtblenden, die in den Rettungs-, Polizei- oder Feuerwehrfahrzeugen mitgeführt werden, »unattraktiv« gemacht werden. Allerdings müssen hierfür eine ausreichende Zahl von professionellen Helfern und die entsprechende technische Ausstattung vor Ort sein.

▶ Das Ignorieren

Diese Methode, nämlich die Zuschauer nicht zu beachten, solange sie die Rettungsmaßnahmen nicht allzu sehr behindern, wird von den meisten Helfern gewählt.

▶ Das Billigen

Falls Zuschauer weder die Notfallopfer noch die Rettungsmaßnahmen stören, kann sogar erwogen werden, das Zuschauen explizit zu gestatten. So könnten bei Großschadensereignissen Zuschauerbereiche abgesteckt werden, von denen aus das Geschehen – wenigstens aus der Ferne – betrachtet werden kann, oder es wird den Fernsehsendern gestattet, darüber »live« zu berichten. Dies sollte nicht unbedingt mit einem Aufschrei der Empörung kommentiert, sondern als Versuch verstanden werden, einen Kompromiss zwischen der vorhandenen menschlichen Schaulust und den notwendigen Restriktionen zu finden.

▶ Das Entfernen

Wenn einer der folgenden Gründe vorhanden ist, müssen Zuschauer vom Ort des Geschehens entfernt werden:

- Zuschauer sind selbst gefährdet,
- Zuschauer behindern durch ihre Anwesenheit die Rettung,

- Notfallopfer befinden sich ungeschützt im Blickfeld der Zuschauer und leiden darunter.

Dabei gelingt es allerdings selten, Zuschauer mit moralischen Appellen dazu zu bewegen, den Ort des Geschehens zu verlassen. Insbesondere größere Menschenmengen sind auf diese Weise nicht zu beeindrucken. Zu der erwähnten Schaulust kommen in diesem Fall noch sozialpsychologische Gründe: Wenn eine Menschenmenge als solche angesprochen wird, fühlt sich ein einzelnes Mitglied höchstens zu dem Anteil angesprochen, den es quantitativ in dieser Menge darstellt, also beispielsweise zu einem Hundertstel. Die Handlungsanregung ist somit zu schwach, um auf sie zu reagieren. Zudem könnte ein derartiges Vorgehen auch Widerstand (Reaktanz) hervorrufen. Die »Schaulustigen« würden dann allein aus Protest gegenüber den Anweisungen von Helfern am Ort des Geschehens verbleiben und argumentieren, dass sie nur ihr »gutes Recht auf Information« wahrnehmen, oder darauf verweisen, sich auf öffentlich zugänglichem Gelände zu bewegen.

Wenn Zuschauer zum Verlassen des Ortes aufgefordert werden müssen, sollte ein direkter, deutlicher, nüchterner und klarer Appell erfolgen, der mit spürbarem Ernst auf die entstandenen und zu erwartenden Behinderungen hinweist. Bei dem Appell sind folgende Punkte zu beachten:

- *Transparenz:* Es sollten Hintergrundinformationen gegeben werden, warum eine Aufforderung erfolgt (*»Wir brauchen dringend Platz für die eintreffenden Rettungsfahrzeuge!«*).
- *Spezifische, keine generelle Instruktion:* Dies ergibt sich aus den Theorien über die Interaktion von Zielsetzung und Leistungsmotivation (vgl. Locke & Latham 1990), die eine deutliche Leistungsüberlegenheit von spezifischen Instruktionen gegenüber unspezifischen erweisen. Übertragen auf die vorliegende Situation ist somit eine präzise Aufforderung wie *»Bitte treten Sie 20 Meter zurück!«* erfolgreicher als ein allgemeiner Appell: *»Entfernen Sie sich bitte sofort von hier!«*
- *Tonfall, Wortwahl:* Die entsprechenden Anweisungen sollten in Tonfall und Wortwahl den Ernst der Lage und die Dringlichkeit der Aufforderung spürbar werden lassen.
- *Keine Aggressionen:* Es sollte kein Widerstand durch implizite Angriffe oder Schuldzuweisungen provoziert werden. In ent-

sprechenden Lautsprecherdurchsagen klingt manchmal eine aggressive Grundstimmung des Sprechers durch, die »Reaktanz« hervorruft. Sprecher müssten in Rollenspielen einüben, sowohl ihren Sprachstil als auch den Tonfall so zu modulieren, dass dies vermieden wird (s. Kap. 7.2.8).

Selbst wenn diese Hinweise beachtet werden, werden sich in einigen Fällen Zuschauer trotzdem nicht entfernen. Dann wird es notwendig sein, die Anweisungen auch durch physische Maßnahmen wie Abdrängen durchzusetzen. Dies sollte durch die Polizei erfolgen.

▶ Das Einbinden

Zuschauer können mit guten Chancen für Hilfsmaßnahmen aktiviert werden, insbesondere wenn ihre Zahl nicht sehr hoch ist. Dies ist mit den »Arousal«-Theorien zu erklären. Diese gehen davon aus, dass Menschen, die durch Außenreize erregt werden, eine erhöhte Handlungstendenz aufweisen. Welche Handlung nun konkret durchgeführt wird, ist nicht vorbestimmt, sondern durch die Bedingungen der jeweiligen Situation gesteuert. Das erhöhte Erregungsniveau kann somit auch im Sinne von Hilfsbereitschaft genutzt werden. Dafür müssten nur entsprechende Handlungsrichtungen vorgegeben werden. Konkrete Aufforderungen oder Hinweise zu helfen, würden von Zuschauern demnach sogar in höherem Ausmaß als im Normalzustand befolgt bzw. realisiert werden.

Bei der Ansprache von Zuschauern zur Durchführung dieser Aufgaben ist Folgendes zu empfehlen: Eine gezielte Ansprache einzelner Personen ist wirksamer als ein allgemeiner Appell an die Masse. Sinnvoll ist es auch, nicht eine, sondern gezielt zwei oder drei Personen anzusprechen. Diese können sich bei ihrer Aufgabe wechselseitig unterstützen oder auch kontrollieren (*»Sie im hellen Mantel und Sie im roten Pullover, darf ich Sie um Hilfe bitten ...«*, Negativbeispiel: *»Könnte hier jemand mal helfen?«*).

Wenn bestimmte Zuschauer so als Helfer gewonnen werden, kann sogar mit einer Modellwirkung gerechnet werden. Andere Zuschauer werden nun ihrerseits eher bereit sein, Hilfe zu leisten. So dürfte z.B. eine Live-Fernsehreportage über Helfer bei Überschwemmungen weitere Personen animieren, sich ebenfalls zu beteiligen. Bei der Elbe-Flut 2013 erwiesen sich auch die interaktiven Dienste Facebook und Twitter dahingehend als effektiv. Gelegentlich wirkt dieser Ansteckungseffekt so stark, dass mehr Helfer als notwendig zur Verfügung stehen.

Besonders im Zusammenhang mit der weiter oben beschriebenen Aufgabe, Zuschauer aus der Situation zu entfernen, könnte man auf der Basis der postulierten latenten Handlungsbereitschaft sogar erwägen, einige Zuschauer für genau diese Aufgabe, nämlich andere Zuschauer auf Distanz zu halten, einzusetzen.

Unter Einbeziehung aller Hinweise könnte dies konkret etwa wie folgt umgesetzt werden:

»Sie hier vorne im grünen Mantel und Sie im roten Pullover, Sie können mir jetzt sehr helfen! Bitte halten Sie die anderen Zuschauer hier mindestens 20 Meter entfernt! Wir brauchen hier dringend Platz für die Lagerung von Rettungsmaterial!«

Zusammenfassung:
Das Zuschauen kann gebilligt, ignoriert oder unattraktiv gemacht werden. Zuschauer können entfernt oder durch gezielte Hilfsaufgaben in das Geschehen eingebunden werden. Dabei sollten einzelne Zuschauer gezielt angesprochen und mit konkreten Aufträgen betraut werden.

6.4 Hilfe von psychosozialen Notfallhelfern (PSNH)

Psychische Erste Hilfe sollte – wie dargelegt – von sämtlichen Helfern praktiziert werden. Wenn jedoch Notfallopfer oder Angehörige, Augenzeugen oder Verursacher starke psychische Reaktionen zeigen, sollte ein psychosozialer Notfallhelfer gerufen werden (s. Kap. 4.1.3). Im Folgenden sollen die Aufgaben von psychosozialen Notfallhelfern detaillierter erläutert werden.

6.4.1 Einsatzplanung

Ein psychosozialer Notfallhelfer sollte versuchen, sich bereits bei seiner Alarmierung Informationen über das Geschehen zu verschaffen. Das in Abbildung 7 dargestellte Formblatt kann als Checkliste verwendet werden. Es sollte am Telefon bereit liegen bzw. während der Dienst- oder Bereitschaftszeit mitgeführt werden.

Checkliste zur Einsatzplanung

Anrufer
- Name des Anrufenden:
- Auftraggeber (Organisation):

Vorfall
- Was ist passiert? (Typ des Notfalls)
- Wann?
- Wo?
- Wie viele Personen sind betroffen?
- Wie heißen die Betroffenen?
- Wo befinden sich die Betroffenen?
- In welchem Verhältnis stehen die Betroffenen zueinander?

Zustand der direkten Notfallopfer
- In Sicherheit?
- Körperlicher Zustand?
- Psychische Symptome?
- Direkte Aussagen, Äußerungen der direkten Notfallopfer?
- Wer hat die Betreuung angeboten, verlangt?
- Wird eine Betreuung explizit gewünscht?

Zustand indirekter Notfallopfer
- Siehe direkte Notfallopfer.

Organisation
- Wer leitet den Einsatz?
- Wo befindet er sich?
- Welche Organisationen sind vor Ort?
- Welche Räume stehen zur Verfügung?
- Abholung durch wen oder eigenes Fahrzeug?
- Von wem können ggf. noch weitere Informationen eingeholt werden?
- Welche Informationen zu den Ursachen gibt es?

Abb. 7 ▶ Checkliste für die Einsatzplanung

Diese Checkliste für die Einsatzplanung sollte in der Regel akribisch durchgegangen werden. Das Einholen entsprechender Informationen vor Ort kann wesentlich schwieriger sein.

Sodann hat der psychosoziale Notfallhelfer zu entscheiden, ob er Kollegen mit heranziehen muss. Auf alle Fälle sollten Telefonnummern von Kollegen bereit liegen, die im Fall des Falles angerufen werden könnten.

Notärzte und Rettungsdienstmitarbeiter führen normalerweise einen genormten Notfallkoffer mit sich, der für ihre medizinische Hilfe die wichtigsten Geräte und Medikamente enthält. In ähnlicher Form sollte für den psychosozialen Notfallhelfer auch ein psychologischer Notfallkoffer zusammengestellt (und nach jedem Einsatz wieder aufgefüllt) werden. Er sollte enthalten:

Inhalt des psychologischen Notfallkoffers

- Visitenkarten
- Ansteckkarte mit dem eigenen Namen sowie Leerkarten
- 20 vorgedruckte Zettel zur Informationen für Betroffene und Angehörige über psychologische Symptome bei Notfällen
- 20 Merkblätter mit Adressen von Nachsorgeeinrichtungen für Betroffene
- 3 Packungen Papiertaschentücher
- Regeln der Psychischen Ersten Hilfe
- Notizblock und Schreibbrett
- Handy
- Feuerzeug
- Schere
- Hefter
- 10 Stifte
- 2 Flaschen stilles Mineralwasser
- 20 Plastikbecher und Umrührstäbchen
- Tüte mit abgepackten Schokoladenstückchen
- Kaugummi
- 1 größerer Plastiksack (für Abfall)
- 2 Rollen Toilettenpapier
- Seil
- 3 Kuscheltiere mindestens 30 – 50 cm groß
- Malstifte, Malblock, Bilderbuch
- Taschenlampe
- 1 medizinischer Erste-Hilfe-Koffer

Abb. 8 ▶ Psychologischer Notfallkoffer

6.4.2 Der Einsatz

Trifft der psychosoziale Notfallhelfer am Einsatzort ein und es handelt sich nicht um den häuslichen Bereich des Notfallopfers, wird er sich zunächst bei dem Einsatzleiter melden und erfragen, wo er gebraucht wird, welche weiteren Informationen vorliegen und welche räumlichen Möglichkeiten zur Verfügung stehen. Seine Arbeit sollte möglichst an einem ruhigen Ort stattfinden, der außerhalb der Sicht der Unglücksstätte liegt. Bei Großschadensereignissen bauen Hilfsorganisationen spezielle Zelte auf, einige Städte haben hierfür auch ein spezielles Fahrzeug ausgerüstet. Damit andere Personen oder Medienvertreter nicht in dieses Fahrzeug schauen können, sind die Scheiben meist getönt.

Beim Umgang mit sämtlichen Notfallopfern sollte ein psychosozialer Notfallhelfer den Grundsatz anwenden, das Opfer auch in psychischer Hinsicht dort abzuholen, wo es sich befindet. Dafür bietet sich als Grundhaltung zunächst die klientenzentrierte Gesprächshaltung an (Rogers 1973), also ein nicht-direktives Vorgehen. In einer späteren Phase ist dann dem Opfer zu helfen, sich in der Realität wieder zurechtzufinden. Das Verhalten kann dann direktiver werden.

Dafür bieten sich folgende Einzelmaßnahmen an (ausführlich in Lasogga & Münker-Kramer 2009), wobei diese für den Einzelfall gelten, bei Großschadensereignissen muss das Verhalten ggf. modifiziert werden:

▶ Informieren

Der psychosoziale Notfallhelfer sollte sich zunächst vorstellen und dem Opfer explizit, ggf. auch wiederholt, mitteilen, dass es sich jetzt in Sicherheit befindet, falls dies notwendig ist. Sodann können, falls das Notfallopfer zu diesem Zeitpunkt Informationen erhalten möchte, weitere Einzelheiten über den Notfall mitgeteilt werden, z.B. über dessen Ursache, über das Vorgehen des Rettungsteams und über das weitere Geschehen. Diese Informationen tragen dazu bei, das Geschehen kognitiv einordnen zu können, was eine Bewältigung erleichtert. Diese gedankliche Strukturierung ist auch ein protektiver Faktor hinsichtlich der Entwicklung einer späteren psychischen Störung (vgl. Maercker 1997). Falls das Notfallopfer momentan noch keine Informationen darüber erhalten möchte, können sie auch später gegeben werden. Konkretes Beispiel:

»Guten Tag, mein Name ist Lesch. Ich bin zuständig für die Betreuung der Betroffenen hier. Wie ist Ihr Name? ... Herr ..., ich kann Ihnen versichern, dass Sie sich jetzt in Sicherheit befinden und dass wir gemeinsam überlegen können, was nun geschehen soll. ... Soweit wir bisher erfahren haben, ist – wahrscheinlich durch den Geiselnehmer – eine Explosion verursacht worden, die im Moment von der Feuerwehr gelöscht wird. Es sind alle Rettungsorganisationen vor Ort und versorgen alle Betroffenen. Ich bleibe bei Ihnen, während diese Maßnahmen in Gang gesetzt werden, ggf. auch länger.«

▶ Beruhigen

Viele Notfallopfer sind sehr aufgeregt. Beruhigen im Sinne einer Reduzierung des Erregungsniveaus ist somit eine erste pauschale Aufgabe. Dies kann schon durch obige Informationen geschehen. Zusätzlich sind noch folgende Maßnahmen zu erwägen:

- *Körperkontakt:* Empfehlenswert: Hand halten, Hand auf Arme oder Schulter legen. Weiter gehender Kontakt wie In-den-Arm-nehmen sollte nur dann angewandt werden, wenn das Opfer in irgendeiner Weise signalisiert, dass ihm das angenehm sein könnte.
- *Weinen:* Weinen lassen, auch auffordern zum Weinen, wenn das Opfer mit den Tränen kämpft. Dokumentieren, dass man das akzeptieren kann (*»Sie können ruhig weinen, das hilft!«*).
- *Atmung:* Das Opfer auffordern, sich auf die Atmung zu konzentrieren und ggf. zusammen mit dem Helfer eine bestimmte Anzahl von Atemzügen (ca. zehn) ruhig durchzuführen.
- *Bildvorstellung:* Das Opfer auffordern, sich ein beruhigendes Bild vorzustellen (Alternativen: sich eine Farbe vorstellen, sich eine bestimmte Musik vorstellen). Das Opfer kann dazu aufgefordert werden, die Augen zu schließen. Wenn dies allerdings Angst erzeugt, sollte diese Instruktion wieder zurückgenommen werden.
- *Muskelentspannung (nach Jacobson):* Das Opfer wird aufgefordert, sich auf bestimmte Muskelgruppen zu konzentrieren, diese anzuspannen, die Spannung 10 Sekunden lang zu halten

und dann zu entspannen. Am besten geeignet sind dabei die Hände, die Arme und die Beine.

- *Gedankenstopp:* Bei diesem Verfahren wird das Opfer dazu angehalten, über das Geschehen zu sprechen; gleichzeitig soll es darauf vorbereitet sein, dass der Helfer es auffordern wird, an bestimmten Stellen den Redefluss und den Gedanken zu unterbrechen und an ein vorher vereinbartes positives Bild oder Ereignis zu denken.

Wenn derartige Maßnahmen durchgeführt werden, sollten dem Notfallopfer vorab immer die Gründe hierfür erklärt werden (»*Wie ich sehe, sind Sie noch sehr aufgeregt. Ich kenne eine Methode, die viele Menschen in einer derartigen Situation beruhigt. Wollen wir das einmal probieren?*«).

Die folgenden beiden Möglichkeiten sind zu erwägen, in ihrer Wirkung jedoch als ambivalent anzusehen:

- *Ablenkung:* Durch Gespräche über andere Themen wie Hobbies oder Arbeit kann das Opfer abgelenkt werden. Ein derartiges Gesprächsangebot kann ein- bis zweimal gemacht werden, dabei sollte allerdings die Reaktion des Opfers beobachtet werden. Einige werden dies akzeptieren und positiv empfinden, andere fast ärgerlich reagieren (»*Was wollen Sie jetzt denn in dieser Situation mit meinen Hobbies?*«).
- *Psychopharmaka:* Diese können nur durch Mediziner verabreicht werden und sollten höchstens in Extremfällen eingesetzt werden. Sie bieten nur eine temporäre Hilfe. Wenn ihre Wirkung nachlässt, können die Probleme wieder zum Vorschein kommen.

Das generelle Prinzip des Beruhigens ist in vielen Notfallsituationen angemessen. Allerdings gibt es auch wenige Fälle, in denen eher das Gegenteil, also das Aktivieren oder das Durchhalten indiziert ist. Hier ist an eingeklemmte Unfallopfer zu denken oder an Verschüttete, falls zu ihnen Kontakt besteht, möglicherweise auch an Geiseln und Schiffbrüchige. Dabei besteht jedoch auch ein Risiko: Von Rettungskräften wird gelegentlich berichtet, dass die derart aktivierten Personen dann nach der endgültigen Rettung zusammenbrechen und sogar sterben. Dieses Risiko wird man in diesen extremen Notfällen allerdings eingehen müssen.

▶ Durchsprechen der Situation und der Gedanken

Von den meisten Opfern wird es als positiv und spannungsmindernd erlebt, wenn sie einen Gesprächspartner haben, mit dem sie über das belastende Erlebnis sprechen können. Ein derartiges Gespräch besteht häufig aus drei Phasen:

1. eine emotional entlastende Phase (»Auskotzen«, »Dampf ablassen«),
2. eine kognitiv strukturierende Phase,
3. eine handlungsplanende Phase.

In der emotional entlastenden Phase ist das Reden selbst wichtiger als der Inhalt. Die beschriebene Methode des »aktiven Zuhörens« fördert dies. Der Sprechende erfährt, dass er reden darf, dass wahrgenommen wird, was er sagt, dass er akzeptiert wird und seine Äußerungen nicht analysiert oder bewertet werden.

Erst nach der emotional entlastenden Phase kann versucht werden, das Geschehen zu strukturieren. Die erlebte Situation wird z.B. in Unterpunkte gegliedert und damit von einem amorph-emotionalen Status in einen kognitiv strukturierten überführt (»*Was Sie bisher erzählt haben, zeigt, dass mindestens drei Faktoren dabei eine Rolle spielten, 1., 2. und 3. Sehen Sie das auch so?*«). Falls der Gesprächspartner sich gegen dieses Strukturieren wehrt, kann dies ein Indiz sein, dass die emotional entlastende Phase noch nicht abgeschlossen ist und noch weiter über emotional bedeutsame Themen gesprochen werden muss. Werden hier Befürchtungen geäußert, kann versucht werden, diese in der kognitiven Phase einer Realitätsprüfung zu unterziehen. Mit dem Betreuten wird durchgesprochen, wie konkret und real diese Befürchtungen tatsächlich sind (»*Für wie wahrscheinlich halten Sie es denn, dass der Täter wiederkommt?*«). Anschließend kann in der handlungsplanenden Phase überlegt werden, welche Schritte zukünftig unternommen werden könnten.

Allen Notfallopfern sollte ein Gesprächsangebot gemacht werden, sie sollten aber nicht dazu gedrängt werden. Nicht alle sind bereit und fähig, über das Erlebte zu sprechen. Manche benötigen Zeit, um das Geschehen zunächst für sich allein gedanklich zu strukturieren, oder es ist nicht ihre bevorzugte Coping-Strategie, über das Geschehen zu reden. Dann bietet sich nach einer Studien von Pennebaker (1997; s. auch Horn & Mehl 2004) eine sehr wirksame Alternative an: Schreiben! Die Instruktion lautet: *»Schreiben Sie an mindestens 5 Tagen ca. 15 Minuten über das Ereignis, das Sie bedrückt.«* Der Effekt tritt nach diesen Studien auch unabhängig davon ein, ob den Text jemand liest oder nicht.

▶ Ressourcen aktivieren

Es sollte nicht vergessen werden, dass viele Notfallopfer in der Regel nicht gestört oder beeinträchtigt sind. Viele der Betroffenen haben genug Ressourcen, um ihr Leben auch nach dem Notfall zu bewältigen. Gelegentlich ist es allerdings nötig, diese Ressourcen zu aktivieren. Dabei sind zwei Arten von Ressourcen zu unterscheiden:

Innere Ressourcen: Notfallopfer sollten erkennen, dass sie ihren Gefühlen und Empfindungen nicht hilflos ausgeliefert sind, sondern selbst etwas zu ihrer Stabilisierung beitragen können. Hierzu sind folgende Möglichkeiten hilfreich:

- Das Opfer kann aufgefordert werden, sich an eine ähnliche Situation zu erinnern, die es erfolgreich gemeistert hat und welche Verfahren und Methoden dabei geholfen haben (*»Haben Sie schon einmal eine ähnliche Situation erlebt? Was haben Sie damals gemacht, was hat Ihnen geholfen?«*).
- In der akuten Situation kann dem Betreffenden durch die Durchführung kleinerer Handlungen das Gefühl der wieder gewonnenen Selbstkontrolle vermittelt werden. So kann es z.B. dazu aufgefordert werden, sich ein Getränk selbst einzuschenken. Dann kann beispielsweise gesagt werden: *»Sie sehen also, so stark zittern Sie jetzt nicht mehr!«*

Äußere (soziale) Ressourcen: Helfer und Opfer können überlegen, welche äußeren Ressourcen zur Unterstützung aktiviert werden können. Zu den äußeren Ressourcen zählt vor allem die Aktivierung des sozialen Netzes: Familie, Freunde, Kollegen, Vorgesetzte, Mitarbeiter. Es sollte erarbeitet werden, welche Personen zu welcher Art von Hilfestellung angesprochen werden könnten, mit welchen Personen über das Geschehen geredet werden könnte, z.B. auch, wenn ein »Flashback« auftritt. Auch können Überlegungen angestellt werden, mit wem das Opfer die nächsten Stunden und Tage verbringen will. Wichtig ist auch die Analyse des Gegenteils, d.h. welche Personen vorerst nicht informiert und eingeschaltet werden sollten; schließlich sind das Verhalten und die Reaktion von Verwandten und Freunden nicht immer hilfreich.

▶ Psychoedukation

Bei psychoedukativen Maßnahmen handelt es sich im Wesentlichen um Informationen über mögliche auftretende Reaktionen und Hinweise, die für den Umgang mit dem Notfall im Alltag mitgegeben werden. Dadurch sollen Opfer und Angehörige in die Lage versetzt werden, Reaktionen adäquat zu bewerten und sich nach dem Notfall wieder im Alltag zurechtzufinden und mit den entstandenen Belastungen angemessen umzugehen. Die Wirksamkeit dieser Maßnahmen konnte in verschiedenen Bereichen gut nachgewiesen werden (s. MANZ 1998; HORNUNG 1998). Sie sind allerdings erst dann zu ergreifen, wenn das Notfallopfer sich beruhigt hat und stabilisiert ist.

Unter die psychoedukativen Maßnahmen fallen die folgenden:

1. *Aufklärung über mögliche Reaktionen*
   Notfallopfer können darauf hingewiesen werden, dass nach einem erlebten Notfall bestimmte Reaktionen auftreten können. Dies können beispielsweise Schlaflosigkeit oder »Flashbacks« sein. Diese sollten die Notfallopfer jedoch nicht beunruhigen, eine häufig verwandte Formulierung lautet: *»Es handelt sich hierbei um normale Reaktionen auf ein unnormales Ereignis.«* Es sollte betont werden, dass derartige Reaktionen zum Verarbeitungsprozess gehören und meistens nach einiger Zeit abklingen. Allerdings muss auch bedacht werden, dass diese Informationen im Sinne einer »Self-fulfilling prophecy« erst zu diesen Reaktionen führen können. Deshalb muss deutlich betont werden, dass die Symptome auftreten *können*, aber *nicht* zwangsläufig auftreten *müssen*.

2. *Kontrolle behalten*
   Generell ist es günstig, wenn ein Notfallopfer die Kontrolle über sein Leben nicht aus der Hand gibt, sondern sich bemüht, es weiterhin aktiv zu gestalten. Die Opfer sollten sich also vor-

nehmen, im Alltag nicht abzuwarten, sondern etwas zu planen und durchzuführen. Dies kann die Wiedereingliederung in den Beruf sein, die Ausübung von Hobbies, aber auch präventive Arbeit bezüglich einer möglichen Wiederholung des erlebten Notfalls (Vorbeugemaßnahmen bei sich und anderen gegenüber Einbruch, Raubüberfall, Vergewaltigung). Andere Möglichkeiten sind das Erlernen von Selbstverteidigungstechniken oder Selbstbehauptungsstrategien.

3. *Hobbies ausüben*
Eine leichte sportliche Tätigkeit wie Joggen, schnelles Gehen, Rad fahren, Schwimmen hat (nicht nur für Notfallopfer) eine positive Auswirkung ebenso wie die Ausübung von Hobbies wie Malen oder Musizieren. Natürlich wirkt sich auch eine gesunde Ernährung immer positiv aus, und es ist sicherlich nicht schädlich, wenn ein Notfall Anlass ist, sich hier umzustellen.

4. *Entspannungstechniken*
Das Erlernen von Entspannungsverfahren, wie beispielsweise Progressiver Relaxation, Autogenem Training oder Meditation ist ebenfalls zu empfehlen. Entsprechende Techniken können in wenigen Wochen erlernt werden und werden von verschiedenen Organisationen wie den Volkshochschulen angeboten.

5. *Reden*
Maercker (1997) berichtet über empirische Belege, die aufzeigen, dass Personen, die über einen Notfall reden können, sich wohler fühlen und einen besseren Gesundheitszustand aufweisen. Opfer sollten somit animiert werden, möglichst viel und auch wiederholt über das Erlebnis zu sprechen. Manchen muss dabei die Furcht genommen werden, dies sei ein Ausdruck von Schwäche oder »Unmännlichkeit«.

6. *Schreiben*
Auch das Aufschreiben der Gedanken und Gefühle oder das Führen eines Tagebuchs kann positiv sein. Dadurch werden die Gedanken geordnet und in die eigene kognitive Struktur eingepasst (s. Horn & Mehl 2004).

7. Gedankenstopp
Wer spürt, dass ihn allmählich die Angst übermannt, sollte – im Sinne des »Gedankenstopps« – versuchen, sich an gute Gefühle und positive Situationen zu erinnern.

8. Verhalten neu bewerten
Der psychosoziale Notfallhelfer könnte das Opfer auch darüber informieren, dass es nicht allein mit seiner momentanen Reaktion dasteht, sondern andere Menschen in einer derartigen Situation ähnliche Gefühle und Gedanken hegen und ähnliche Verhaltensmuster zeigen. Dies hat in der Regel ebenfalls eine beruhigende und erleichternde Wirkung. Diese Information soll eine Neubewertung (Reframing) des eigenen Verhaltens und der Emotionen auslösen. Man erfährt, dass Ängste oder das Wiedererleben einer derartigen Situation nicht außergewöhnlich und damit nicht bedrohlich sind.

9. Weitere Hilfsangebote nutzen
Wichtig ist auch die Information über weitere Hilfsangebote. Die Opfer sollten darauf hingewiesen werden, dass sich schwere Symptome durch psychotherapeutische Maßnahmen bessern lassen. Allein das Wissen um weitere bestehende Hilfsmöglichkeiten erzeugt eine positive Wirkung, selbst wenn sie nicht wahrgenommen werden.

10. Vorbereitung auf Medien
In einigen Fällen, insbesondere, wenn es sich um einen spektakulären Einzelnotfall oder ein Großschadensereignis handelt, sollten die Opfer auch darüber aufgeklärt werden, dass Medienvertreter sie aufsuchen könnten. Diese verhalten sich oft aufdringlich. Notfallopfer sollten sich vorher überlegen, ob und in welcher Form sie Auskunft geben wollen. Einige werden es genießen, derartig im Mittelpunkt des Interesses zu stehen und z.B. »im Fernsehen« zu erscheinen. Ihnen sollte verdeutlicht werden, dass, wenn man sich erst einmal in ein Gespräch eingelassen hat, die Gefahr besteht, bei geschickten Interviewern mehr zu sagen, als man wollte. Eine ganze Reihe von Notfallopfern fühlt sich aber »überfahren« und unwohl

und möchte lieber in Ruhe gelassen werden. Ihnen sollte vermittelt werden, dass es legitim ist, sich zur Wehr zu setzen und wie das geschehen könnte (*»Bitte haben Sie Verständnis, dass ich in der Öffentlichkeit nicht darüber reden will.«*).

11. *Umgang mit dem sozialen Umfeld*
Nicht nur Medienvertreter möchten gerne viele Informationen über das Geschehen haben. Auch Freunde, Berufskollegen, Nachbarn können das Opfer mit Fragen überfallen. Für den Umgang mit ihnen gilt das Gleiche. Es ist der Entscheidung des Opfers zu überlassen, mit wem es sprechen will und mit wem nicht. Auch hier ist es legitim, freundlich aber bestimmt abzulehnen.

Es empfiehlt sich für jeden psychosozialen Notfallhelfer, für diese psychoedukativen Maßnahmen ein Merkblatt zu entwickeln und dem Betroffenen auszuhändigen. In ihm sollten die wichtigsten Informationen nochmals zusammengefasst und weitere Daten und Hilfsadressen aufgeführt sein. Wichtig ist hier vor allem eine Telefonnummer, unter der der Helfer selbst oder ein Kollege erreichbar ist. Schon der Besitz dieser Nummer gibt ein Gefühl der Sicherheit, auch wenn sie nicht in Anspruch genommen wird. Ein Muster für ein solches Informationsblatt ist auf Seite 139 abgedruckt.

▶ Umgang mit Angehörigen

Über den Umgang mit Angehörigen wurde schon im Zusammenhang mit den Aufgaben der professionellen Helfer gesprochen. Angehörige können ebenso starke Reaktionen zeigen wie die Notfallopfer. Ein psychosozialer Notfallhelfer kann sich dabei zunächst an den Regeln und Maßnahmen orientieren, die für den Umgang mit den direkten Notfallopfern formuliert wurden. Hier sollen noch einige spezifische Problemsituationen diskutiert werden, beispielsweise wenn Angehörige, nachdem sie die belastende Nachricht erhalten haben, am Ort des Geschehens eintreffen. Hier sollten sie vom psychosozialen Notfallhelfer in Empfang genommen werden. Dessen wichtigste Aufgabe ist dann zunächst (wie beim Notfallopfer selbst) eine nüchterne und klare Information und die Beantwortung der Fragen.

Gegebenenfalls müssen dann die Angehörigen auf eine Begegnung mit dem Opfer vorbereitet werden. Sie sollten dann über physische und psychische Verletzungen des Opfers und dessen mögliche Reaktionen vorab informiert werden. Dazu gehören auch Informationen über unangebrachte Reaktionen, die das Opfer belasten könnten. Diese Hinweise werden in der Regel akzeptiert werden, da die Angehörigen verständlicherweise unsicher sind, wie sie mit dem Opfer umgehen sollen (*»Ihr Bruder ist im Gesicht verletzt und kann Sie möglicherweise nicht erkennen, sprechen Sie also deutlich zu ihm. Wenn er nicht gleich antwortet, heißt das nicht, dass er Sie nicht verstanden hat, sondern dass er im Moment noch sehr verwirrt ist. Berühren Sie ihn, aber bitte nur sehr vorsichtig!«*).

Allerdings gibt es auch nicht erwartete Reaktionen von Angehörigen, beispielsweise Wut (*»Ich habe meinem Mann schon so oft gesagt, er soll nicht so rasen!«*) oder Reaktionen wie Geschäftigkeit, Nüchternheit und Sarkasmus (*»Irgendwann musste das ja mal passieren, so unvorsichtig, wie der war!«*). Dies muss der psychosoziale Notfallhelfer akzeptieren können, auch wenn derartige Äußerungen auf den ersten Blick unangebracht und wenig hilfreich erscheinen. Für den konkreten Fall wäre dann zu unterscheiden, ob das Notfallopfer gleichzeitig anwesend sein soll/darf oder nicht. Im Falle der Anwesenheit sollte man diese Bemerkungen unterbinden (*»Ich glaube, es hilft jetzt wenig, darüber zu diskutieren.«*). Im Falle der Nichtanwesenheit kann man durchaus das Gespräch darüber führen (*»Fährt er denn wirklich so schnell?«*), allerdings nur, um die Angehörigen durch Reden zu entlasten, nicht um eine Schuld festzustellen oder zu bestätigen.

▶ Umgang mit Augenzeugen und Verursachern

Für den Umgang mit Augenzeugen und Verursachern bieten sich für einen psychosozialen Notfallhelfer im Prinzip die gleichen Möglichkeiten an wie für den Umgang mit den Opfern und Angehörigen: Informieren, Beruhigen, Durchsprechen der Situation, der Gedanken und Gefühle, Aktivierung von Ressourcen, psychoedukative Maßnahmen, Hinterlassen von Kontaktadressen, eventuell auch Übergabe des gleichen Informationsblattes, das die Notfallopfer erhalten.

▶ Informationsblatt für Notfallopfer, Angehörige und Augenzeugen

Im Folgenden ist ein Entwurf für ein Merkblatt abgedruckt, das Notfallopfern, Angehörigen und Augenzeugen im Sinne der Psychoedukation übergeben werden könnte und allgemeine Hinweise enthält, wie diese Personenkreise mit dem Geschehen umgehen sollten.

Information für Betroffene, Angehörige und Augenzeugen von Notfällen

Ein Notfall, wie Sie ihn erlebt haben, wird unterschiedlich verarbeitet. Die einen kommen schneller darüber hinweg, andere reagieren darauf mit psychischen oder körperlichen Symptomen. Sie stellen beispielsweise noch Tage nach dem Vorfall erhöhten Herzschlag, eine erhöhte Muskelanspannung oder Schweißausbrüche bei sich fest. Ebenso können Ängste, ein Gefühl der Leere oder Erinnerungslücken auftreten, manchmal auch Konzentrations- und Schlafstörungen, oder das Geschehene läuft schlagartig noch einmal wieder vor einem ab. Diese Reaktionen *können* auftreten, aber sie müssen es nicht. Sie sollten also nicht »auf sie warten«! Wenn sie doch eintreten, sollte Sie das nicht beunruhigen: Es sind *normale Reaktionen auf ein nicht normales Ereignis*.

Was sollten Sie jetzt tun? Wenn die oben genannten Reaktionen auftreten, klingen sie oft nach drei bis vier Tagen von selbst wieder ab. Sie können aber einiges tun, um sie zu vermeiden oder zu mildern. Hier einige Hinweise:

1. Gönnen Sie sich zunächst etwas Ruhe. Hören Sie Musik, die sie gerne mögen, oder stellen Sie sich entspannende Bilder vor.
2. Geben Sie dann aber Ihr Leben nicht aus der Hand! Bemühen Sie sich, es weiter aktiv zu gestalten! Gehen Sie wieder Ihrem Beruf nach, pflegen Sie Ihre Hobbies.
3. Betätigen Sie sich körperlich: spazieren gehen, joggen, Rad fahren, schwimmen etc.
4. Eine »gesunde Ernährung« (Gemüse, Obst, Fisch, Ballaststoffe etc.) ist immer nützlich, besonders in diesem Fall.
5. Sprechen Sie über das Erlebte, wenn Ihnen danach ist. Klären Sie Ihre Gesprächspartner darüber auf, dass Ihnen dies hilft, auch wenn Sie sich wiederholen!

6. Überlegen Sie, ob Sie das Erlebte nicht in irgendeiner Form aufschreiben (oder aufmalen) möchten!
7. Sollten andere Personen wie Bekannte oder Vertreter der Medien Sie auf das Ereignis ansprechen, geben Sie nur Auskunft, soweit Sie dies wollen. Sie können aber auch deutlich sagen, dass sie darüber nicht sprechen wollen!

Sollten die Reaktionen nicht von selbst abklingen, sollten Sie innerhalb der nächsten Tage ein Gespräch wünschen oder sollten Sie an bestimmten Tagen (Weihnachten, Geburtstagen ...) Hilfe benötigen, können Sie unter folgender Nummer Kontakt aufnehmen:

Tel.: ______________________________

Sie werden dort immer jemanden erreichen!

Name, Adresse, Telefon, Fax, E-Mail des psychosozialen Notfallhelfers bzw. einer entsprechenden Organisation.

Abb. 9 ▶ Informationsblatt für Notfallopfer

6.4.3 Nachbetreuung

Bei vielen Betroffenen (Opfern, Angehörigen und Augenzeugen) genügt eine einmalige psychosoziale Notfallhilfe; sie bedürfen keiner weiteren Hilfe. Bei einigen sind jedoch weitere Kontakte und/ oder Maßnahmen notwendig. Hier können vom psychosozialen Notfallhelfer zunächst nochmals die oben beschriebenen Verfahren, die bereits vor Ort eingesetzt wurden, angewandt werden. Dabei sollte jedoch darauf geachtet werden, nicht mechanisch zu wiederholen, was sich schon beim ersten Kontakt bewährt hat, sondern die jeweilige aktuelle Befindlichkeit des Opfers als Ausgangspunkt zu nehmen.

Eine Aufgabe des psychosozialen Notfallhelfers kann u.a. sein, zu einem späteren Zeitpunkt Betroffene an den Ort des Geschehens zu begleiten. Dies kann beispielsweise bei einem Angestellten einer Bank notwendig sein, der an seinem Arbeitsplatz überfallen wurde (Morawetz 2000), oder bei einem Vater, der den Ort sehen möchte, an dem sein Kind tödlich verunglückt ist. Ähnliche Unterstützung kann auch angefordert oder angeboten werden, wenn Gerichtsverhandlungen stattfinden oder mit Versicherungen zu verhandeln ist.

Eine weitere Möglichkeit besteht in der Ermunterung von Betroffenen, Selbsthilfegruppen zu gründen, und dabei ggf. organisatorisch behilflich zu sein. Dies hat sich z.B. beim Flugunglück von Ramstein als nützlich erwiesen (JATZKO et al. 2001).

6.4.4 Akutintervention, Trauma-Therapie

Falls die genannten Methoden und Hilfsmaßnahmen nicht genügen, muss durch Fachkräfte eine *Akutintervention* durchgeführt werden. Wenn dies Psychologen sind, sollten auch sie eine entsprechende Zusatzausbildung im Umgang mit Notfallopfern haben. Ein Psychologiestudium und auch eine Psychotherapieausbildung sind hierfür allein nicht ausreichend. Sie können dann mit den Notfallopfern eine Akutintervention durchführen. Diese ist häufig einmalig oder umfasst nur wenige Sitzungen.

Bei einem kleinen Teil der Notfallopfer (Angehörige, Augenzeugen etc. mit einbezogen) reicht eine Akutintervention nicht aus. Für diesen Personenkreis wurden *Trauma-Therapien* entwickelt (FISCHER et al. 1998, SENDERA & SENDERA 2013). Sie bauen beispielsweise auf der kognitiven Verhaltenstherapie oder der Psychoanalyse auf. Allerdings werden einige Verfahren teilweise recht unkritisch und unreflektiert angewandt oder als »die Heilmethode schlechthin« angesehen, obwohl der Nachweis einer Effizienz aussteht. Schließlich soll auch nicht verschwiegen werden, dass nicht sämtlichen Notfallopfern psychologisch geholfen werden kann. Bei einigen werden trotz aller Maßnahmen die Symptome bestehen bleiben, wenn auch möglicherweise reduziert.

6.5 Hilfen für Helfer

Auch Helfer sind bei Notfällen vor, während und nach ihrem Einsatz psychologisch belastet. Belastend können aber nicht nur besonders dramatische Notfälle sein, sondern auch die alltägliche Arbeit und der damit verbundene Umgang mit Vorgesetzten, Kollegen oder Bedingungen wie beispielsweise Dienstzeiten etc. (ausführlich in: LASOGGA & KARUTZ 2012). Angemessen mit diesen Belastungen umzugehen, gelingt nicht immer. Vielfach sind auch die Helfer zu wenig

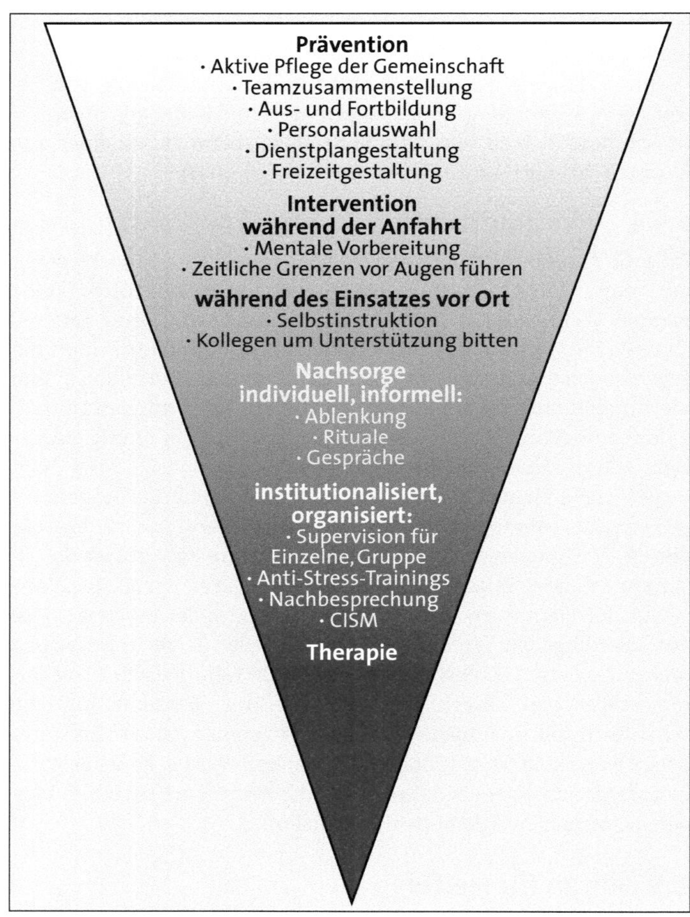

Abb. 10 ▶ Psychologische Hilfen für Helfer

über die Möglichkeiten der Prävention, Intervention und Nachsorge informiert. Abbildung 10 zeigt hierzu Möglichkeiten auf.

Das Dreieckschema deutet die Anzahl der Personen an, für die die einzelnen Maßnahmen indiziert sind. Von oben nach unten werden immer weniger Helfer die Maßnahmen benötigen. Über diese Möglichkeiten zu informieren, wäre bereits eine wichtige

Aufgabe in der Ausbildung der Helfer. Bei den präventiven Maßnahmen sind insbesondere vorgesetzte Stellen und Personen gefragt. Danach werden – analog zu den Notfallopfern – Verfahren der Intervention vor Ort und der Nachsorge eingesetzt werden können und müssen. Bei letzteren sind speziell ausgebildete Psychotherapeuten gefragt.

6.5.1 ... vor dem Einsatz

Es gibt eine ganze Reihe von präventiven Maßnahmen, die dazu beitragen können, dass bei Einsatzkräften die Belastungen durch die alltägliche Arbeit und durch besonders belastende Einsätze nicht zu negativen Folgen führen (ausführlich in LASOGGA & KARUTZ 2012). Wichtig sind beispielsweise die Teamzusammensetzung und das im Team herrschende soziale Klima. In einer Untersuchung von TEEGEN et al. (1997) wird ein »guter Zusammenhalt unter den Kollegen« an erster Stelle genannt, wenn es darum geht, belastende Einsätze durchzustehen.

Das Team ist auch wichtig bei einer verbreiteten Horrorvision von Helfern, der Angst vor einer völligen Blockade während der Rettungsaktion. Warum soll beispielsweise ein Notarzt einen erfahrenen Rettungsdienstmitarbeiter nicht fragen können: »*Haben Sie einen Vorschlag, was wir jetzt noch tun könnten?*« Bedauerlicherweise ist das Klima aber nicht immer dementsprechend vertrauensvoll (eine Notarztäußerung: »*Wenn man das als Notarzt tut, dann hat man bei diesem Team verschissen!*«). In diesen Fällen sind dann organisationspsychologische Maßnahmen zur Teamentwicklung dringend geboten.

Somit spielt die Personalplanung bei der Besetzung von Rettungsteams eine wichtige Rolle. Es ist nicht sinnvoll, mehrere unerfahrene Einsatzkräfte gleichzeitig zu einem Einsatz zu schicken. Stattdessen sollte jeweils ein erfahrener Helfer einen unerfahrenen begleiten. Diese einfache Grundregel wird jedoch sehr uneinheitlich praktiziert. Je nach Ort und Zeit gibt es Rettungsteams mit jahrelang eingespielten Kollegen, aber auch völlig zufällig zusammengesetzte (s. KAP. 5). Es empfiehlt sich auch, eingespielte Teams, die sich gut verstehen, möglichst nicht zu trennen. Von Bedeutung ist ebenso die Dienstplangestaltung. Teilweise gibt es selbst nach extremen Belastungen keine Pause, teilweise wird auch der Schichtdienst als recht anstrengend empfunden (GEBHARDT et al. 2006).

6.5.2 … während des Einsatzes

Viele Helfer beklagen sich über Stress vor und während des Einsatzes. Selbst erfahrene Kollegen geben zu, dass sie gelegentlich bei schwierigen Situationen z.B. zittern (Sefrin 2001). Sie sollten zunächst darüber aufgeklärt werden, dass Stress beim Einsatz eine normale Reaktion darstellt. Stress ist nicht von vornherein negativ zu sehen. Ein gewisses Ausmaß ist sogar erforderlich, um eine optimale Leistung zu erbringen. Wenn eine schwierige Aufgabe zu entspannt angegangen wird, führt dies zu einer schlechteren Leistung. Ein mittlerer Grad an Anspannung ist für viele Leistungen optimal. Bei sehr starkem Stress verschlechtert sich die Leistung wieder. Sollten Helfer also generell Stress als schädlich ansehen, so wäre ihnen zu raten, mithilfe eines kompetenten Gesprächspartners eine Neubewertung des Phänomens (Reframing) für sich vorzunehmen.

Günstig ist beim Einsatz eine grundsätzlich positive Einstellung: Hoffnung auf Erfolg führt eher zu adäquaten Verhaltensweisen als Furcht vor Misserfolg. Dementsprechend sollte bei der Fahrt zum Notfallort in etwa eine Einstellung wie die folgende vorhanden sein: *»Wir werden auf alle Fälle irgendwie helfen können!«* und/oder *»Ich bin gut ausgebildet!«* Negativ auf die Leistung wirkt sich Furcht vor Misserfolg aus, etwa im Sinne von: »Hoffentlich passiert mir kein Fehler!« Das Rettungsteam kann sich dabei durch derartige kleine Bemerkungen wechselseitig günstig beeinflussen. Auch die Erinnerung an erfolgreich bewältigte Stress- und Belastungssituationen ist in diesem Sinne hilfreich (*»Neulich beim Autobahnunfall haben wir es gut geschafft!«, »Wir sind für diese Situation die bestausgebildetsten Menschen.«*).

Bewährt hat sich auch das Konzept eines »mentalen Trainings«: Der Gesamtablauf des zu erwartenden Geschehens wird gedanklich Schritt für Schritt durchgegangen. Es ist dabei günstig, sich auf eine kleine Zahl von standardisierten, formalisierten Regeln oder Handlungsabläufen zu konzentrieren. Diese Handlungsabläufe sind in Gedanken zu wiederholen, z.B. das bekannte ABCDE-Ablaufschema (Atemwege – Belüftung – Circulation – Disability – Exposure). Hier könnten auch die Regeln zur Psychischen Ersten Hilfe noch einmal durchgegangen werden (sich vorstellen, informieren etc. …).

Ferner sollten bewährte Entspannungsverfahren wie das Autogene Training, meditative Verfahren oder die noch besser geeignete

Progressive Relaxation (Jacobson) in Grundzügen bekannt sein. Bei starker Anspannung gelingt es damit, innerhalb weniger Sekunden das Erregungsniveau auf ein adäquates Maß zu reduzieren. Entsprechende Kurse dauern in der Regel wenige Wochen. Wichtig ist aber, dass die gewählte Methode regelmäßig, z.B. mindestens dreimal in der Woche geübt wird.

Wenn ein Helfer merkt, dass die Gefahr besteht, am Ort des Geschehens von Angst übermannt zu werden, hilft eine kurze floskelhafte Selbstinstruktion. Nach einer empirischen Studie von Hermanutz & Buchmann (1994) verwenden viele Helfer (40 %) in einer derartigen Situation diese Methode. (»*Ich packe es, jetzt muss ich helfen. Jetzt reiß dich zusammen!*«). Eine andere Möglichkeit besteht darin, sich einige Sekunden lang auf eine ganz bestimmte begrenzte Routinetätigkeit zu konzentrieren (z.B. das Aufziehen einer Spritze, die Beobachtung des EKG-Monitors), um dann die Fassung wiederzugewinnen (Singer & Bengel 2004). Schließlich hilft auch – ebenso wie bei einem stark erregten Notfallopfer – die Konzentration auf die eigene Atmung, z.B. das bewusste, ruhige Vollführen von fünf bis zehn Atemzügen.

Wird der eigene Stress trotz dieser Hilfen generell als zu belastend empfunden, können speziell entwickelte Trainingsprogramme helfen, wie beispielsweise das »Stress-Impfungs-Training« (SIT) von Meichenbaum (2012). Dieses wurde speziell für Rettungsdienstmitarbeiter, Notärzte, Krankenpfleger, Feuerwehrleute, Polizeibeamte etc. entwickelt. Elemente dieses Programms sind: Situationsanalyse, Zielbestimmung, Widerstandsanalyse, Erinnerung an erfolgreich bewältigte Stress-Situationen, Vergleich mit der als am schlimmsten erlebten Stress-Situation, Horrorvisionen, Projektion. Diese Trainings werden allerdings nur von speziell ausgebildeten Trainern durchgeführt.

6.5.3 … nach dem Einsatz

Die Belastungen der Helfer nach einem Einsatz werden in der Öffentlichkeit in den letzten Jahren vermehrt diskutiert. Zuweilen besteht fast der Eindruck einer Überbetonung gegenüber den Problemen der Opfer. Natürlich können Helfer nach bestimmten Einsätzen sowohl physisch als auch psychisch belastet sein, ferner auch durch den alltäglichen Stress durch Vorgesetzte, Kollegen, Arbeitsmittelausstattung. Bei Helfern gilt ebenfalls das schon bei den Opfern aufgeführte Modell: Die Reaktionen auf die Belastungen fallen je nach Moderatorvariablen unterschiedlich aus. Beispielsweise wird von einer beim Eisenbahnunglück von Eschede eingesetzten erfahrenen Notärztin (200 – 300 Hubschraubereinsätze) berichtet, dass sie aufgrund der Eindrücke sechs Wochen nach dem Einsatz noch nicht in der Lage war, bei einem Kongress darüber zu referieren (Knobling 1998). Die Mehrzahl der Helfer ist allerdings relativ bald wieder ihrem Beruf nachgegangen.

Gemäß Abbildung 10 (S. 142) sollen im Folgenden Methoden des Umgangs mit den Belastungen aufgeführt werden, die von individuellen, informellen Verfahren bis zu institutionalisierten, organisierten Verfahren reichen.

▶ Individuelle, informelle Verfahren

Als erste Maßnahme ist den Einsatzkräften nach einem belastenden Einsatz zu empfehlen, Rituale durchzuführen wie zu duschen, neue Kleidung anzuziehen oder einen Kaffee zu trinken. Dies ist auch ein äußeres Zeichen, dass der Einsatz beendet ist. Auch die Möglichkeit sich abzulenken, beispielsweise durch Sport, Musik, Fernsehen, Lesen, Gartenarbeit, Computerspiele usw. kann hilfreich sein.

Als besonders hilfreich empfinden es die meisten Helfer auch, über die Erlebnisse zu sprechen. Dies wird auch von sehr vielen genutzt. Die Gesprächspartner können Kollegen sein, aber auch Familienmitglieder, Freunde und Bekannte. Dieser Personenkreis sollte jedoch darüber aufgeklärt sein, dass er damit dem Betreffenden hilft, und demnach eine entsprechende positive Einstellung gegenüber derartigen Gesprächen entwickeln, anstatt sie als Belästigung oder Schikane anzusehen (»*Immer spricht er über seine Einsätze, statt sich einmal um mich zu kümmern!*«). Vermerkt sei noch, dass dabei auch eine Prise Humor (auch Galgenhumor) nützlich und hilfreich sein kann. Dies wird gelegentlich von unaufgeklärten Gesprächspartnern als herzlos oder makaber erlebt, beruht jedoch auf einem Missverständnis (s. a. Gasch & Karutz 2013).

▶ Institutionelle, organisierte Verfahren

Eine Nachbesprechung sollte für jeden problematischen und schwierigen Einsatz erfolgen. Zu unterscheiden sind hier eine kurze Informationsnachbesprechung und eine längere Nachbesprechung. Beide sollten offiziell durch Vorgesetzte organisiert werden. Die kurze Informationsnachbesprechung sollte für alle Helfer, die bei diesem Einsatz tätig geworden sind, verbindlich sein. Sie sollte innerhalb von 24 Stunden nach dem Einsatz durchgeführt werden und maximal eine Stunde dauern.

Diese kurze Informationsnachbesprechung ist für einen psychologisch angemessenen Umgang mit komplexen und belastenden Einsätzen wichtig. Sie hat mehrere Funktionen: Einerseits sollten die Einsatzkräfte Informationen über den gesamten Einsatz erhalten und damit den Einsatz einordnen können. Als Fragen bieten sich an:

- Was ist gut gelaufen?
- Welche technischen und organisatorischen Fehler sind aufgetreten?
- Welche Verbesserungen können vorgenommen werden?

Diese Punkte sollten vom Vorgesetzten notiert werden. Er sollte auch auf die Umsetzung der Verbesserungsvorschläge achten. Nach drei Monaten kann eine Überprüfung stattfinden, ob die Umsetzung erfolgt ist.

Für alle Betroffenen ist dann durch diese Nachbesprechung auch signalisiert, dass der Einsatz nun beendet ist. Falls sich bei dieser kurzen Informationsnachbesprechung zeigt, dass Einsatzkräfte auch psychologische Themen wie die Belastung durch den Einsatz besprechen möchten, können selbstverständlich auch diese Themen behandelt werden.

Zwei bis drei Tage nach dieser kurzen Informationsnachbesprechung sollte noch eine ausführlichere Nachbesprechung angeboten werden. Als Dauer sind mindestens 60, höchstens 180 Minuten zu empfehlen. Die Teilnehmerzahl sollte 3 – 12 Personen betragen.

In dieser Nachbesprechung sollte vor allem die psychologische Wirkung auf die Beteiligten angesprochen werden. Dabei können folgende Fragen gestellt werden:

- Wie habe ich den Einsatz erlebt?
- Was war besonders belastend?
- Wie gehe ich jetzt mit dem Erlebten um?

Nicht alle Beteiligten wünschen allerdings eine derartige längere Nachbearbeitung, und sie ist auch nicht für alle angemessen. Daher sollte diese Maßnahme nur freiwillig erfolgen.

Eine weitere Möglichkeit einer Aufarbeitung von belastenden Einsätzen besteht in einer regelmäßigen Supervision. Letztendliches Ziel dieser Maßnahme ist die Verbesserung bzw. Aufrechterhaltung der Arbeitsqualität der Beteiligten, auch durch Maßnahmen zur Organisationsentwicklung. Supervision wird als »ein hochwirksames Instrument zur Optimierung polizeilichen Handelns« angesehen und trägt in bedeutsamer Weise zur Gesunderhaltung bei (Driller 2006). Supervisionssitzungen können mit ganzen Gruppen, aber auch mit Einzelpersonen durchgeführt werden. Thematisiert werden können dabei bestimmte Einsätze und der Umgang damit, aber auch beispielsweise generelle Folgen der Arbeit oder der Umgang mit Notfallopfern oder der Umgang mit der eigenen Person. Hinsichtlich der Organisation einer Supervisionsgruppe ist Folgendes zu berücksichtigen:

- Die Teilnehmerzahl sollte ca. fünf bis zehn Personen betragen.
- Die Treffen sollten regelmäßig, etwa alle ein bis zwei Monate zu einem festen Zeitpunkt stattfinden.
- Die Sitzungen sollten möglichst von einem externen Moderator geleitet werden.
- Die Dauer der Treffen sollte etwa eineinhalb bis zwei Stunden betragen.
- Die Treffen sollten in einem ruhigen Raum stattfinden, frei von Störungen; die Stühle sollten im Kreis stehen.

▶ Debriefing

Schließlich stehen auch formalisiert ausgearbeitete Methoden wie das »Critical Incident Stress Management« (CISM) (Mitchell & Everly 2005) zur Verfügung, um Belastungen abzubauen. Es handelt sich dabei um Vorschläge für drei Typen von Treffen (Demobilization, Defusing, Debriefing) zur Nachbereitung, die in ihrem Ablauf relativ strikt und formal organisiert sind. Diese Methode ist jedoch in Kritik geraten; der Nutzen und die Effektivität werden in zahlreichen Publikationen in Zweifel gezogen und sogar von negativen Effekten berichtet (Paulus 2001, Krüsmann 2003, Mitte et al. 2005). Teilweise wird aber auch diese Kritik wieder kritisiert, weil viele der beanstandeten Debriefings nicht standardisiert abgelaufen und die Leiter nicht immer ausreichend qualifiziert gewesen seien (vgl. WILLKOMM 2000). Dazu ist allerdings anzumerken, dass auch MITCHELL und EVERLY selbst keinen eindeutigen Beweis dafür anführen, dass diese Methoden helfen, selbst wenn sie in der von ihnen beschriebenen Form durchgeführt werden. Debriefings sollten somit nur auf freiwilliger Basis erfolgen. Die CISM-Methoden helfen nicht jeder Einsatzkraft, sondern sie können einigen helfen, sie können aber auch gar nichts bewirken oder sogar schaden.

▶ Psychotherapie

Einzelne Helfer können auch derartig beeinträchtigt sein, dass sie einer Psychotherapie bedürfen. Hier empfehlen sich die bewährten Formen, die auch von den Krankenkassen bezahlt werden. Auch eine Trauma-Therapie kann ebenso wie bei den Notfallopfern indiziert sein. Wichtig erscheint, hier eine Akzeptanz bei Kollegen zu schaffen. Jemand, der einen Psychotherapeuten aufsucht, sollte nicht als »Weichei« angesehen werden. Ebenso wie der Fernseher, der Wagen oder der PC manchmal nicht wie gewünscht funktionieren, kann dies auch mit der Psyche geschehen. Die Inanspruchnahme professioneller Hilfe spricht hier nicht für Schwäche, sondern für die Bewusstheit von persönlichen Grenzen und die Verantwortung für das eigene Wohlergehen.

Zusammenfassung:
Zahlreiche präventive Maßnahmen können dafür sorgen, dass bei Einsatzkräften keine negativen Folgen auftreten. Beim Notfalleinsatz ist Erregung normal, ein mittlerer Grad ist sogar optimal. Vergegenwärtigen Sie sich auf der Fahrt zum Einsatzort, was Sie erwartet und in welcher Reihenfolge Sie handeln wollen. Hoffnung auf Erfolg ist besser als Angst vor Misserfolg. Überstarker Stress kann durch Trainingsprogramme reduziert werden. Ein gutes soziales Klima und die Zusammensetzung des Rettungsteams sind wichtig. Zu empfehlen sind formelle und informelle Nachbesprechung und Supervision.

7 Spezielle Notfallsituationen

Die bisher aufgeführten Gedankengänge und Regeln stellen psychologische Grundpositionen dar, die für die meisten Notfälle (z.B. Unfälle aller Art, kriminelle Delikte, plötzlich einsetzende schwere Krankheiten) angewandt werden können. Kleinere Modifikationen bei bestimmten Personengruppen oder Varianten wurden bereits vermerkt. Im folgenden Kapitel werden einige spezielle Notfallsituationen betrachtet, bei denen zusätzliche Interventionen oder größere Modifikationen der Grundkonzeption erforderlich sind. Es versteht sich von selbst, dass dabei nicht alle Notfalltypen behandelt werden können. Neben den im Folgenden ausführlicher besprochenen hätten u.a. auch Vergewaltigung, Tot- bzw. Fehlgeburten, Plötzlicher Säuglingstod und der Erhalt einer schlimmen medizinischen Diagnose, z.B. Krebs, Aids eine ausführlichere Diskussion verdient.

7.1 Notfallsituationen bei Einzelpersonen

7.1.1 Akuter Herzinfarkt

Im Gesamtspektrum der medizinischen Notfallsituationen dominieren – entgegen der öffentlichen Meinung – nicht Unfall-Einsätze, sondern internistische Probleme vor allem im Zusammenhang mit kardiovaskulär (am Herzmuskel) begründeten Krankheitsbildern. Lifeline (2006) schätzt deren Zahl in Deutschland auf 280 000, 85 000 davon enden tödlich. Im Vergleich zu den jährlichen Todesfällen durch Verkehrsunfälle (3 600 im Jahr 2012) liegt diese Zahl also wesentlich höher. Etwa die Hälfte aller Todesfälle ereignet sich vor der Einlieferung in eine Klinik. Dies stellt eine besondere Herausforderung an die präklinische Versorgung dar.

Wie unter medizinischen Gesichtspunkten mit akuten Herzinfarktpatienten umgegangen werden sollte, wird in der medizinischen Literatur ausführlich dargelegt und auch in der Ausbildung vermittelt (Sedierung, Schmerzlinderung, EKG, Venenzugang usw.). Konkrete Hinweise zum psychologisch angemessenen Umgang sind jedoch kaum zu finden. Häufig lauten die Ratschläge lediglich *»Verbale Beruhigung des Patienten und der Angehörigen«*

oder *»persönliche Zuwendung des Arztes«* (Grosser et al. 1993), was immer das bedeuten mag.

Einige Hinweise lassen sich bereits aus dem medizinischen Krankheitsbild ableiten. Physiologisch betrachtet ist beim Herzinfarkt die Blutversorgung des Herzmuskels mehr oder minder stark eingeschränkt und damit die Sauerstoffversorgung des Gesamtorganismus in Gefahr. Daraus kann geschlossen werden, dass alles vermieden werden sollte, was den Sauerstoffverbrauch erhöht. Das Aktivitätsniveau des Patienten muss gesenkt werden. Konkret bedeutet dies: Vermeidung von körperlicher Bewegung und Verhinderung von Aufregung und Stress in jeder Form.

Um weitere Hinweise zum psychologisch angemessenen Umgang mit dieser Gruppe zu finden, wurden von den Autoren über 100 Herzinfarktpatienten und über 50 professionelle Helfer per halbstandardisiertem Interview über die psychologischen Begleiterscheinungen des Ereignisses und das Verhalten der Helfer befragt (Gasch & Lasogga 1999). Hierbei wurden die meisten generellen Regeln zur Psychischen Ersten Hilfe auch für diese Patienten bestätigt, allerdings gibt es auch einige Unterschiede.

Ein Unterschied besteht in der Diagnosestellung. Bei Unfällen ist sie nicht immer eindeutig möglich. Beim akuten Herzinfarkt dagegen ist die Situation meistens eindeutiger. Dementsprechend sollte der Patient realistisch, ohne dramatisierende, aber auch ohne beschönigende Worte über die Diagnose aufgeklärt werden (*»Sie haben wahrscheinlich einen Herzinfarkt, der muss in der Klinik behandelt werden.«*). In vielen Fällen stellt diese Diagnose für die Patienten keine Überraschung dar; die Mehrzahl aller Herzinfarktpatienten ahnt bereits aufgrund der Symptome, dass es sich um eine derartige Krankheit handelt (Kaltenbach 1989). Die Mitteilung der Diagnose wird dann in vielen Fällen sogar als Bestätigung und damit als entlastend erlebt. Die ersten Kontaktpersonen beim Herzinfarkt sind in den meisten Fällen die Ehepartner oder Verwandte. Dies wird von den allermeisten Patienten als beruhigend erlebt.

Der schon erwähnte Begriff der »Kompetenz der Helfer« gewinnt beim Herzinfarkt an Bedeutung. Dass diese »ihr Geschäft verstehen«, dass die medizinischen Maßnahmen reibungslos vonstatten gehen, dass der Eindruck entsteht, man habe »die Sache im Griff«, ist eine Schlüsselwahrnehmung, die den Patienten beruhigt und stabilisiert. Patienten erleben es beim Herzinfarkt auch als sehr positiv, wenn mit ihnen gesprochen und dabei Blickkontakt gehalten wird und wenn ihnen die Maßnahmen erklärt werden; mangelnde Informationsgabe hingegen wird von den Patienten beanstandet. Dem Patienten kann dabei auch explizit Mut zugesprochen und Zuversicht gezeigt werden, denn viele Patienten haben sehr starke Angst. Wenn die Angehörigen nicht stören, sollen sie in der Regel beim Patienten verbleiben dürfen. Sie können den Patienten gut unterstützen, auch wenn sie selbst häufig aufgeregt und ängstlich sind. Auf jeden Fall sollten sie von den Helfern beachtet werden, dies ist häufig schon im Rahmen der Medikamentenanamnese möglich oder sogar notwendig (»*Welche Tabletten hat Ihr Mann heute morgen eingenommen?*«, »*Suchen Sie bitte die Packungen zusammen!*« usw.). Zuschauer wie Arbeitskollegen oder andere Hausbewohner dagegen können freundlich aber bestimmt gebeten werden, den Raum zu verlassen.

Für besonders unangenehm und schädlich wird von den Patienten das Verbreiten von Hektik und Unruhe gehalten, zumal viele Herzinfarktpatienten ohnehin schon große Angst haben. Auch zuweilen vorkommende, stark negative Äußerungen (»*Das sieht aber gar nicht gut aus!*«) werden kritisiert. Belastend wirkt auch, wenn der Patient sich nicht ernst genommen fühlt. Gelegentlich wird auch ein zu routiniertes Verhalten des Rettungsteams beanstandet, insbesondere weil dadurch der Eindruck entsteht, der Patient werde nur als Krankheitsbild und nicht als Person wahrgenommen.

Zusammenfassung:

1. *Behandeln Sie den Patienten als erwachsenen Menschen und nicht als ein »Krankheitsbild«.*
2. *Begrüßen Sie den Patienten! Nennen Sie Ihren Namen und Ihre Funktion. Sprechen Sie den Patienten mit seinem Namen an (»Guten Tag, mein Name ist Müller, ich bin Notärztin; Herr Schulze, wir werden uns jetzt um Sie kümmern!«).*
3. *Sprechen Sie mit dem Patienten.*
4. *Geben Sie Informationen über das, was Sie machen (»Ich messe den Blutdruck.«, »Wir machen jetzt ein EKG.«, »Ich setze Ihnen jetzt diese Maske auf, durch sie bekommen Sie Sauerstoff, das wird Ihnen guttun!«).*

5. *Zeigen Sie, dass Sie kompetent sind, u.a. durch einen zügigen und ruhigen Vollzug der medizinisch notwendigen Verrichtungen.*
6. *Klären Sie den Patienten realistisch, aber vorsichtig, ohne dramatisierende, aber auch ohne beschönigende Worte über die Diagnose auf (»Sie haben wahrscheinlich einen Herzinfarkt, der muss in der Klinik behandelt werden.«, ggf. auch: »Ich kann noch keine endgültige Diagnose stellen, im Krankenhaus wird dies geklärt.«).*
7. *Belassen Sie die Angehörigen im Raum, wenn Sie das Gefühl haben, der Patient wird dadurch beruhigt, und Sie sich bei Ihrer Arbeit nicht behindert fühlen!*
8. *Lassen Sie den Patienten nicht allein!*

7.1.2 Öffentlicher Suizid

Die Einstellung der Gesellschaft zum Suizid (dieser wertneutrale Begriff ist dem des »Selbstmordes« vorzuziehen, da ein »Mord« »niedere Motive« voraussetzt, die in diesen Fällen kaum gegeben sind) war in der Geschichte der Menschheit unterschiedlich. Manche antike Auffassungen sahen darin das Maximum an Freiheit eines Menschen bzw. die höchste Form menschlicher Würde (z.B. bei Sokrates), während z.B. die (katholische) Kirche eine derartige Handlung verurteilte. Auch in der heutigen Gesellschaft finden sich unterschiedliche Auffassungen (z.B. »*Wenn er sich umbringen will, dann lasst ihn doch!*« vs. »Man muss jemanden von ›Selbstmord‹ abhalten, egal wie.«).

In Deutschland begehen jährlich etwa 10 000 – 15 000 Menschen Suizid, das sind mehr als die Sterbefälle durch AIDS oder durch Verkehrsunfälle. Die tatsächliche Anzahl dürfte noch höher liegen. So wird vermutet, dass eine ganze Reihe von tödlich endenden Autounfällen aus suizidaler Absicht herbeigeführt wird. Die Zahl der Suizidversuche abzuschätzen, ist äußerst schwierig, da die meisten nicht publik gemacht werden. Dementsprechend schwanken auch die Schätzungen: Sie reichen von 1:10 bis 1:50 (Suizid : Suizidversuch). Gesichert ist, dass Frauen mehr Suizidversuche begehen und Männer mehr Suizide.

In der Öffentlichkeit existieren einige Mythen über den Suizid, die nicht zutreffen. So ist beispielsweise der Satz »*Wer darüber spricht, tut es nicht.*« falsch: ca. 75–90 % aller Suizide wurden vorher angekündigt. Wenn jemand eine derartige Absicht äußert, sollte sie somit immer ernst genommen werden. Ein weiterer Mythos betrifft die äußeren Umstände, z.B. eine besondere Häufung zu bestimmten Jahreszeiten, Wochentagen oder Wetterlagen. Derartige Zusammenhänge sind kaum belegbar.

Die Gründe, warum jemand Suizid begeht, sind unterschiedlich. Als grobe Einteilung kann gelten:

- *Der Bilanz-Suizid:* Die Betreffenden sehen ihre Lebenssituation aus verschiedenen Gründen als aussichtslos an und ziehen rational die Konsequenz, die ihnen als einzig mögliche erscheint. Dieser Suizid geschieht meist geplant, unauffällig und effizient.
- *Der Suizid von psychisch kranken Personen:* Dieser geschieht in getrübtem Bewusstseinszustand, manchmal relativ blutig und grausam bei Schizophrenen, eher unauffällig bei Depressiven.
- *Der sozial-konfliktäre Suizid:* Hier stehen die Probleme in den Beziehungen zu anderen Menschen und zur Arbeit im Vordergrund. In diesen Fällen ist zu diskutieren, ob und wie häufig der Suizid oder Suizidversuch als ein letzter kommunikativer Appell an die Umgebung des Betreffenden interpretiert werden kann.

Die folgenden Ausführungen gehen davon aus, bei einem Suizidversuch auf alle Fälle einzugreifen, sofern noch eine Möglichkeit dazu besteht. Dies wird auch von unserem Rechtssystem gefordert (unterlassene Hilfeleistung, § 323c Strafgesetzbuch).

Wie bei fast allen notfallpsychologischen Situationen ist die wissenschaftliche und vor allem empirische Basis auch hier dürftig. Die folgenden Ausführungen beziehen sich auf die wenige Literatur sowie auf eine Serie von Interviews im Rahmen des Projekts »Psychische Erste Hilfe« durch die Autoren und Studierende, die Übertragung von Ansätzen aus anderen Notfallsituationen sowie auf Ableitungen aus allgemeineren psychologischen Theorien.

Suizide werden in verschiedenen Varianten verübt. Im Folgenden wird auf eine für Helfer besonders herausfordernde Situation eingegangen, den öffentlichen Suizid – meist ausgeführt in der Form des »Springens in die Tiefe«, von Strommasten, Brücken, Hochhäusern (die ebenfalls häufige Form, sich vor einen Zug zu werfen, soll hier ausgeklammert werden). Suizidsituationen dieser Art sind nicht selten: TRUM et al. (1987) berichten allein von 210 derartigen Vorfällen in Bayern im Jahr 1986. Warum es sich dabei überwiegend um Männer handelt, ist eine ungeklärte Frage, die noch weiterer Forschungsanstrengungen bedarf. Für einen Helfer sind derartige Situationen sehr problematisch. Er steht unter einem starken Druck. Dieser wird nicht nur dadurch erzeugt, dass er glaubt, durch eine falsche Bemerkung oder Reaktion werde der tödliche Sprung ausgelöst, sondern auch durch Zuschauer, Kollegen und ggf. durch die sehr schnell erscheinenden Medienvertreter. Dabei ist der Ausgang des Geschehens vom Helfer nur begrenzt beeinflussbar. Selbst wenn er alles richtig macht, kann er den Suizid nicht immer verhindern.

Beim Versuch, im Fall eines »öffentlichen Suizids« den Suizidalen von seinem Vorhaben abzubringen, sind folgende zwei Grundgedanken von Bedeutung:

1. Offenbar ist der Suizident noch nicht hundertprozentig davon überzeugt, sein Vorhaben durchzusetzen und schwankt in seiner Entscheidung, sonst würde er sofort nach dem Erreichen des Daches ohne zu zögern springen. HAACK (1998) beschreibt dies anschaulich so: Der Suizidale teilt nicht mit: *»Ich will nicht mehr leben!«* sondern: *»So, unter diesen mitmenschlichen und sozialen Bedingungen, will bzw. kann ich nicht mehr leben!«*. Somit handelt es sich nicht so sehr um den Wunsch zu sterben, als um den Wunsch, dass sich sein Leben ändert.
2. Der Suizident hat die Öffentlichkeit gewählt. Dies bedeutet, es »anderen zeigen zu wollen«. Was er zeigen will, bleibt allerdings zunächst unklar.

TRUM et al. (1987) vermuten folgende Ursachen für dieses ambivalente Verhalten (von den Autoren leicht modifiziert):

- Man will anderen ein Schauspiel liefern.
- Man will andere mit seinem Tod durch die dadurch bei diesen Personen induzierten Schuldgefühle bestrafen.
- Man will seinen Ehe-/Lebenspartner damit erpressen, beispielsweise in eine Scheidung einzuwilligen oder den Kontakt

zu den Kindern freizugeben oder die Beziehung wieder herzustellen.
- Man will einen generellen Hilferuf ausstoßen: *»Warum hilft mir denn keiner?«*
- Man will endlich ernst genommen werden.
- Man droht anderen: *»Wenn Ihr so weitermacht …«*

In dieser Situation, in der der Suizidale nicht mehr leben, aber anscheinend auch noch nicht sterben will, liegt eine Chance. Ein Helfer kann durch sein Verhalten genau das Körnchen auf die eine Waagschale legen, das zumindest einen Aufschub bedeutet. Bevor Helfer mit dem Suizidalen in Kontakt treten, ist jedoch einiges zu beachten:

- Zunächst ist für die eigene *Sicherheit* zu sorgen. Dies gilt für die rein technische Absicherung z.B. beim Gebrauch einer Leiter, aber auch für die Klärung der Frage, ob ein Suizidaler bewaffnet ist.
- Daneben sollte versucht werden, so viele Vorinformationen wie möglich über den Suizidalen einzuholen, z.B. ob Auslöser bekannt sind, eine psychische Erkrankung, Alkohol- oder Drogenkonsum vorliegen.
- Feuerwehr, Polizei, Rettungsdienst sollten ihre Signale (Blaulicht, Martinshorn) abschalten, ein eventuell vorbereitetes Sprungtuch sollte nicht sichtbar sein.
- Ob professionelle Helfer, die üblicherweise in Uniform oder Berufskleidung auftreten (Feuerwehr, Polizei, Ärzte), diese eher ablegen oder anlassen sollten, ist umstritten. Die Autoren sprechen sich für eine Zivilkleidung aus, weil damit eine gewisse »Normalität« in der Kommunikation signalisiert wird.
- Ein Megafon sollte nur dann verwendet werden, wenn keine andere Ansprechmöglichkeit besteht.
- Wenn man der These folgt, dass ein öffentlicher Suizid nur dann seine Wirkung erzielt, wenn Öffentlichkeit vorhanden ist, sollten Zuschauer, aber auch Polizei und Feuerwehr aus dem Gesichtskreis des Suizidalen entfernt werden. Dies verhindert auch, dass Zuschauer den Suizidalen durch Zurufe provozieren (*»Spring doch endlich!«*).

- Schließlich sollte viel Zeit (zwei bis drei Stunden) einkalkuliert werden. In einigen Fällen müssen sich Helfer sogar ablösen, weil die Intervention noch länger dauern kann.

Sodann besteht die Aufgabe darin, *Kontakt* zu der betreffenden Person herzustellen. Dies ist nicht einfach. Suizidgefährdete Personen befinden sich häufig psychisch in einer apathischen, verengten, in sich gekehrten Haltung. Sie überhaupt zu einem Gespräch zu bewegen, ist eine Aufgabe, die großes Geschick erfordert. Hier dürfte neben einer gründlichen Ausbildung auch die Intuition eine große Rolle spielen.

Generell kann dazu zunächst eine persönliche Vorstellung empfohlen werden. Dabei ist der eigene Name zu nennen und dann die Funktion, in der man vor Ort ist. Anschließend kann der Suizidale nach seinem Namen gefragt werden. *»Guten Tag, mein Name ist Müller, ich bin ... (Beruf oder Funktion, in der man vor Ort ist). Wie ist Ihr Name?«*

Gleichzeitig ist es notwendig, sich dem Suizidalen vorsichtig zu nähern. Der Helfer sollte dabei auf alle Fälle nicht bedrohlich wirken. Es muss deutlich werden, dass er die Rahmenbedingungen akzeptiert, die sein Gesprächspartner steckt. Auf keinen Fall sollte der Helfer zu nah an den Suizidalen herantreten. In diesem Sinne ist auch der Vorschlag, der teilweise in der Literatur genannt wird, nämlich dem Suizidalen eine Zigarette anzubieten, ambivalent zu bewerten. Einerseits stellt dies ein Gesprächsangebot dar, andererseits kommt der Helfer dem Klienten dabei so nahe, dass dieser es als Bedrohung oder als Herausforderung zum Handeln empfinden kann. Daneben besteht die Gefahr, dass der Suizidale trotzdem springt und den Helfer dabei mitreißt.

Förderliche Redewendungen können sein: *»Ich werde nicht näher herankommen, als Sie wünschen.«, »Bitte sagen Sie ›Halt‹, wenn ich Ihnen zu nahe komme!«, »Ich werde nicht näher kommen und Sie auch nicht anfassen.«, «Ist diese Entfernung o.k.?«, »Kann ich mich hierher stellen?«, »Ich bleibe hier stehen!«*. Derartige Sätze fordern vom Suizidalen, der in seinen Denk- und Fühlmustern eingeschlossen ist, einen ersten kognitiven Akt, eine Entscheidung, die sich mit der Außenwelt beschäftigt, ohne eine zusätzliche Bedrohung darzustellen. Anschließend sollte die Kommunikation fortgeführt werden. Dabei kann auch die eigene Motivation, die Betroffenheit angesprochen werden: *»Ich bin zu Ihnen gerufen worden, um Ihnen zu helfen. Sie müssen sehr verzweifelt sein, ist das richtig?«* TRUM et al. (1987) schlagen sogar leicht humorvolle Formulierungen vor: *»Jetzt bin ich ganz außer Atem vom Raufklettern!«, »Wie sind Sie denn da eigentlich heraufgekommen?«, »Warum stehen Sie denn hier oben?«.*

Nach der ersten Kontaktaufnahme sollte eine weitere Grundregel gelten: Reden und reden lassen. Das Reden lassen hat mehrere Aspekte:

- Wer redet, springt nicht.
- Der Helfer bekommt Informationen.
- Reden kann therapeutisch wirken.

Ein gutes Mittel, den Redefluss in Gang zu halten, sind Nachfragen zu den Themen, die vom Suizidalen vorgebracht werden. Beispiele: *»... und wie ging's dann weiter?«, » ... und was waren Ihre Gründe hierfür?«, »Können Sie das etwas ausführlicher schildern?«, »... und wer war da so dagegen?«.* Auch Zusammenfassungen dessen, was der Suizidale erzählt hat, sind angemessen: *»Nach dem, was Sie erzählt haben, lag es also weitgehend an der Beziehung zu diesem Vorgesetzten!«, »... und das Ganze hat Sie offenbar sehr belastet.«, »Das also hat dazu geführt, dass es Ihnen jetzt so schlecht geht.«.*

Hier das Beispiel eines möglichen, sich positiv entwickelnden Dialogs:

Helfer: *»Mein Name ist ..., ich bin ... Kann ich Ihnen helfen?«*
Klient: unmerkliches Kopfschütteln
Helfer: *»Wieso nicht?«*
Klient: *»Geht nicht.«*
Helfer: *»Warum nicht?«*
Klient: *»Mir ist nicht mehr zu helfen!«*
Helfer: *»Wieso nicht?«*
Klient: *»Da ist alles kaputt!«*
Helfer: *»Was zum Beispiel?«* ...

Da der Helfer in den seltensten Fällen die Vorgeschichte des Suizidalen kennt, sollte er sich im weiteren Verlauf des Gesprächs so »neutral« wie möglich verhalten und sensibel sein Gesprächsverhalten modifizieren, wenn er entdeckt, dass der Suizidale auf bestimmte Schlüsselworte oder -formulierungen negativ oder positiv reagiert.

Im Verlauf des Kontaktes besteht auch die Möglichkeit zu fragen, ob andere Gesprächspartner gewünscht werden (»*Soll ich jemand rufen, mit dem Sie sprechen wollen? Ihre Mutter vielleicht oder Ihren Vater?*«). Diese konkreten Vorschläge sollten unterbreitet werden, auch wenn man nicht weiß, ob diese Personen verfügbar sind, denn entweder akzeptiert der Betreffende den Kontakt mit diesen ihm nahestehenden Menschen, oder er lehnt aus einsichtigen Gründen ab (Beispiel: »*Meine Mutter ist ja schon lange tot!*«). Damit ist ein weiterer Anknüpfungspunkt gegeben, das Gespräch aufrechtzuerhalten. (Helfer: »*Wann ist sie denn gestorben?*« ... »*Woran?*«... »*Hat sie denn etwas zu tun mit Ihrer jetzigen Situation?*«). Sollte der Suizidale auf den Vorschlag der Gesprächsführung eingehen, müsste die betreffende Kontaktperson dann so instruiert werden, dass sie – zumindest in dieser Situation – auf kontroverse Diskussionen verzichtet und vorsichtige (aber möglichst unverbindliche) Zugeständnisse macht.

In der hier vorliegenden schriftlichen Kommunikationsform kann der Tonfall dieser Gespräche nicht dargestellt werden. Dabei ist er gerade in dieser Situation außerordentlich wichtig. Er sollte in etwa zwischen nüchtern und leicht wohlwollend liegen. Auf alle Fälle sollte er die emotionale Dramatik der Situation nicht verstärken, sondern abschwächen.

Leichter als die positiven Hinweise lassen sich Fehler von Helfern in der vorliegenden Situation aufführen:

- Das Problem herunterspielen: »*Das ist doch alles nicht so schlimm!*«
- Den Klienten belehren: »*Das sehen Sie falsch!*«
- Vorwürfe: »*Was haben Sie sich eigentlich dabei gedacht?*«
- Dramatisieren: »*Wissen Sie eigentlich, was Sie damit anderen antun?*«
- Falscher Trost: »*Es wird alles wieder gut*«, »*Morgen werden Sie anders darüber denken!*«
- Vergleiche: »*Anderen geht es noch schlechter.*«
- Bedrängen: »*Jetzt kommen Sie endlich runter!*«

Wie aus den Ausführungen erkennbar ist, ist der Aufbau einer Vertrauensbasis zum Helfer eine unabdingbare Voraussetzung. Daraus leitet sich ab, dass Tricks, Überrumpelungstaktiken oder körperliche Gewalt auch aus eigenen Sicherheitserwägungen nicht angewandt werden sollten. Die späteren Therapiebemühungen werden ansonsten erschwert, der Rückfall wahrscheinlicher. Auch sollte der Suizidale nicht mit Hilfsangeboten gelockt werden, die nicht eingehalten werden können. Wenn diese nicht realisiert werden, gibt es einen weiteren Grund für einen Suizid. Ein nicht unerheblicher Teil der Geretteten unternimmt weitere Versuche.

Gelegentlich wird auch von Konzepten berichtet, die auf dem Prinzip der paradoxen Intention aufbauen (*»Ich befehle Ihnen jetzt, zu springen!«*, *»Wenn Sie jetzt nicht sofort heruntersteigen, dann schieße ich!«*). Mag es auch Fälle geben, in denen diese Strategie erfolgreich war, den Autoren wäre die Furcht vor dem Misslingen zu groß, von den juristischen Aspekten und den eigenen Schuldgefühlen ganz abgesehen.

Nach der ersten Kontaktaufnahme ist ein besonders kritischer Moment im Ablauf des Geschehens der Rückzug. Erst eine große Szene machen und dann davon zurückzutreten – dies wird vom Suizidalen als Niederlage erlebt und stellt somit eine zusätzliche Belastung dar. Deshalb sollte ihm die Gelegenheit gegeben werden, das Gesicht zu wahren. Der Helfer hat in diesem Fall gute Voraussetzungen. Im positiven Fall hat der Suizidale im Verlauf der Gespräche in ihm einen der wenigen vertrauenswürdigen, akzeptierenden Menschen gefunden, sodass der Vorschlag *»Ich begleite Sie nach unten, wenn Sie jetzt zurückgehen wollen!«* gute Chancen hat, realisiert zu werden. Es kann auch versucht werden, das Problem direkt anzusprechen (*»Es ist sicherlich schwer, jetzt nach unten zu gehen. Ich finde diesen Schritt aber sehr wichtig und sehr mutig.«*). Der Helfer sollte den Betreffenden dann auch beim Abstieg begleiten. Um die Angst vor einer Blamage zu vermindern, kann auch das Angebot gemacht werden, ihn in eine Feuerwehruniform zu kleiden, um unerkannt ggf. auch inmitten einer Gruppe nach unten zu gehen.

Selbst bei diesem Ausgang ist aber das Problem noch nicht vollständig gelöst. Suizidale müssen gemäß den gesetzlichen Bestimmungen in eine psychiatrische Einrichtung gebracht werden. Dies erfolgt in den meisten Fällen durch die Polizei. Bei Suizidalen, die diese Prozedur kennen, löst dies zusätzliche Angst und/oder Aggressionen aus. So lange jedoch diese Rechtslage nicht zu ändern ist, bleibt für den Helfer nur die Variante einer Abschwächung dieses Geschehens. Dies kann schon durch die Benennung der entsprechenden Einrichtung geschehen, also nicht *»in die Psychiatrie«* oder die in der Bevölkerung üblichen, lokal variierenden Bezeichnungen (*»nach Aplerbeck«* in Dortmund, *»in die Hupfla«* in Erlangen), sondern beispielsweise *»... zu einem Krisenzentrum«*. So weit wie irgend möglich sollte der Helfer versuchen, den Suizidalen dorthin zu begleiten (*»Ich bleibe bei Ihnen, bis die Situation geklärt ist!«*). Am günstigsten ist es allerdings, den Suizidalen dazu zu bewegen, dass er selbst in eine entsprechende Einrichtung gebracht werden möchte. Bei der Verabschiedung ist es nützlich, dem Patienten seine Visitenkarte zu übergeben. Auch ein Anruf ein oder zwei Tage später kann eine zusätzlich positive Wirkung haben.

Die hier aufgeführten Hinweise enthalten keine Garantie. Trotz ihrer Befolgung kann sich die Situation ins Negative wenden. Für den Helfer sollte dann zumindest ein Trost sein, dass er alles versucht hat, um das Geschehen zu vermeiden. Eigene Schuldgefühle sind dann nicht angebracht. Eine weitere Aufgabe eines Helfers kann auch darin bestehen, mit Angehörigen des Suizidalen umzugehen. Bei einem eingetretenen Suizid wird sich die Aufgabe vor allem nach den Regeln richten, die in dem Kapitel »Überbringen von Todesnachrichten« aufgeführt sind. Noch mehr als bei anderen Todesfällen wird dabei auf mögliche Schuldgefühle zu achten sein, die nicht durch ungeschickte Formulierungen des Überbringers noch verstärkt werden sollten (Negativbeispiel: *»Haben Sie denn nicht mit ihm über dieses Problem gesprochen?«*). Bei einem verhinderten Suizid ist auf die vorliegenden psychotherapeutischen Angebote zu verweisen.

Zusammenfassung:

1. *Der Suizidale will nicht mehr leben, aber anscheinend auch noch nicht sterben. Darin liegt eine Chance.*
2. *Für die eigene Sicherheit sorgen!*
3. *Viel Zeit (zwei bis drei Stunden) einkalkulieren!*
4. *Vorinformationen über den Betreffenden einholen!*
5. *Möglichst kein Megafon verwenden!*
6. *Öffentlichkeit abschotten!*
7. *Den Suizidalen nicht mit Gewalt zurückreißen.*
8. *Sich vorstellen, den Suizidalen nach seinem Namen fragen.*

9. *Vereinbarungen über die Distanz treffen (»Ich werde nicht näher herankommen, als Sie wünschen«).*
10. *Reden und reden lassen!*
11. *Fragen, ob andere Gesprächspartner (Verwandte) gewünscht werden.*
12. *Begleitung anbieten!*
13. *Weiter Kontakt halten (»Ich bleibe bei Ihnen, bis die Situation geklärt ist!«).*
14. *Keine Schuldgefühle beim Missglücken der Hilfe!*

7.1.3 Wohnungseinbruch

In Deutschland finden jährlich 100 000–150 000 Wohnungseinbrüche statt. Dies hat natürlich große materielle Folgen, ein Wohnungseinbruch geht aber auch psychisch nicht spurlos an den Opfern vorüber (Hermanutz & Lasogga 1998). Fremde Personen haben die Wohnung betreten, alles durchwühlt, in die intimsten Winkel geschaut. Wertsachen, an denen man hing, wurden möglicherweise entwendet. Daher fühlen sich viele Einbruchsopfer in ihrer Wohnung nicht mehr so sicher und geborgen. Viele Opfer, insbesondere ältere, sind unmittelbar nach einem Einbruch sehr aufgeregt und verängstigt. Sie wirken nervös, teilweise hektisch, verstört (»*Das darf doch nicht wahr sein!*«). Einige Opfer sprechen von »*Panik*« oder einer »*Denkblockade*« oder berichten über Orientierungs- und Ratlosigkeit (»*Warum ausgerechnet wir?*«). Manche Betroffene sprechen mit jedem beliebigen Anwesenden über das Erlebte. Sie schildern jedem, der es hören oder nicht hören will, das Geschehnis in allen Einzelheiten und zeigen die Örtlichkeiten (Einstiegstelle, Schränke, die aufgebrochen wurden etc.). Beobachtet wird aber auch Empörung und Wut. Ein anderer Teil ist äußerlich ruhig und gefasst, manchmal entsteht sogar der Eindruck von Apathie oder Desinteresse. Diese Reaktion kann auch im Zusammenhang mit dem Vermögensstand der Opfer sowie dem materiellen Schaden stehen.

Einbrüche können auch mittelfristige (»*Ich konnte ein paar Nächte nicht schlafen.*«) und langfristige negative psychische Folgen auslösen. Viele befürchten, erneut Opfer zu werden (»*Immer wenn ich weggehe, denke ich, dass jemand einbricht.*«), wobei insbesondere der Gedanke an eine direkte Konfrontation mit dem Täter befürchtet wird. Diese Gefühle bleiben oft wochen- oder monatelang bestehen, das Ausmaß variiert allerdings stark. Einige der Opfer äußern sie gar nicht, dies muss allerdings nicht bedeuten, dass auch tatsächlich keine Angst besteht.

Viele Opfer ändern danach ihr Verhalten. Sie werden vorsichtiger, kontrollieren ihre Umgebung häufiger und treffen Vorsichtsmaßnahmen: Mechanische und elektronische Sicherungen werden eingebaut und die Haustür immer abgeschlossen, teilweise sogar die Türen innerhalb der Wohnung. Im Extremfall wird nach dem Einbruch das Haus bzw. die Wohnung während der Dunkelheit nicht mehr verlassen oder sogar der Wohnsitz gewechselt. In einigen Fällen werden Waffen besorgt. Auch in der Nachbarschaft wird man zumindest für eine gewisse Zeit aufmerksamer gegenüber fremden Personen. Für manche Personen verschlechtert sich dadurch die Lebensqualität erheblich. Bei einigen, wenn auch wenigen Opfern stellen sich sogar gesundheitliche Probleme ein, beispielsweise Schlaf- und Gleichgewichtsstörungen, auch Kopfschmerzen und sogar Magengeschwüre (s.a. DEEGENER 1996).

Eine besonders zu beachtende Gruppe stellen Kinder und ältere Personen dar. Kinder leiden teilweise mehr unter den Folgen des Einbruchs als die Eltern. Einige entwickeln so starke Ängste, dass sie Schlafstörungen bekommen bzw. dass sie nicht mehr alleine im Hause bleiben möchten. Für einige ältere Menschen bricht eine Welt zusammen. Bei ihnen sind ein besonders großes Unsicherheitsgefühl, Hilflosigkeit und Angst vor einer Wiederholung zu verzeichnen.

Bei Einbrüchen ist das Verhalten der aufnehmenden Polizeibeamten von großer Bedeutung für die psychischen Folgeerscheinungen bei den Betroffenen. Generell wird als angenehm empfunden, wenn Polizeibeamte ausführlich mit den Opfern reden und evtl. auch mit den Kindern Kontakt suchen. Auch Fachkompetenz, sachliches, kompetentes Auftreten, verbunden mit professioneller Arbeit wird als positiv bewertet, z.B. das Ernstnehmen der Angelegenheit durch intensive Spurensicherung. Dass man sich für ältere Personen besonders viel Zeit nehmen sollte, wurde schon bei anderen Notfällen empfohlen. Als negativ empfinden Opfer eine deutlich sichtbare Routine, verbunden mit Gleichgültigkeit und Desinteresse. Auch Äußerungen, die das Ereignis bagatellisieren bzw. herunterspielen, werden beklagt (HERMANUTZ & LASOGGA 1998).

Besonders wichtig ist eine Beratung der Einbruchsopfer. Professionelle Helfer (Polizei) sollten von sich aus über Hilfs- und Präventionsmöglichkeiten informieren und auf Sicherungseinrichtungen, aber auch auf Beratungsstellen aufmerksam machen. Auch eine Hilfestellung in Bezug auf die Abwicklung des Schadensfalles mit Versicherungen und Ämtern wird als positiv empfunden. Da Einbruchsopfer in der Situation häufig verwirrt sind, sind sie teilweise nicht in der Lage, sich in der aktuellen Situation sämtliche Informationen zu merken. Deshalb bietet es sich an, ein kurzes Faltblatt mitzuführen, das jedem Einbruchsopfer übergeben wird. Dieses sollte folgende Informationen enthalten:

- Ein Einbruch geht an kaum einem Menschen spurlos vorüber.
- Es erleichtert, mit Nachbarn, Freunden, Bekannten zu reden.
- Sie können Ihr Haus folgendermaßen sichern:
  ____
  ____
- Sollten Sie Rückfragen haben, können Sie die Polizei unter folgender Telefonnummer erreichen: ______________
- Weitere Informationen über die Sicherung des Hauses etc. erhalten Sie bei (Adresse): ______________
  ____
- Weitere Hilfe können Sie auch bei Opferhilfeorganisationen wie dem »Weißen Ring« erhalten. Telefonnummer:
  ____

Abb. 11 ▶ Informationsblatt für Opfer von Einbrüchen

Schließlich wünschen sich die meisten Opfer von Einbrüchen eine spätere Information der Polizei, was aus »ihrem Fall« geworden ist. Deshalb ist ein kurzer Anruf etwa nach vier Wochen zu empfehlen.

7.2 Großschadensereignisse

Neben einzelnen, persönlichen Notfallereignissen treten auch Situationen ein, in denen nicht nur ein Individuum sowie einige weitere Personen wie Angehörige, Augenzeugen etc. betroffen sind, sondern sich eine Vielzahl von Menschen plötzlich in einer Notlage befindet: Bus-, Bahn- oder Flugzeugunglücke, Lawinenunglücke, Bergrutsche, Großbrände, Überschwemmungen, Erdbeben, Attentate, Massenschießereien bis zu Aufständen und Kriegen. Hier bekommt die Frage des adäquaten Helfens nicht nur eine andere Quantität, sondern auch eine andere Qualität. Vor den medizinischen und psychologischen Hilfeleistungen stehen vor allem technische und organisatorische (auch organisationspsychologische) Maßnahmen im Vordergrund. In diesem Kapitel soll beispielhaft auf zwei derartige Situationen eingegangen werden, das Großschadensereignis und die »Katastrophe«.

Die Definition eines Großschadensereignisses ist nicht einheitlich. Verwandt werden auch die Begriffe »Großschadensfall«, »Massenanfall von Verletzten (MANV)« und »Katastrophe«. Meist hilft man sich mit der pragmatischen Formulierung, dass ein Großschadensereignis dann vorliegt, wenn die Anzahl der Betroffenen die Sofortkapazität der regulären Einsatzkräfte und -mittel übersteigt. Das kann in dünn besiedelten Bereichen und damit geringer Rettungsmitteldichte auch schon ein Verkehrsunfall mit fünf Schwerverletzten sein. In der Regel wird jedoch ein Großschadensereignis bei höheren Zahlen von Betroffenen angenommen. Dann wird eine spezielle organisatorische Struktur in Gang gesetzt (Polizei, Feuerwehr, Leitender Notarzt, Organisatorischer Leiter, ggf. Stäbe etc.).

In einigen Bundesländern wird bei derartigen Ereignissen zwischen »Großschadensereignis« und »Katastrophe« unterschieden, in anderen, (zum Beispiel in Rheinland-Pfalz und Nordrhein-Westfalen) nicht (Peter et al. 2001). Sofern es den Begriff »Katastrophe« in den Ländergesetzen gibt, ist ein bürokratischer Unterschied zum Großschadensereignis relevant. Während bei einem Großschadensereignis die üblichen Rettungsinstanzen in eigener Entscheidung aktiv werden, muss eine Katastrophe erst »verkündet« werden, und zwar von der jeweiligen Katastrophenschutzbehörde. Diese wird dann beispielsweise vom Oberkreisdirektor bzw. vom Oberbürgermeister einer kreisfreien Stadt repräsentiert.

7.2.1 Reaktionen der Bevölkerung

Eine Erkenntnis der bisherigen Forschung zur Reaktion von Menschen bei (beispielsweise) Naturkatastrophen ist, dass es kein typisches Verhalten gibt. Die Reaktionen sind vielfältig, zum Teil auch irrational. Entgegen der öffentlichen Meinung kommen Panikreaktionen nur äußerst selten vor.

Bei Naturkatastrophen entwickelt sich oft ein *»situativer Altruismus«*, d.h. eine gesteigerte wechselseitige Hilfeleistung (Quarantelli 1999). Manche Autoren sprechen sogar von einer *»disaster subculture«*. Damit ist gemeint, dass die Betroffenen sehr anpassungsfähig und wechselseitig hilfsbereit reagieren. Oftmals organisieren sie sich spontan in einer Reihe von informellen, lokal orientierten Hilfsgruppen. Diese versuchen dann, die Situation erträglicher zu gestalten oder zu bewältigen. So berichtet Russell (1994) von einem Tornado 1979 in Texas, bei dem 5 000 Personen Hilfe benötigten, aber nur 13 % diese von den großen, offiziellen Hilfsorganisationen erhielten. Die übrigen wurden von Nachbarn oder lokalen Gruppen versorgt. Insgesamt 59 %, also weit über die Hälfte der unverletzt gebliebenen Einwohner, haben dabei in irgendeiner Form Hilfe geleistet. Teilweise berichtete die Presse im Jahr 2013 auch fast »euphorisch« von den zahlreichen freiwilligen Helfern angesichts einer Flutkatastrophe in den südlichen und östlichen Bundesländern.

7.2.2 Organisatorische Probleme

Für die Koordination und Kooperation der Einsatzkräfte liegen unterschiedliche Konzepte vor (Lasogga & Kus 2013). Diese sind in der Makrostruktur sehr ähnlich, unterscheiden sich aber durchaus in der Mikrostruktur. Die Feuerwehrdienstvorschrift 100 (FwDV 100) gilt bundesweit und regelt die Führung bei einem feuerwehrtechnischen Einsatz. Die Polizeidienstvorschrift 100 Teil M (PDV 100) regelt die Grundsätze für die Zusammenarbeit zwischen Polizei, Rettungsdienst und Betreuungsdienst. Die Einsatzhierarchie bei Großschadensereignissen stellt Abbildung 12 dar.

Die problematische Phase bei einem Großschadensereignis ist nicht etwa dann gegeben, wenn alle diese Instanzen vor Ort sind, sondern in der Zeit davor, also vom Eintritt des Ereignisses bis etwa 30–60 Minuten danach. Hier herrscht oft Chaos, und eine Vielzahl von Problemen und Schwierigkeiten tritt auf, die sowohl technisch-organisatorischer, medizinischer als auch psychologischer Natur sind. Dabei sind diese Aspekte kaum voneinander zu trennen. Aber auch zu einem späteren Zeitpunkt können viele Schwierigkeiten auftreten, denn die beteiligten Helfer kommen aus unterschiedlichen Organisationen und haben unterschiedliche Ziele, Hierarchiestrukturen, Kommunikationsstile und Gewohnheiten. Daher sind die Koordination, Kooperation und Kommunikation mit zahlreichen Schwierigkeiten verbunden (ausführlich in Lasogga et al. 2011).

▶ Ressourcen

Ein grundsätzliches Problem bei Großschadensereignissen liegt im Mangel an personellen und materiellen Ressourcen in den ersten Phasen des Geschehens. Erst im Laufe der Zeit stehen mehr zur Verfügung (zumindest in Mitteleuropa), dann sogar oft mehr als nötig. Eine strukturelle Planung und Arbeitseinteilung zu treffen, ist deshalb zu Beginn ausgesprochen schwierig. Hier hilft nur eine vorgegebene und etablierte Ablaufstruktur, auch wenn sie nicht hundertprozentig auf jeden Einzelfall passt.

▶ Reserven

Dieses Problem hängt mit dem ersten zusammen. Die Leitstellen sind bei einem Großschadensereignis häufig in Versuchung, möglichst schnell möglichst viele Einsatzkräfte zu aktivieren. Dabei wird gelegentlich übersehen, dass es vonnöten ist, für weitere, davon unabhängige Notfälle eine Reserve vorzuhalten. So berichtet z.B. Langhorst (2000) über das Eisenbahnunglück von Eschede: *»Alles war ausverkauft! Ein weiterer Unfall in der Region hätte große Probleme verursacht!«* Man kann sogar anführen, dass wegen des erhöhten Verkehrsaufkommens und der Absperrungen bei einem Großschadensereignis eine erhöhte Gefahr weiterer Unglücksfälle besteht. Außerdem erleiden auch während eines Großschadensereignisses Menschen einen Herzinfarkt oder fallen im Garten von der Leiter usw.

▶ Koordination

In den ersten Phasen des Geschehens tritt aus Mangel an Struktur und Kommunikation häufig ein gewisser Selbstorganisations-

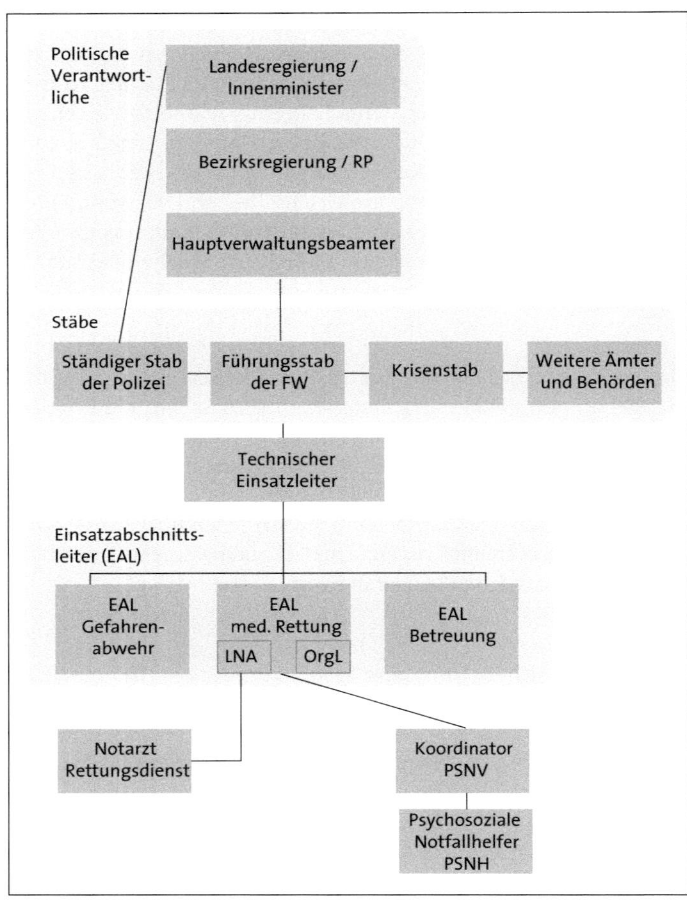

Abb. 12 ▶ Einsatzhierarchie bei Großschadensereignissen

effekt ein. Jeder Helfer macht dann irgendetwas, was er für nützlich hält. Diese Problematik wurde beim Eisenbahnunfall von Eschede in mehrfacher Hinsicht beobachtet. Langhorst (2000) berichtet, dass zeitweise mehr Ärzte als Patienten vor Ort waren, die aber ohne Bezug vor sich hinarbeiteten (»*Jeder hat sich selbst eingesetzt.*«). 24 Rettungshubschrauber haben die Verletzten zumindest in der Anfangsphase sehr unkoordiniert abtransportiert. Dabei flogen die

Piloten die Verletzten häufig zu den eigenen, im Lande verstreuten Standorten, die bis zu 200 km entfernt lagen. Ein derartiger Selbstorganisationseffekt wirkt aber nicht nur nachteilig. Auch wenn so nicht jeder Patient in die für ihn geeignete Klinik gebracht wurde, trat wenigstens keine Überfüllung der lokalen Kliniken ein. Gleichzeitig wurde aber dadurch das gesamte Rettungsgeschehen (auch für die Dokumentation) sehr unübersichtlich (Reschen 2001). Somit muss in einer derartigen Situation schnellstmöglich eine klare Führungsstruktur etabliert werden, was häufig nicht der Fall ist (Lasogga et al. 2011).

▶ Kommunikation

Zu unterscheiden ist die zwischenmenschliche und die technische Kommunikation (Lasogga et a. 2011). Die üblichen technischen Kommunikationssysteme brechen bei Großschadensereignissen oft zusammen. Nahezu alle Funknetze, die öffentlichen, aber auch die speziellen der Hilfsdienste sind dann überlastet. Kommunikationsschwierigkeiten unter den verschiedenen Organisationen und – damit verbunden – ein unkoordiniertes Vorgehen sind vorprogrammiert. Manche Rettungsorganisationen helfen sich mit internen Drahtverbindungen für die wichtigsten Zentren oder setzen sogar menschliche Melder bzw. Kuriere ein.

Die zwischenmenschliche Kommunikation wird bei Großschadensereignissen oft als schlecht bezeichnet (Oberkinkhaus 2009). Dies betrifft die Kommunikation unter den Einsatzkräften als auch mit den Notfallopfern. Dies liegt auch daran, dass in sehr kurzer Zeit sehr viele Informationen erhoben, weitergegeben und auch dokumentiert werden müssen, und das in einer sehr komplexen Situation, in der die Beteiligten zudem unter starkem Stress stehen.

▶ Einzelprobleme

Wichmann (2000) und Lasogga et al. (2011) listen eine ganze Reihe von häufigen Problemen bei Großschadensereignissen auf. Dazu gehören u.a.:

- unvollständige Rückmeldungen an die Leitstelle,
- unkoordiniertes Abstellen der Fahrzeuge,
- keine Prioritätensetzung,
- Mehrfachsichtungen,
- falscher Patient im falschen Fahrzeug,

- vorzeitiger Abtransport von Verletzten,
- fehlende Kenntnis der Versorgungskapazität der Krankenhäuser
- Organisationen verwenden eigene Softwaresysteme, sodass kein Datenaustausch erfolgen kann
- Handschriften sind nicht immer leserlich.

Verbesserungen dieser Mängel sind allerdings nur partiell möglich. Am ehesten ist noch die häufige Übungssimulation derartiger Ereignisse erfolgversprechend. Natürlich sind diese aufwendig zu planen und kostenintensiv, aber nichtsdestoweniger notwendig. Die beteiligten Personen und Instanzen müssen lernen, sich diszipliniert einer übergreifenden Strategie unterzuordnen und in ihr in effizienter Weise zu kommunizieren.

7.2.3 Psychologische Probleme

Viele Probleme und Fehler in der ersten Phase eines Großschadensereignisses lassen sich psychologisch aufgrund zweier Faktoren erklären: mit dem hohen Stressniveau der Beteiligten und der Informationsüberlastung. Beide Faktoren interagieren. Maßnahmen gegen den eigenen Stress der Helfer wurden schon vorgestellt. Die Effekte der Informationsüberlastung werden im Folgenden geschildert.

Ein Mensch verfügt nur über eine begrenzte Verarbeitungskapazität für Informationen. Diese wird bei Helfern bei Großschadenserereignissen weit überschritten. Aufmerksamkeit, Gedächtnis, Denk- und Entscheidungsvermögen sind überfordert. Seit den Untersuchungen von Dörner und Bick (1983, siehe auch Funke & Kirk 1994), in denen Versuchspersonen in komplexen sozialen Systemen (z.B. als Bürgermeister einer fiktiven Stadt) Entscheidungen zu treffen hatten, ist bekannt, dass in derartigen Situationen die Komplexität der Situation unterschätzt wird. Eine detaillierte Situationsanalyse kann nicht erfolgen. Aus Zeitdruck werden nur einfache Ursache-Wirkungs-Zusammenhänge angenommen. Von Dörner (www.uni-bamberg.de 2000) werden nicht weniger als 46 »irrationale Reaktionsweisen« beschrieben, die beobachtet werden konnten. Daraus einige, zum Teil modifizierte, Beispiele:

- Überbewertung des gerade aktuellen Motivs vor anderen, wichtigeren: *»Häufigste Fehlerquelle … ist die bis zur Verbissen-*

heit geratene Verfolgung eines einzigen Zieles, das häufig nicht das wichtigste ist.«

- Reparaturdienstverhalten: Es werden die lokal dringlichen, aber unwichtigen Probleme angegangen. Die Problemhierarchie wird nicht erkannt. *»Wir beißen uns in kleinen, überschaubaren Ausschnitten des Systems fest, um dort Probleme zu lösen, die wir zu beherrschen meinen, während das große Ganze aus den Augen verloren wird.«*
- Kanalisierung in der Informationssammlung: Alle Informationen, die der eigenen Auffassung widersprechen, werden ignoriert (»dogmatische Verschanzung«).
- »Wishful thinking«: Motto: *»Es wird schon gut gehen.«*
- »Rumpelstilzchen-Effekt«: Es werden keine Vorkehrungen für das Eintreten von Friktionen z.B. durch alternative Pläne (»Plan B«) getroffen.
- Horizontalflucht: *»Man zieht sich in eine gut bekannte Ecke des Handlungsfeldes zurück und beackert dort sein kleines, wohlbekanntes, überschaubares Gärtchen.«*
- Intuitionsaktionismus: *»Warum erst planen? Ich richte mich ganz allein nach meinem Gefühl!«*
- Thematisches Vagabundieren: *»Man plant Maßnahme A, wird abgelenkt und beschäftigt sich mit der Planung der Maßnahme B. Eine Idee steigt auf, C wird geplant, da fällt einem ein, dass eigentlich zuvor noch D durchgeführt sein muss, damit C überhaupt sinnvoll ist. Voraussetzung für D ist aber die Planung von B.«*
- »Ballistisches Verhalten«: Eine Maßnahme wird geplant und dann ohne weitere Beachtung der Situationsentwicklung durchgeführt wie eine Kanonenkugel, die – einmal abgeschossen – ihren vorherbestimmten Weg verfolgt.
- Rechenfehler: *»Es sei hier kurz angemerkt, dass banale Rechenfehler bei der Prognose natürlich ebenfalls zu katastrophalen Fehleinschätzungen führen können.«*

Als Lösungsmöglichkeiten kommen zwei Prinzipien in Betracht:

1. Vorfabrizierte Routinen wie Checklisten, Faustregeln, eingeübte Handlungsstrategien, die möglichst vom Globalen zum Detaillierten gehen sollten. Sie reduzieren die kognitive Überforderung. Selbst wenn dadurch für einen einzelnen Betrof-

fenen Zeit verloren gehen sollte oder Überflüssiges geschieht, ist dies immer noch besser, als dass eine mentale Blockierung des Helfers eintritt oder andere Fehler der oben genannten Typen begangen werden.
2. Zwischenziele setzen. Der Helfer sollte sich nicht das Ziel setzen, alles bearbeiten und lösen zu wollen, sondern er sollte seine Aufgaben teilen, einzelne delegieren und sich auf die jeweils für ihn aktuellen konzentrieren. Dabei sollten diese Zwischenziele auf einem möglichst hohen hierarchischen Niveau liegen. Also nicht: *»Ich suche jetzt zunächst die verlorengegangene Brille des Verletzten, dann benachrichtige ich die Leitstelle.«*, sondern umgekehrt.

Beide Prinzipien erfordern vom Helfer spezielle kognitive Fähigkeiten, die jedoch durch entsprechende Trainingsmaßnahmen erworben werden können.

7.2.4 Das Eintreffen am Notfallort

Bei jedem Großschadensereignis trifft ein Helfer oder eine Helfergruppe als erstes ein, ein Streifenwagen der Polizei, die Feuerwehr, ein Rettungswagen etc. Für die ersteintreffenden Helfer gilt eine Regel, die fundamental gegen den ersten Reflex eines Helfers verstößt und fast makaber erscheinen mag: Zunächst keine direkten Hilfsmaßnahmen für die Notfallopfer durchführen, sondern technisch-organisatorische Maßnahmen treffen. Die individuelle Rettung von einzelnen Notfallopfern steht also zunächst nicht im Vordergrund (Peter & Maurer 2001, Wichmann 2000, Peter et al. 2001). Folgende Aufgaben sind zu erfüllen:

1. *Eigensicherung betreiben:* Helfer können sich selbst gefährden: Die Notfallstelle ist noch nicht oder nur unzureichend abgesichert, Benzin kann ausfließen, Gas kann ausströmen, Geräte können unter Strom stehen, der Täter eines Überfalls kann noch im Haus sein, weitere Lawinen können abgehen, usw. Gegen die Forderung der Eigensicherung wird nach den Berichten von Beteiligten häufig verstoßen.
2. *Erste Lagefeststellung:* Aus der Analyse der Gesamtsituation ist eine erste Orientierung zu gewinnen. Diese Aufgabe kann und soll einige Minuten in Anspruch nehmen, auch wenn währenddessen Menschen leiden. Zeitangaben sind für die-

se Aufgaben relativ schwer vorzugeben. Gorgass & Ahnefeld sprechen von *»weniger als 1 – 2 Minuten«* (1993, S. 121).

3. *Erste Rückmeldung an die Leitstelle:* Ort, Lage, äußere Bedingungen (Wetter, Verkehr), eventuell noch bestehende Gefährdungen (Giftstoffe, Elektrizität), ungefähre Anzahl der medizinisch und psychologisch Verletzten, Typ und Schweregrad der Verletzungen, Anzahl der benötigten Rettungsmittel, benötigte technische Hilfe. Hierbei ist ein trivialer, aber offenbar aus der Praxis entstandener Hinweis von Rempe (2000) wichtig: Das Verbot von Adjektiven wie »viel«, »groß«, »klein«, »wenig« etc. in der Meldung. Stattdessen sollte eine zahlenmäßige Schätzung abgegeben werden, auch wenn diese ungenau ist, also *»ca. 10 beteiligte Pkws, 4 Lkws, ca. 10 Schwerverletzte, 20 Leichtverletzte«*.
4. *Organisatorische Maßnahmen einleiten:* Anfahrts- und Abfahrtswege freihalten, ggf. Stellplätze für die Rettungsfahrzeuge festlegen und freihalten. Auch dies wird oft nicht beachtet. So bemängelt Hersche (2000) nach der Analyse eines Großunfalls in Österreich, dass oft *»die Rettungsfahrzeuge zu nahe an die Unfallstelle heranfahren, statt Raum für die notwendige Bewegungsfreiheit zu lassen«*. Andere erste Organisationsentscheidungen könnten sein, eine lokale Einsatzzentrale, Sammelstellen, erste Kommunikationswege vorzuplanen, falls nicht inzwischen die dafür zuständigen Personen (z.B. Organisatorischer Leiter, Einsatzleiter) eingetroffen sind.
5. *Sichtung:* Erst nach Durchführung dieser organisatorischen Maßnahmen können sich die Helfer den Betroffenen widmen, z.B. eine Sichtung durchführen. Im medizinischen Bereich ist dies die Aufgabe eines Leitenden Notarztes, wenn er schon eingetroffen ist. Falls nicht, muss ihn der ersteintreffende Notarzt in dieser Aufgabe vertreten. Außer schnellen lebensrettenden Maßnahmen ist auch hier noch keine Behandlung vorzunehmen, sondern nur eine Klassifikation.

Im medizinischen Sektor ist eine Einteilung in vier (bzw. fünf) Kategorien üblich, die mit einer Nummerierung und mit Farben gekennzeichnet sind. In der Version der Bundesvereinigung der Arbeitsgemeinschaften der Notärzte Deutschlands (BAND 2002) und der Bundesärztekammer (2003) lauten diese:

- I (rot): akute vitale Bedrohung → Sofortbehandlung, Soforttransport,
- II (gelb): schwer verletzt/erkrankt → aufgeschobene Behandlungsdringlichkeit,
- III (grün): leicht verletzt/erkrankt → spätere (ambulante) Behandlung,
- IV (blau): ohne Überlebenschance → betreuende (abwartende) Behandlung (diese Kategorie wird strittig diskutiert: Sie soll in Friedenszeiten und in Mitteleuropa mit seiner ausreichenden Rettungsstruktur nicht verwendet werden.)
- V (schwarz): Tote → Kennzeichnung und Registrierung.

Das Sichtungsergebnis wird zusammen mit einigen anderen Daten meist auf einer Anhängekarte vermerkt (in anderen Varianten elektronisch auf einem Armband gespeichert).

Nach Erledigung dieser Aufgaben ist (theoretisch) die Gesamtstruktur des Rettungswesens bei einem Großschadensereignis organisiert, d.h. die Polizei kann sich um die Festnahme von Kriminellen, die Feuerwehr um technische Absicherung, ggf. die Rettung von Verletzten, die Bergung von Toten und die Brandlöschung kümmern; weiterhin kann der Leitende Notarzt die medizinische Versorgung und die Zuordnung und den Abtransport der Verletzten in die Kliniken organisieren, der Organisatorische Leiter die organisatorisch-technischen Aufgaben, ein psychosozialer Notfallhelfer die psychologische Betreuung von Notfallopfern, Angehörigen, Augenzeugen.

Zusammenfassung:
Erstmaßnahmen bei einem Großschadensfall:
1. *zunächst keine Behandlung der Opfer,*
2. *Überblick verschaffen,*
3. *Eigensicherung,*
4. *ggf. Organisieren der Absicherung der Notfallstelle,*
5. *Rückmeldung an Leitstelle,*
6. *Einleitung organisatorischer Maßnahmen,*
7. *Sichtung der Opfer,*
8. *Einweisung nachrückender Retter,*
9. *Planung des Verletzten-(Kranken-)Transports.*

7.2.5 Der Umgang mit Medienvertretern

Bei Großschadensereignissen sollte auch die Rolle der Medien bedacht werden. Oftmals sind Vertreter dieser Zunft fast zeitgleich mit den Helfern und in großer Zahl am Notfallort. Beispielsweise waren beim Bergwerksunglück von Lassing insgesamt 300 Pressevertreter bzw. Teams zugegen, beim Lawinenunglück in Tirol 550, beim Kitzsteinhornunglück 700 (Hersche 2001). Ihre Anwesenheit hat verschiedenartige Effekte. So berichten Hermanutz & Buchmann (1994, S. 297) von dadurch verursachten »geistigen Blockaden« in den Köpfen der Retter nach dem Prinzip *»Hoffentlich mache ich nichts falsch vor den Fotografen und den laufenden Kameras!«*. Es soll aber auch nicht verschwiegen werden, dass einige Helfer die Medienpräsenz zu genießen scheinen: Im Mittelpunkt des Geschehens zu stehen, von Reportern interviewt und in den Medien zitiert oder gar als »Helden« gezeigt zu werden, kann auch als so attraktiv erlebt werden, dass dadurch der Einsatz behindert wird.

Zwei Gedankengänge sind bei dem Umgang mit Medien bedeutsam: Einerseits sollten die Bedürfnisse der Medien als legitim anerkannt werden. Es ist Aufgabe von Journalisten, über bedeutende Ereignisse zu berichten. Die Bürger wollen informiert werden und in der »Tagesschau« Bilder von dem Lawinenunglück oder der Zugkatastrophe sehen. Dies ist nur möglich, wenn die Journalisten vor Ort sind. Andererseits ist von den Journalisten zu bedenken, dass das Wohlergehen von Notfallopfern eine höhere Priorität hat als der Wunsch nach aktuellen Nachrichten. So sollte nicht zugelassen werden, dass Hubschrauber von Fernsehsendern die Rettungsmaßnahmen behindern, wie es zum Beispiel in der ersten Phase beim Bahnunfall von Eschede der Fall war (Knobling 1998, s. auch Poguntke 2001). Aber es sollte auch die mögliche positive Rolle der Medien bedacht werden, wie bei Aufrufen für Blutspenden, der Schaffung von Akzeptanz von Verkehrssperren etc.

Es wird empfohlen, mit den Medien ein »Agreement« zu treffen: Einerseits muss eine Absperrung auch für die Pressevertreter gelten, andererseits sollte eine kompetente und professionelle Medienbetreuung in einem Pressezentrum durchgeführt werden (Hersche 2001). Zu Beginn der Rettungsaktionen sollte dort in kurzen, regelmäßigen Abständen, z.B. stündlich, eine Pressekonferenz abgehalten werden, auch wenn es nichts Neues zu berichten gibt. Dies stärkt das Vertrauen und die Kooperation mit den Medien. Die Einrichtung eines Pressezentrums müsste auch allen beteiligten Helfern bekannt gemacht werden, damit sie Anfragen von Journalisten sofort dorthin weiterleiten können.

Den einzelnen Helfern sollte untersagt werden, Auskünfte zu erteilen. Sollten sich Journalisten trotzdem direkt an einen Helfer wenden, sollte die Auskunft abgeblockt werden: *»Haben Sie bitte Verständnis, ich muss mich dringend um diese Verletzten kümmern! Die Pressestelle kann Ihnen Auskunft geben.«* Manche Pressezentren stellen auch von sich aus Bilddateien für die Medien zur Verfügung, um die Journalisten davon abzuhalten, selbst entsprechende Aufnahmen zu machen. Dieses Angebot wird von den Journalisten auch i.d.R. gern genommen.

Man sollte aber in diesem Zusammenhang nicht vergessen, dass Reporter auch Menschen sind. Auch sie sind unter Umständen durch das, was sie gesehen haben und worüber sie berichten mussten, beeindruckt und belastet; dieses Thema wird jedoch kaum diskutiert.

Zusammenfassung:
Journalisten haben ein professionelles und legitimes Interesse an Notfällen. Dieses sollte jedoch gegenüber demjenigen der Opfer zurückstehen. Auskünfte sollten durch eine dafür abgestellte Person in einem dafür eingerichteten Zentrum erteilt werden.

7.2.6 Psychosoziale Notfallhelfer bei einem Großschadensereignis

Die grundlegenden Aufgaben eines psychosozialen Notfallhelfers sind an anderer Stelle schon beschrieben worden (s. Kap. 4.1.3). Bei einem Großschadensereignis ergeben sich zusätzlich folgende Probleme:

Im Regelfall dürfte der psychosoziale Notfallhelfer von der Leitstelle angefordert werden. Ggf. kann diese auch die Mitfahrt bei einem Einsatzfahrzeug organisieren. Kommt der psychosoziale Notfallhelfer dagegen mit seinem Privatwagen an, hat er zuweilen Probleme, in die schon abgesperrte Zone zu gelangen. Deshalb muss er auf jeden Fall einen entsprechenden Ausweis mitführen. Die Frage, inwieweit auch eine Kennzeichnung durch entsprechende Kleidung und Aufschriften nötig ist, ist nicht einfach zu beantworten. Einerseits ist eine Kennzeichnung nützlich, um den Helfer für Notfallopfer kenntlich zu machen. Dies geschieht am eindeutigsten durch eine Uniform oder zumindest Jacke. Andererseits könnten Opfer und Angehörige durch eine Uniformierung auch abgeschreckt werden. Nach Ansicht der Autoren überwiegen die Vorteile einer Kennzeichnung. In der Hektik eines Großschadensereignisses ist eine schnelle Identifikation von Helfern notwendig. Der psychosoziale Notfallhelfer kann in einer späteren Phase, wenn er im gesonderten Raum mit Betroffenen spricht, die kennzeichnende Jacke ablegen.

Am Ort des Geschehens angekommen, sollte sich der psychosoziale Notfallhelfer bei der Einsatzleitung melden. Sodann sind Informationen einzuholen bzw. zu verifizieren. Der Einsatzleiter wird ihm dann einen Hinweis geben, an welchen Ort er sich begeben soll. Dieser muss mit ihm, dem LNA und dem OrgL abgestimmt sein, damit eine äußere Gefährdung ausgeschlossen ist und ggf. Notfallopfer und andere »Betroffene« dahin verwiesen werden können (ausführlich in: Lasogga & Münker-Kramer 2009).

Insbesondere bei Großschadensereignissen (aber auch im Einzelfall) gilt für psychosoziale Notfallhelfer, wie für andere Helfer auch, der Grundsatz, nicht sofort mit einer Betreuung zu beginnen, sondern sich zunächst einen Überblick zu verschaffen. Dies ist besonders notwendig, wenn zu Beginn nicht genügend derartige psychosoziale Helfer zur Verfügung stehen. Deshalb muss eine Entscheidung gefällt werden, wer am dringendsten einer Betreuung bedarf und wem man sich erst später widmen kann.

Da hierfür bisher keine Instrumente vorlagen, wurde im Rahmen des Forschungsprogramms SPIDER ein Screening-Verfahren entwickelt, anhand dessen eine Einschätzung der psychischen Beeinträchtigung vorgenommen werden kann (Quellmelz & Lasogga 2013, Lasogga & Kus 2013). Nach der Durchsicht sämtlicher relevanter Literatur, der Einschätzung von Vorformen durch Experten etc. sieht die Endform des Screening-Verfahrens folgendermaßen aus:

Psychosoziales Screening

Der folgende Interviewleitfaden soll Hinweise liefern, ob Notfallopfer nach einem Notfall psychosoziale Notfallhilfe benötigen. Er ist nicht als exaktes Diagnoseinstrument zu verstehen, sondern eher als Screening (Sichtung) im Sinne einer Bedarfserhebung und der Festlegung einer Reihenfolge. Das Screening besteht aus Fragen zur aktuellen und grundsätzlichen Situation.

Als Einführung kann etwa gesagt werden:
»Ich bitte Sie, mir einige kurze Fragen zu beantworten, damit ich Ihre augenblickliche Situation besser verstehe. Falls nötig, kann ich Ihnen dann eine passende Betreuung anbieten.«

Sodann sollten etwa folgende Fragen gestellt werden:

1. *Empfanden Sie Todesangst oder extreme Hilflosigkeit?*
2. *Fühlten Sie sich wie betäubt oder »standen Sie neben sich«?*
3. *Haben Sie vor einiger Zeit schon einmal einen derartigen Notfall erlebt?*
4. *Waren Sie schon einmal in psychotherapeutischer Behandlung?*

»Ja« = 1 Punkt

5. *Versuchen Sie, schwierige Situationen eher aktiv zu bewältigen?*
6. *Haben Sie Freunde oder Angehörige, mit denen Sie über den Notfall reden könnten?*

»Nein« = 1 Punkt

7. *Was haben Sie nach der Schule gemacht?*

Bei niedrigem Schulabschluss: 1 Punkt

Werden mehr als 4 Punkte erreicht, wird eine unmittelbare psychosoziale Notfallhilfe empfohlen.

Abb. 13 ▶ Psychosoziales Screening (SPIDER)

Dieses Screening kann von psychosozialen Notfallhelfern oder auch von Einsatzkräften z.B. von Rettungsdienstmitarbeitern im Rahmen der Sichtung bzw. der medizinischen Erstversorgung durchgeführt werden, wenn dies aufgrund der vorhandenen Kapazitäten nötig und möglich ist.

Daraus ergeben sich dann Hinweise zu einer Einschätzung von Risikofaktoren, woraufhin eine gezielte Anforderung von psychosozialen Notfallhelfern und eine Zuweisung zu den Notfallopfern möglich sowie eine Priorisierung bei der Betreuung vorgenommen werden. Auf diesem Wege erhobene Informationen können auch an das anzufahrende Krankenhaus weitergeleitet werden, falls dort eine psychosoziale Betreuung vorgenommen werden kann.

7.2.7 Prävention

Die Prävention für Großschadensereignisse ist organisatorisch (Katastrophenschutzorganisationen) und materiell (Vorratslager) staatlicherseits geboten und wird auch betrieben. Ein ähnliches Vorsorgedenken auch bei Einzelpersonen – insbesondere in Deutschland – etablieren zu wollen, ist allerdings illusorisch. Hier herrscht eher entweder die Auffassung *»Es ist hier noch nie was passiert.«* oder *»Es wird mich schon nicht treffen.«* (Tierney 1993). Es könnte sein, dass nach den Ereignissen von New York am 11. September 2001 oder der Love-Parade 2010 an dieser Stelle ein Umdenken einsetzt. Diese Tendenz wird sich aber wieder abschwächen, wenn keine weiteren Ereignisse ähnlicher Art eintreten.

Eine weitere Möglichkeit besteht darin, die Vorwarnsysteme zu verbessern. Dies ist allerdings nicht unproblematisch. Wenn keine sichtbaren Hinweise auf eine Katastrophe erkennbar sind, sind Vorwarnungen nur wenig wirksam. Eine Tornadowarnung bei strahlend blauem Himmel hat weniger Wirkung, als wenn der Bürger beim Blick aus dem Fenster eine dunkle Wolkenbank sieht. Tierney (1993) stellt für Vorwarnungen folgende Regeln auf:

- Sie sollten verständlich sein,
- auf unterschiedlichem Sprachniveau verkündet werden,
- über verschiedene Medien verbreitet werden und
- wiederholt werden, wobei unklar bleibt, wie häufig dies erfolgen soll (»The optimal number of repetitions is not known.«, Tierney 1993, S. 22).

Für die verantwortliche Organisation haben zunächst folgende Aufgaben Priorität:

- den Informationsfluss zwischen den Organisationen und von den Organisationen zu den Bürgern herzustellen und aufrechtzuerhalten,
- die Entscheidungsfindung zu gewährleisten, wenn lokale Organisationen ausfallen oder überlastet sind.

Die Literatur gibt weitere Hinweise für Sonderfragen, aus denen hier lediglich zwei herausgegriffen werden. Zum einen das Verhalten von Menschen in Schutzräumen: Hier empfiehlt GUGGENBÜHL (1983), ...

- den Insassen einen Platz zuzuweisen,
- ihnen irgendeine Arbeit zu geben,
- sie zu informieren, was draußen passiert,
- ggf. zu spielen bzw. zu turnen.

Zum anderen die Totenbergung: FISCH (1992) beschäftigt sich mit der Frage, warum auch bei Katastrophen möglichst die Toten geborgen werden sollten. Wie bei Tötungsdelikten verarbeiten Hinterbliebene das Ereignis leichter, wenn sie Gewissheit erhalten, dass ein Angehöriger tot ist, als wenn sie zwischen Hoffnung und Zweifel schweben. Sie wissen dann auch, dass niemand mehr leidet.

7.2.8 Panik

In Notsituationen, in denen viele Menschen betroffen sind, ist eine Panik eine der größten Horrorvisionen, weil man als Helfer befürchtet, hierbei völlig hilflos zu sein. Ein Patentrezept hinsichtlich des Umgangs mit derartigen Situationen ist eine unrealistische Idealvision. Trotzdem können einige Hinweise entwickelt werden. Dabei wird vorwiegend von Panikreaktionen die Rede sein, die bei Notfällen auftreten können. Ausgeklammert werden individuelle Panikstörungen aus dem internistischen bzw. psychiatrischen Bereich sowie Panikattacken z.B. bei Herzbeschwerden oder Phobien.

▶ Definition

Panik kann definiert werden als eine »extrem starke Stressreaktion des Organismus, begründet von einer tatsächlichen oder vermuteten existenziellen Bedrohung« (SCHUH 1986). Es handelt sich um ein »unbekanntes Elementarerlebnis«. Dabei steht allein die biologische Selbsterhaltung im Vordergrund, alle höheren menschlichen Fähigkeiten treten zurück. Drei Auslöser der Panik sind zu unterscheiden:

1. Ein starker, lebensbedrohender Reiz löst die Panik direkt aus, wie eine Explosion oder ein sich schnell ausbreitender Brand (Beispiel: Brand der Tribüne des Fußballstadions von Bedford, England).
2. Der ursprüngliche Reiz ist eigentlich harmlos, er erzeugt jedoch eine Massenreaktion, die zu einer Panik führt. Das wahrscheinlich kurioseste Beispiel ereignete sich 1896 in Russland (nach WIDETSCHECK 2000): Bei der Krönungsfeier von Zar Nikolaus II. gab es mehrere Hundert Tote auf das Gerücht hin, das Freibier gehe aus. Natürlich ist das Fehlen von Freibier keine existenzielle Bedrohung, sondern das dadurch verursachte Gedränge, das so stark wurde, dass panische Reaktionen erfolgten.
3. Die Panikreaktionen entstehen durch keinen äußeren Reiz, sondern schlicht durch eine Menge von Menschen, die aus verschiedenen Gründen immer größer und »dichter« wird. Ein Beispiel in der jüngeren Vergangenheit ist das Unglück bei der Love-Parade in Duisburg, wobei sich hier besonders tragisch auswirkte, dass sich mehrere Menschenströme in einem begrenzten Raum aufeinander zu bewegten.

Panikreaktionen sind nicht immer sinnlos. Insbesondere in offenen Situationen (siehe unten) kann eine schnelle Flucht lebensrettend sein. (Altes chinesisches Sprichwort: »*Von den 67 Möglichkeiten, einer Gefahr zu entgehen, ist die Beste, wegzulaufen!*«). In anderen dagegen (vor allem in »Flaschenhals-Situationen«, siehe unten) führt sie jedoch häufig ins Verderben.

▶ Forschungslage

Eine wissenschaftliche Erforschung von Panikphänomenen ist aus folgenden Gründen schwierig:

- Panikreaktionen finden weitaus seltener statt, als gemeinhin vermutet wird. Deshalb ist eine systematische Forschung, die über eine Kasuistik hinausgeht, schlecht möglich.
- Ereignisse, die Panik auslösen könnten, sind unvorhersehbar. Nur äußerst selten ist ein Wissenschaftler anwesend, der die

Reaktionen systematisch aufzeichnen könnte. Zudem wäre er dann auch Teil des Geschehens und somit genauso involviert wie die sonstigen Betroffenen. Man ist deshalb auf die nachträglichen Berichte der Beteiligten mit all ihren Verfälschungen angewiesen.

- Die Berichtenden sind bei derartigen Ereignissen selbst sehr erregt, sodass auch diese Daten nicht immer eine objektive und systematische Erfassung des Geschehens widerspiegeln.
- Nachbefragungen sind aus den gleichen Gründen – der Erregtheit der Berichtenden bzw. beabsichtigten oder unbeabsichtigten Verfälschungen – nur vorsichtig zu interpretieren.
- Einige Laborexperimente zu diesem Phänomen (z.B. Mintz 1951, siehe unten) sind auf Einzelaspekte konzentriert und können vor allem nicht die emotionale Erregung simulieren, die bei einer realen Panik vorherrscht.

Mehr oder minder zufällig zustande gekommene Film- oder Fernsehaufzeichnungen von Paniksituationen sind ebenfalls problematisch, da die Kameras überwiegend auf die Bereiche gerichtet sind, wo »etwas passiert«. Dass es bei Stadionbränden oder beim Anschlag auf das World Trade Center oder bei der Love-Parade in Duisburg auch Bereiche gab, in denen sich die Betroffenen weitgehend ruhig und überlegt verhielten, wird nicht dokumentiert. Schließlich versuchen Forscher (beispielsweise Helbing et al. 2007) mit Computersimulationen dem Phänomen auf den Grund zu kommen, aber auch hier sind die emotionalen Aspekte nicht simulierbar.

Panikreaktionen treten seltener auf als vermutet. Einer der Gründe liegt darin, dass in Medien das Wort »Panik« oft unkritisch verwendet wird. Meist wird jede Reaktion von Menschen in einer Notsituation, z.B. deren Flucht mit dem Wort »panisch« beschrieben. Quarantelli (1999), der seit 1963 Katastrophen untersucht und über 3 000 beteiligte Hilfskräfte befragt hat, spricht sogar von einem Panikmythos. Seiner Ansicht nach reagieren Menschen in Notfällen meistens sehr rational und sozial (s.a. Fritsche 2011). Es müssen somit bestimmte Bedingungen zusätzlich eintreten, damit die (unzweifelhaft existierenden und in Film und Bild dokumentierten) Panikreaktionen eintreten, z.B. eine starke erlebte existenzielle Gefahr, limitierte Fluchtmöglichkeiten und zunehmende Enge, verbunden mit Körperkontakt mit anderen Menschen und den daraus resultierenden »turbulenten Zufallsbewegungen« (HELBING 2007). Wenn derartige Reaktionen erfolgen, erreichen sie allerdings eine hohe Publizität wie z.B. die Geschehnisse bei der Love-Parade in Duisburg oder in den Fußballstadien von Brüssel und Bradford oder bei den Pilgerströmen in Mekka.

▶ Symptome

Panikreaktionen sind durch folgende Symptome gekennzeichnet, die wechselseitig in Beziehung stehen:

1. *Hoher psycho-physischer Erregungszustand (»Arousal«):* In einer Art von »Notfallschaltung« (»Cannon-Syndrom«) erfolgt eine durchgängige physiologische Alarmierung des autonomen Nervensystems sowohl auf der sympathischen als auch auf der parasympathischen Seite. Die entsprechend aktivierten Hirnzentren (die Formatio reticularis bzw. der Locus coeruleus) sind basal bzw. phylogenetisch alt. Beteiligt sind vor allem die Hormone Adrenalin und Noradrenalin. Die Blutversorgung in den Muskeln wird erhöht, in den Verdauungsorganen vermindert, der Herzschlag, der Blutdruck und die Atemfrequenz werden erhöht, der Muskeltonus gesteigert, die Pupillen erweitern sich, die Haare stellen sich auf, Schweiß bricht aus. Man ist nur noch ein »biologisches Wesen« (STRIAN & PLOOG 1986). Daher sprechen LARBIG und BIERBAUMER (1986) auch von Entpersönlichungserlebnissen, andere Autoren von »Depersonalisation« und »Derealisation«.
2. *Reduktion rationaler Fähigkeiten:* Sämtliche kognitive Fähigkeiten sind in Paniksituationen stark beeinträchtigt. Die kortikale Steuerung ist herabgesetzt, es herrscht eine Denkblockade. Die betroffenen Menschen sind kaum noch zu rationalen Entscheidungen fähig. Der Begriff der »kopflosen Flucht« beschreibt dies sehr anschaulich. Die Einschränkung der kognitiven Funktionen betrifft auch die Wahrnehmung: Verengung des Gesichtsfelds, Tunnelblick, Einschränkung der Hörfähigkeit, Reduktion der Schmerzempfindlichkeit. Bedeutsam ist allerdings, dass kognitive Fähigkeiten zwar eingeschränkt, aber nicht ausgeschaltet sind. Selbst bei einer panischen Flucht erkennt man beispielsweise, wann keine Gefahr mehr besteht; die Flucht wird dann abgebrochen. In diesem Faktum sehen

manche Autoren noch eine geringe Chance zur Verhaltensbeeinflussung.

3. *Dominanz »primitiver« Motive – Auflösung kooperativer Werte:* Auf der Motivationsseite dominieren ebenfalls die biologischen Zentren, d.h. die »primitiveren«, emotionaleren und egoistischeren Motive über die »höheren«, sozialen. Das eigene Überleben ist wichtiger als das Überleben anderer. In den Filmdokumentationen sind häufig Menschen zu sehen, die sich mit allen Möglichkeiten Luft verschaffen oder andere aggressiv beiseite stoßen oder niedertrampeln. Es gibt aber auch hier anderes Verhalten: Einige Menschen denken auch in dieser Situation noch an andere, vor allem an Schwächere, und versuchen, diese zu retten. Dies gilt vor allem, wenn biologisch fundierte soziale Bindungen bestehen, beispielsweise zwischen Eltern und Kindern, oder bei Personen, die eine professionelle Aufgabe in der jeweiligen Situation haben, wie das Flugpersonal bei Notlandungen oder bei Personen, die eine sehr starke ethische Bindung internalisiert haben (Märtyrer). Interessant in diesem Zusammenhang ist eine von ZWINGMANN (1971) beschriebene Reaktion vieler Menschen nach der gelungenen Rettung. Anscheinend aus Entsetzen über das eigene Verhalten tritt nach dem Wiedereintritt der kognitiven Fähigkeiten fast so etwas wie ein »moralischer Übereifer« ein: Man zeigt sich dann besonders hilfsbereit. In einer noch späteren Phase kann dieses sehr starke Bemühen in einer Art Pendelbewegung wiederum korrigiert werden und zum Ärger über das eigene, dann als zu groß empfundene soziale Engagement führen (»*Wieso habe ich mich eigentlich so eingesetzt?*«).

▶ Typen von Panik

Panik tritt in verschiedenen Formen und Situationen auf (s. ABB. 14). Zu trennen ist zwischen Panikreaktionen von Einzelpersonen und von großen Menschenmengen, da im letzteren Fall spezifische Phänomene zu beachten sind.

Individuelle Panik: Im Falle von individueller Panik treten zwei Reaktionsformen auf: eine Form, in der Agitiertheit überwiegt, und eine Form, die genau das Gegenteil darstellt, eine Art Lähmung, die im Englischen mit dem anschaulichen Begriff »Freezing« beschrieben

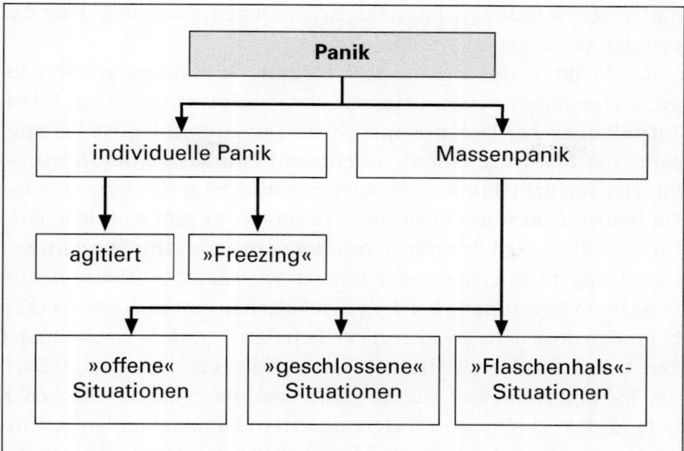

Abb. 14 ▶ Paniktypen

wird. Welche Form bei welchem Menschen bei welchem Ereignis eintritt, ist schwer vorherzusagen. Bei Fernsehaufzeichnungen von Reaktionen der Passanten nach dem Terrorakt auf das World Trade Center in New York konnten beide Formen beobachtet werden.

Die einzelnen Reaktionsformen können sogar nacheinander auftreten. Zunächst wird mit agitierter Flucht reagiert und es tritt, wenn diese nicht zum Erfolg führt, ein »Freezing-Zustand« ein (Wendrich 2000). Umgekehrt kann jemand plötzlich aus seiner Starre erwachen und in wilder Panik davonlaufen. Bei Tieren, bei denen Panikreaktionen ebenfalls vorkommen, wird dieser Wechsel häufiger beobachtet: Spatzen fliehen zunächst vor einer Gefahr; können sie ihr nicht entgehen, folgt ein Totstellreflex. Hasen reagieren auf eine Bedrohung umgekehrt: Erst bleiben sie unbeweglich liegen, wenn jedoch die Gefahr sehr groß wird, fliehen sie (Hediger 1986). Mäuse, die von einer Katze gefangen werden, pendeln sogar mehrfach zwischen den beiden Verhaltensweisen hin und her.

Hinzu kommen können beim Menschen wirre sprachliche Äußerungen, Weinkrämpfe oder paradoxe Verhaltensweisen wie Lachen und Aggressionen, die sich auch gegen Helfer richten können. Aber auch mildere Formen von Agitiertheit sind zu beobachten: Unrast, Geschäftigkeit, Betriebsamkeit ohne Ziel, Einbringen ständig neuer Vorschläge. Physiologisch gesehen dominiert hier das sympathische Nervensystem.

Die Reaktion des sogenannten Freezing wird dagegen physiologisch eher durch den Parasympathikus gesteuert und ist mit dem Totstellreflex bei Tieren vergleichbar. Der Herzschlag ist verlangsamt, der Blutdruck fällt ab, es entsteht eine *»zerebrale Hypoxie«*. Ein Tier versucht damit, dem Jäger zu vermitteln: *»Ich bin schon tot, Du brauchst mich gar nicht mehr zu töten!«* Es gibt Anzeichen dafür, dass diese Reaktionsform insbesondere dann eintritt, wenn keine Rettungsmöglichkeit mehr gesehen wird. Leidig (1994) berichtet von einem Experiment, bei dem sich Ratten in einem Wasserbecken befanden, aus dem sie sich nicht befreien konnten. Nach einiger Zeit traten die beschriebene »Freezing«-Reaktion und schließlich der Tod ein. Wenn sich allerdings im Becken ein kleines Stöckchen befand, das scheinbar zum Herausklettern benutzt werden konnte, auch wenn dies letztendlich nicht möglich war, war die »Freezing«-Reaktion deutlich verzögert. Interessant ist eine Fortsetzung dieses Experiments. Dabei wurden sämtliche Ratten vom Versuchsleiter zunächst gerettet und einige Zeit später in ein Becken ohne die Hilfsmöglichkeit des Stöckchens gebracht. Ratten mit Stöckchenerfahrung reagierten in dieser Situation viel später mit Freezing als die Versuchstiere ohne diese Erfahrung. Leidig schließt daraus, dass eine Rettungserfahrung bzw. der Glaube an eine Rettung die Aktivität aufrechterhält und damit Freezing verhindert oder zumindest hinausschiebt. Analog ist von Schiffbrüchigen berichtet worden, dass für sie die Hoffnung auf das eigene Überleben ein wichtiges Element des tatsächlichen Überlebens dargestellt hat. Bei diesen Berichten könnte allerdings ein methodischer Fehler aufgetreten sein: Die Gegenbeispiele, nämlich die »Hoffnungsfrohen, aber trotzdem Ertrunkenen« könnten genauso häufig vorkommen; sie können aber über ihre möglichen Rettungshoffnungen nicht mehr berichten.

Massenpanik: Sind viele Menschen gleichzeitig von einer Gefahr bedroht, können alle oder fast alle in Panik geraten. Dabei ist die eingetretene Massenpanik nicht nur eine Summe von Individualpaniken. Durch die quantitative Vervielfältigung treten zusätzliche Gefahren ein: Viele Menschen kommen dann nicht direkt durch die eingetretene Explosion, den Brand oder den Rauch zu Tode, sondern werden durch Fliehende zu Tode getrampelt oder so stark verletzt, dass sie sich nicht mehr selbst retten können.

Bei einer Massenpanik kann auch ein Phänomen entstehen, das mit »psychischer Ansteckung« bezeichnet wird. Die Panikreaktion eines einzelnen oder weniger Menschen wird von anderen beobachtet und führt auch ohne unmittelbare Wahrnehmung der bedrohlichen Ausgangsreize zu einer eigenen Panikreaktion. Man kann sich dieses Phänomen leicht in einem Gedankenexperiment vor Augen führen: In einem gut besuchten Saal ertönt plötzlich ein lauter Knall.

- Version A: Alle Personen bleiben, wenn auch etwas irritiert, auf ihren Plätzen sitzen.
- Version B: In einer Ecke des Saales rennt eine Reihe von Personen schreiend zu einem Ausgang.

Im Fall B werden wahrscheinlich sofort weitere Personen fliehen. Diese Reaktion hat eine biologische Basis: Bei Herdentieren ist sie überlebensnotwendig (Hediger 1986). Es herrscht hier eine Art von Arbeitsteilung. Das Einzeltier kann nicht auf alle Gefahren achten, die ihm drohen, also vertraut es auf seine Herdenkollegen und flieht, wenn diese auch fliehen.

Massenpaniken sind in ihren Auswirkungen und Effekten unterschiedlich, je nach äußeren Situationsbedingungen:

1. *Offene Situationen:* In offenen Situationen besteht nach dem Eintreten eines bedrohlichen Ereignisses genügend Raum zur Flucht. Dies ist bei den Flugunfällen in Ramstein und Remscheid der Fall gewesen. In diesen Situationen stehen die Retter vor der Schwierigkeit, dass manche Flüchtende nur schwer auffindbar sind.
2. *Geschlossene Situationen:* In geschlossenen Situationen befinden sich die Opfer ohne die Möglichkeit der Flucht in einem abgegrenzten Raum. Dies ist bei Bergwerksunglücken oder Gebäudeeinstürzen der Fall. Allerdings tritt eine Massenpanik unter den Eingeschlossenen offenbar sehr selten auf. Eher wird berichtet, dass einzelne Personen panische Reaktionen zeigen.
3. *»Flaschenhals«-Situationen:* Flaschenhals-Situationen sind die gefährlichsten Paniksituationen. Beispiele sind Explosionen oder Brände in Diskotheken oder Sportstadien. Eine Flucht

ist zwar möglich, aber nur durch eine begrenzte Anzahl von Ausgängen. Dabei wirkt sich verstärkend aus, dass in diesen Fällen häufig der Erregungszustand der Betroffenen vor dem Ereignis ohnehin schon relativ hoch ist. Erfolgt dann eine Detonation, fallen Deckenteile auf den Boden, erlischt das Licht, sind Rauch, Lärm, Gestank oder Schreie zu verzeichnen, ist die Spanne bis zur Panikreaktion nur sehr klein.

Ein kleines Experiment von Mintz (1951) beschreibt eine derartige »Flaschenhals«-Situation sehr anschaulich (s. Abb. 15). In diesem Experiment befinden sich mehrere Kegel mit Schnur in einer Flasche, die sich langsam mit Wasser füllt. Die Versuchsteilnehmer haben die Schnüre in der Hand und sollen sie aus der Flasche entfernen. Dabei kann jeder dieser Kegel problemlos durch die Öffnung gezogen (»gerettet«) werden. Wenn allerdings alle Teilnehmer gleichzeitig an ihren Schnüren ziehen, kommt es zu einer Verkantung und niemand überlebt. Natürlich könnte man seine Rettungschancen in dieser Situation noch wahrnehmen, indem man a) sich nochmals einen Schritt zurückbewegt, was aber eine temporäre »Annäherung« an eine schon wahrgenommene Gefahr bedeutet, und andererseits müsste man eine Kommunikationsmöglichkeit haben, um sich dann (nach welchen Kriterien?) über die Reihenfolge der Flucht zu einigen (wie?).

Abb. 15 ▶ Versuch von Mintz

▶ Prävention

Angesichts der beschriebenen Situationen und Reaktionen stellt sich die Frage, ob irgendeine Art von Hilfe überhaupt möglich ist, um das Ausbrechen von Panik zu vermeiden (Prävention) oder eine bereits ausgebrochene Panik zu beenden (Intervention). Folgende teilweise recht einfach zu praktizierende Möglichkeiten können zumindest die Auftretenswahrscheinlichkeit einer Panik senken.

Notausgänge: Besonders in den beschriebenen »Flaschenhals«-Situationen sind eindeutig gekennzeichnete, nicht verstellte und leicht zu öffnende Notausgänge ein wichtiges Element, um Panikreaktionen zu vermeiden. Dies ist beispielsweise der Zweck der Leuchtstreifen am Boden von Flugzeugen. Bei Konzerthallen, Diskotheken oder Hotels ist allerdings diese Kennzeichnung nicht immer optimal. Zu überlegen wäre, in den entsprechenden Gebäuden neben der optischen Kennzeichnung auch akustische Signale zur Kennzeichnung von Rettungswegen einzusetzen.

Vorinformationen: In Situationen, in denen die Gefahr besteht, dass Einzelpersonen in Panik geraten könnten, sollten Vorinformationen gegeben werden, um ein Ausbrechen und eine mögliche Ansteckung zu vermeiden. So war zu Zeiten, in denen Flugerfahrungen noch seltener waren, in manchen Hinweisbroschüren zu lesen, dass die Tragflächen der Flugzeuge flexibel konstruiert seien, sodass sie während des Fluges durchaus wackeln können und müssen. Vorwarnungen können allerdings auch den gegenteiligen Effekt bewirken: Bei Tornados ohne Vorwarnungen sind weniger Tote zu beklagen als wenn Vorwarnungen sehr kurz vor dem Ereignis erfolgen – irrationale Handlungen der Bevölkerung waren die Folge (ZWINGMANN 1971). Auch bei den im Jahr 2013 aufgetretenen Überschwemmungen gab es selbst bei längerfristig angekündigten Warnungen Personen, die nicht das Gebiet verlassen wollten.

Festlegung von Verantwortlichkeiten: Personen, die sich für andere verantwortlich fühlen, geraten seltener in Panik (JOHNSON 1984) und stellen damit ein wesentliches Element dar, um auch andere vor Panik zu bewahren. Dies wurde vor allem bei Flugzeugbesatzungen beobachtet. Daher erscheint es sinnvoll, zum Beispiel bei Großveranstaltungen von vornherein Aufgaben und Verantwortlichkeiten nicht nur für den Normalfall, sondern auch für eventuelle Notsituationen festzulegen. Allen Rettungskräften könnte eine Karte mit einer dezidierten Aufgabe im Fall eines Großschadensereignisses gegeben werden. Darauf sollte festgelegt sein, welche Rolle sie im Falle eines Großunfalls zu übernehmen haben (Art der Aufgabe, geografische Begrenzung des Einsatzgebiets etc.).

Training von Selbstkontrolle in Stress-Situationen: Voraussetzung für eine Hilfe bei Panik ist, dass der Helfer selbst nicht in Panik gerät. Lippay (1999) schlägt nach dem Muster der Ausbildung von Flugzeugbesatzungen ein Training aller Rettungskräfte zur eigenen Stresskontrolle vor. Hilfreich hierfür könnte das Wissen sein, welche Faktoren generell das Ansteigen des Stress-Levels und damit die Wahrscheinlichkeit einer individuellen Panikreaktion andeuten. Nach Lippay steigt z.B. die Fehlerrate bei Aufgaben um das 17-Fache durch den Faktor »Neuigkeit einer Aufgabe«, um das Elffache durch »Zeitknappheit«, um das Sechsfache durch »zu viele Informationen«, um das Vierfache durch »falsche Risikoeinschätzungen«. Bei Kenntnis dieser Faktoren und über entsprechendes Training können Helfer ihre Belastungsgrenze wahrnehmen und die Selbstkontrolle bei deren Überschreitung verbessern.

Vorbereitete technische Hilfen: Schließlich sollten für besonders panikgefährdete Einrichtungen technische Hilfen bereit stehen, die in entsprechenden Situationen ohne Zeitverlust eingesetzt werden können. Dies könnten akkubetriebene Notbeleuchtungsaggregate sein, starke Lautsprecheranlagen (ggf. bereits bestehende mit einer Notfallschaltung), vorbereitete Texte, die der Sprecher (natürlich nach einer entsprechenden Schulung) im Notfall verlesen könnte (ein Beispiel hierfür wird weiter unten angeführt). Bei der Diskussion über das Geschehen bei der Love-Parade in Duisburg wird z.B. kaum erwähnt, dass ein Kommunikationskontakt über fest installierte oder mobile Lautsprecher Chancen geboten hätte, Todesfälle zu vermeiden.

Zusammenfassung:
Präventive Maßnahmen zur Verhinderung von Panik:
- *Notausgänge gut kennzeichnen,*
- *Vorinformationen geben,*
- *Festlegung von Verantwortlichkeiten beim Rettungs- bzw. Aufsichtspersonal,*
- *Training des Rettungspersonals bezüglich Selbstkontrolle in Stress-Situationen,*
- *Vorbereitung technischer Hilfen.*

▶ Intervention

Die Frage, ob überhaupt und wie bei einer akuten Paniksituation interveniert werden kann, ist schwierig zu beantworten. Ein theoretischer Ansatz besteht darin, auf die erwähnten, noch vorhandenen Reste von Kognition zu bauen und so früh wie möglich zu intervenieren. Wenn das Ereignis nicht so plötzlich eintritt wie beispielsweise bei einer Explosion, sondern sich langsam entwickelt, wie bei den meisten Bränden, scheint sich eine Panikreaktion erst aufzubauen, bevor es zu einem akuten Ausbruch kommt. Manche Autoren sprechen von einer »sensiblen Phase«, in der noch Einflussmöglichkeiten gegeben sind. Es gibt Beispiele, in denen über gezielte Instruktionen eine Panik verhindert werden konnte: Bei einem Brand im Nationaltheater Oslo am 11.10.1980 hat eine Schauspielerin von der Bühne her die Zuschauer durch eine »geschickte Ansprache« zum geordneten Verlassen des Hauses bewegt.

Intervention bei individueller Panik: Wenn Personen panisch agitiert reagieren, ist eine Intervention unbedingt erforderlich, da sie die Rettungsaktionen stören, sich selbst in Gefahr bringen und die Gefahr der psychischen Ansteckung hervorrufen. Hier haben einfache, deutliche, drastische Aktionen die besten Aussichten auf Erfolg. Folgendes ist zu empfehlen:

Der Helfer sollte die Aufmerksamkeit des Betroffenen auf sich lenken, ihn sodann kräftig anfassen, ggf. kurz umarmen und ihn deutlich, direkt und laut ansprechen (Beispiel: *»Stopp! Machen Sie bitte sofort Folgendes: Wir gehen jetzt gemeinsam zu diesem Rettungswagen. Atmen Sie regelmäßig ein und aus! Es wird jemand zu*

Ihnen kommen und Ihnen helfen!«). Eine weitere Person (Feuerwehrmann, Rettungsassistent, Polizist, Zuschauer) sollte dann instruiert werden: *»Gehen Sie bitte zu diesem Mann. Reden Sie mit ihm. Achten Sie darauf, dass er am Ort bleibt und regelmäßig ein- und ausatmet!«*

SCHARFETTER (1986) empfiehlt sogar, mit dem Betroffenen gemeinsam in einem bestimmten, relativ langsamen Rhythmus zu atmen. Dies könne für beide Beteiligten (Opfer und Retter) hilfreich sein. Die Atmung stellt eine »Schnittstelle« zwischen der Physiologie des Körpers (man kann Atmung nicht beliebig lang unterdrücken) und dem psychologisch-kognitiven Einfluss auf die Physiologie dar (man kann die Atemfrequenz und -tiefe verändern). Dies kann genutzt werden. Die – nicht unumstrittene – Argumentation lautet wie folgt: Da die Atemfrequenz bei Angst deutlich erhöht ist, muss eine willentliche Senkung der Atemfrequenz, ggf. verbunden mit einer erhöhten Atemtiefe, zur weiteren Gewährleistung der Sauerstoffversorgung führen und dadurch Angst reduzieren (HEINERTH 2002).

Beim Freezing gilt die gleiche Intervention wie bei der agitierten Panik. Zusätzlich sollte eine klare und deutliche Handlungsinstruktion erfolgen. So berichtet JOHNSON (1984) von einer Beobachtung bei einem Flugzeugunglück in Teneriffa, bei dem zwei voll besetzte Maschinen auf dem Boden kollidierten. Ein nachträgliches Interview mit Überlebenden ergab, dass eine Frau völlig regungslos im Sitz verharrte. Ihr Hauptgedanke sei gewesen: *»So ist es also, wenn man bei einem Flugzeugunglück stirbt.«* Gerettet wurde sie durch ihren Ehemann, der sie relativ drastisch instruierte: *»Komm sofort raus hier, folge mir!«* Aus dem schon oben beschriebenen Rattenexperiment von LEIDIG (1994) kann noch ein zusätzlicher Gedanke abgeleitet werden: Positive Vorerfahrungen sollten aktiviert werden (*»Du hast in Deinem Leben schon einige bedrohliche Situationen bewältigt! Du kannst es hier auch!«*).

Zusammenfassung:
Intervention bei individueller Panik:
- *körperliche Aktionen,*
- *deutliche, drastische Ansprache,*
- *deutliche Handlungsanweisung,*
- *Instruktion: Regelmäßig atmen!*

Intervention bei Massenpanik: Um bei einer drohenden Massenpanik eingreifen zu können, ist eine Voraussetzung, dass eine Kommunikationsmöglichkeit besteht. Nur dann kann die betroffene Menschenmenge in der beschriebenen »sensiblen Phase« erreicht werden.

Bei einer schon im Gang befindlichen Panikreaktion kann versucht werden, durch eine plötzliche, starke Veränderung der Umwelt einen Überraschungseffekt zu erzielen, der die Aktion zumindest für einen Moment unterbricht. Dies könnte durch eine plötzliche, starke Helligkeit durch spezielle Scheinwerfer erfolgen oder durch das Besprühen der Menge mit Wasser. In der darauf folgenden kurzen zeitlichen Nische kann dann eine Anweisung erfolgen.

Die kommunikativen Interventionen sollten unter dem Motto stehen: »Erregung dämpfen – kortikale Elemente fördern!« Im Einzelnen:

- *Ausblenden statt Abbrechen:* Wenn die Möglichkeit besteht, eine bedrohliche Situation nicht abrupt, sondern kontinuierlich zu beenden, sollte dies genutzt werden. Bei einem abrupten Abbruch besteht immer die Gefahr des plötzlichen Ausbruchs einer latenten Panik. Die Entscheidung der Verantwortlichen im Brüsseler Heijsel-Stadion, bei einer durch rivalisierende Gruppen verursachten panikartigen Situation das Spiel nicht abzubrechen, sondern anpfeifen und weiterlaufen zu lassen, war vor diesem Hintergrund richtig, auch wenn sie aus ethischen Gründen angezweifelt wurde (*»Wie kann man nur Fußball spielen, wenn draußen Menschen sterben!«*).
- *Aufmerksamkeit binden:* Den Beteiligten ist eine einfache Aufmerksamkeitsaufgabe zu erteilen (Beispiel: *»Achten Sie auf Verletzte, die am Wege liegen!«*).
- *Klare Information – keine falsche Sicherheit:* Informationen über das Ereignis sollten klar, eindeutig und wahrheitsgemäß sein. Dabei sollte keine falsche Sicherheit vermittelt werden.
- *Eindeutige Handlungsanweisungen:* Den Beteiligten sollten konkrete, einfach zu befolgende Handlungsanweisungen gegeben werden (*»Gehen Sie in Richtung der grünen Pfeile!«*).
- *Soziale Motive fördern:* Der drohenden Hintansetzung von sozialer Motivation kann versucht werden, durch einen direkten Appell zu begegnen. Dies kann z.B. durch die Instruktion geschehen, *»auf Kinder oder schwächere Personen zu achten«*, so-

wie durch einen Appell an das »Wir-Gefühl«: »*Wir können gemeinsam das Problem lösen.*«

- *Mengen teilen:* Wenn es möglich ist, sollten die Mengen geteilt werden, um eine Konzentrierung der Flüchtenden an den Ausgängen zu vermeiden. Dazu kann auf verschiedene Ausgänge hingewiesen (»*Alle Besucher der Südtribüne bitte Ausgang Süd benutzen, auf den Stehplätzen Ausgang West*«) oder eine Reihenfolge festlegt werden (»*Zuerst bitte die Reihen 10 – 30!*«). Die alte Regel: »*Frauen und Kinder zuerst*« erweist sich hier als doppelt hilfreich: Bei ihrer Anwendung erhöht sich mittelbar durch diese Reihenfolge auch die Überlebenschance von Männern.
- *Wiederholungen:* Eine regelmäßige Wiederholung, ggf. mit neuen Informationen, ist notwendig. Dadurch können Hörfehler und Missverständnisse beseitigt werden. In der Hektik werden Anweisungen auch schnell vergessen. Außerdem kann durch die Wiederholung die Aufmerksamkeit der Beteiligten aufrechterhalten werden.

Die Musterdurchsage in ABBILDUNG 16 versucht, alle diese Faktoren zu berücksichtigen. Dabei sollte

- das Mikrofon sehr hoch ausgesteuert werden,
- der Sprecher nahe an das Mikrofon herantreten,
- mit ruhiger, nicht zu lauter Stimme gesprochen werden.

Ein derartig vorbereitetes Papier sollte in jeder Sprecherkabine eines Stadions, einer Halle oder Großdiskothek vorliegen. Sämtliche Sprecher sollten in der Durchsage derartiger Meldungen geschult werden.

Für die sonstigen erwähnten Formen von Massenpanik in offenen und in geschlossenen Situationen sind die Möglichkeiten zur Intervention sehr begrenzt. Ein Film vom Flugzeugabsturz in Ramstein zeigt z.B. eine Notärztin hilflos auf der Kühlerhaube ihres Fahrzeugs sitzend, während die Verletzten an ihr vorbeirennen. Eine unmittelbare Hilfestellung ist in diesen Situationen unmöglich. Hier kann man nur den Rat geben, sich auf die anstehenden organisatorischen Aspekte der Rettung zu konzentrieren.

In geschlossenen Situationen haben die Helfer in der Regel meist keine Einflussmöglichkeiten, weil erst die entsprechenden Kom-

Musterdurchsage

- *Liebe Stadionbesucher, ich bitte dringend um Ihre Aufmerksamkeit!* (Aufmerksamkeit erzeugen)
- *Hier im Stadion ist vor einigen Minuten ein größerer Unfall passiert.* (Wahrheitsgemäß informieren!)
- *Die Mehrheit von Ihnen ist nicht in Gefahr.* (Beruhigung)
- *Wir müssen die Situation gemeinsam bewältigen.* (Soziale Motivation)
- *Verlassen Sie bitte das Stadion zügig, aber kontrolliert!* (Handlungsanweisung)
- *Verwenden Sie jeweils die für Sie nächstgelegenen Ausgänge! Sie sind mit grünen Pfeilen gekennzeichnet.* (Mengen teilen)
- *Achten Sie bitte darauf, dass Frauen und Kinder nicht zurückgedrängt werden.* (Aufmerksamkeit binden, soziale Motivation)
- *Gehen Sie draußen zügig weiter, damit kein Stau entsteht und die Rettungsdienste Platz haben.* (Handlungsanweisung mit Begründung)
- *Das Wichtigste nochmals: Das Stadion kontrolliert durch den nächstgelegenen Ausgang verlassen! Auf Verletzte, Frauen und Kinder achten! Draußen Zufahrten freihalten!* (Wiederholung)
- *Achten Sie auf weitere Durchsagen!* (Aufmerksamkeit)
- (Eventuell Wiederholung: *Stadion verlassen, auf Frauen und Kinder achten, draußen weitergehen!*)

Abb. 16 ▶ Musterdurchsage bei Panikgefahr im Stadion

munikationsmöglichkeiten geschaffen werden müssen. Sind diese hergestellt, können die Hinweise aus den schon beschriebenen Situationen leicht übertragen werden. Am wichtigsten ist es, die Betroffenen zu informieren, insbesondere über den Fortgang der Rettungsmaßnahmen. Nützlich kann noch sein, den Eingeschlossenen kleine, leicht zu bewältigende, aber physisch nicht zu anstrengende Aufgaben zu geben, wenn möglich solche, die tatsächlich oder dem Anschein nach für die eigene Rettung nützlich sind, z.B. weiterhin in regelmäßigen Abständen Klopfzeichen zu geben. Inwieweit darüber hinaus auch Informationen über das Leben »draußen« übermittelt werden sollten, z.B. über das Wetter oder die letzten Bundesligaergebnisse, mag strittig sein. Das Gefühl der Autoren würde eher dafür sprechen, auch auf diese Weise die Kommunikation aufrechtzuerhalten.

Zusammenfassung:
Interventionen bei Gefahr einer Massenpanik:

- *Generell: Erregung dämpfen,*
- *ausblenden statt abbrechen,*
- *Aufmerksamkeit binden,*
- *klare Information,*
- *eindeutige Handlungsanweisungen,*
- *soziale Motive fördern,*
- *Mengen teilen,*
- *Hinweise wiederholen,*
- *keine unzutreffenden Sicherheitsgefühle erzeugen.*

8 Nachwort

Die vorliegende Publikation ist ein Versuch einer Bestandsaufnahme der psychologischen Aspekte von Notfallsituationen mit entsprechenden praktischen Hinweisen. Dabei sind eindeutige Lücken erkennbar. Die wissenschaftliche Erkenntnislage ist teilweise noch defizitär. Nicht für jede denkbare Notfallsituation liegen empirische Ergebnisse vor, zudem sind die Informationen sehr verstreut.

Dieses Buch konzentriert sich vor allem auf Notfälle mit medizinischen Aspekten und z.B. weniger auf typisch polizeiliche Notlagen oder die nicht-rettungsdienstlichen Aufgaben der Feuerwehr. Allerdings dürften viele der beschriebenen Erkenntnisse auch für diese Bereiche gelten.

Manche Schlussfolgerungen der Autoren aus deren inzwischen über 25-jährigen Erfahrungen mit dem Themenbereich »Notfallpsychologie« mussten subjektiv bleiben. Eine bedeutsame Änderung hat es jedoch in den 25 Jahren gegeben, seitdem wir uns mit dem Gebiet der Notfallpsychologie befassen: Wurde damals noch die Psyche bei Notfällen kaum beachtet und war in den Ausbildungsunterlagen nichts zu finden, so wird heutzutage schon teilweise zu viel des Guten in dem Sinne getan, dass davon ausgegangen wird, jedes Notfallopfer und auch jede Einsatzkraft müsse psychisch beeinträchtigt sein und bedürfe routinemäßig psychologischer Hilfe. Dies ist natürlich nicht der Fall. Die meisten Menschen haben genug Ressourcen, dass sie einen Notfall ohne negative Folgeerscheinung überstehen, sei es als Opfer oder als Helfer. Dies gilt insbesondere, wenn vorab die Regeln der Psychischen Ersten Hilfe berücksichtigt werden.

Noch eine Bemerkung zu den wörtlichen Äußerungen und Zitaten: Sie stammen aus Interviews mit Betroffenen, aus der Literatur oder als »plastische Erläuterung« von den Autoren. Sie sollen einerseits die abstrakten vorangegangenen Aussagen illustrieren und andererseits als Musterbeispiele dienen, mit denen in Notfällen zunächst einmal agiert werden kann. Natürlich können sie durch eigene Erfahrungen ergänzt oder modifiziert werden.

Im vorliegenden Text ist aus Gründen der Lesbarkeit auf eine explizite Bezeichnung beider Geschlechter verzichtet worden. Dem liegt auf keinen Fall eine diskriminierende Intention zugrunde. Wo es möglich war, wurde versucht, neutrale Begriffe zu verwenden.

Die Autoren sind vielen Personen zu Dank verpflichtet. Darauf angesprochen, ob deren Erfahrungen zu der Thematik weitergegeben werden könnten, kam immer nur Zustimmung. Die Autoren danken auch für die folgende zwiespältige, aber ermutigende Bemerkung eines dieser Partner:

»Endlich macht Ihr Psychologen mal was Nützliches!«

9 Literatur

ABDULLA W, REHWINKEL R, NETTER U, BÖRGER S, ABDULLA S, BISCHEL A, DORANT U, ISAAK I, WOLF S ET AL. (2009) Busunfall auf der Autobahn A14 bei Bernburg. Notfall- und Rettungsmedizin 12(2): 123–129.

AGN-NW (ARBEITSGEMEINSCHAFT NOTÄRZTE IN NORDRHEIN-WESTFALEN) (2000) Mitteilungen. Notarzt 16: 62–63.

AGN-NW (ARBEITSGEMEINSCHAFT NOTÄRZTE IN NORDRHEIN-WESTFALEN) (2001) Sitzungen der Arbeitsgruppe »Qualitätsmanagement«. Wermelskirchen und Wuppertal.

AHNEFELD FW (1998) Anforderungen an die Leitstelle als komplexes Hilfeleistungssystem aus notfallmedizinischer Sicht. In: Topp S (Hrsg.) Rettungsdienst 2000 – Integraler Bestandteil des »Komplexen Hilfeleistungssystems«. Kongressbericht, DRK-Rettungskongress, 13.5.1998. Bonn: Nagel, S. 577–584.

AHNEFELD FW, WICK W, KNUTH P, SCHUSTER HP (1998) Grundsatzpapier Rettungsdienst. Notfall- und Rettungsmedizin 2: 68–74.

ALBRECHT D, GIERKE S V, VÖLKEL U, BARTH J, GASPAR M (1999) Die Posttraumatische Belastungsreaktion (PTB) – ein (häufig) unterschätztes Krankheitsbild. Rettungsdienst 22: 607–612.

ALT-EPPING S, WEHNER T (1997) Wie gehen Mitarbeiter mit der psychischen Belastung im Rettungsdienst um? Rettungsdienst 20: 1100–1106.

ANTONOVSKY A (1987) Unraveling the mystery of health. How people manage stress and stay well. San Francisco: Jossey-Bass.

ARNOLD N (2000) Qualitätssicherung im RD: Auswertung von Einsatzdaten. Rettungsdienst 23: 866–869.

BALCK F, MEYER W (1997) Kooperation und Teamarbeit. In: Bengel J (Hrsg.) Psychologie in der Notfallmedizin und im Rettungsdienst. Berlin: Springer, S. 285–293.

BAND (2001) Empfehlung der BAND für einen »Notarzt-Indikationskatalog«. Notarzt 17: A31.

BAND (2002) Konsensuskonferenz 2002. Sichtungskategorien im Rettungsdienst und im Katastrophenschutz. www.band-online.de/imageordner/index.php (10. Juni 2004)

BAUMANN A-M, BRECKWOLDT J, SELLIN S (2010) Leitlinien oder Protokolle zur Notrufabfrage. In: Hackstein A, Sudowe H (Hrsg.) Handbuch Leitstelle. Strukturen, Prozesse, Innovationen. Edewecht: Stumpf + Kossendey, S. 106–110.

Bawmann MC (1991) Über die Bedürfnisse von Kriminalitätsopfern. Empirische Ergebnisse aus dem Forschungsschwerpunkt »Viktomologie« in der Kriminalistisch-kriminologischen Forschungsgruppe im BKA. In: Egg R (Hrsg.) Brennpunkte der Rechtspsychologie. Polizei – Justiz – Drogen. Bonn: Forum Verlag Godesberg, S. 11–38.

Beck T (2001) Die Entwicklung eines KIT- und SBE-Teams beim Roten Kreuz: Erfahrungen aus Tirol. Rettungsdienst 24: 552–555.

Behrend H, Schmiedel R (2004) Die aktuellen Leistungen des Rettungsdienstes in der Bundesrepublik Deutschland im zeitlichen Vergleich. Notfall- und Rettungsmedizin 7: 59–70.

Bengel J, Bordel G, Carl C (1998) Psychische und physische Arbeitsbelastungen im Rettungsdienst. Nottuln: Verlags- und Vertriebsgesellschaft des DRK.

Bengel J, Carl C (1997) Psychologische Aus- und Fortbildung. In: Bengel J (Hrsg.) Psychologie in Notfallmedizin und Rettungsdienst. Berlin: Springer, S. 388–393.

Bengel J, Heinrichs M (2004) Psychische Belastungen des Rettungspersonals. In: Bengel J (Hrsg): Psychologie in der Notfallmedizin und im Rettungsdienst. Berlin: Springer, S. 13–43.

Bens D, Lipp R (2014) Notfallsanitätergesetz: Herausforderungen und Chancen. Edewecht: Stumpf + Kossendey.

Biarent D, Bingham R, Richmond S, Maconochie I et al. (2010) Lebensrettende Maßnahmen bei Kindern (Paediatric Life Support, PLS). Notfall- und Rettungsmedizin 13: 635–664.

Bierhoff H (2009) Psychologie hilfreichen Verhaltens. Stuttgart: Kohlhammer.

Bierhoff HW, Klein R, Kramp P (1990) Hemmschwellen zur Hilfeleistung. Untersuchung der Ursachen und Empfehlung von Maßnahmen zum Abbau. Bergisch-Gladbach: Bundesanstalt für Straßenwesen.

Bischoff P, Rundshagen I (2011) Awareness under general anesthesia. Dtsch Ärztebl Int 108(1–2): 1–7.

Brauchle G, Hötzendorfer C, Bänninger-Huber E, Juen B (2000) Notfallpsychologie oder Psychotherapie? Aufgaben und Einsatzkriterien psychologischen Handelns in Großschadenslagen. Psychologie in Österreich 20: 260–264.

Brehm JW (1966) Theory of Psychological Reactance. New York: Academic Press.

Büch E, Koch B (1998) Wirtschaftlichkeit im Rettungsdienst. Nottuln: Verlags- und Vertriebsgesellschaft des DRK.

Büch E, Koch B (1998a) Wirtschaftlichkeit im Rettungsdienst aus organisatorisch-infrastruktureller Sicht. In: Topp S (Hrsg.) Rettungsdienst 2000 – Integraler Bestandteil des »Komplexen Hilfeleistungssystems«. Kongressbericht, DRK-Rettungskongress, 13.5.1998. Bonn: Nagel, S. 197–208.

Büch E, Koch B (2000) Zur Wirtschaftlichkeit im Rettungsdienst. Notarzt 16: 101–107.

Bundesärztekammer (2003) Sichtungskategorien. http://www.bundesaerztekammer.de/30/Notfallmedizin/20030804.html (10. Juni 2004)

Bundesärztekammer (2013) Empfehlung der Bundesärztekammer zum Ärztlichen Leiter Rettungsdienst. Dtsch Ärztebl 110: 1281-1282.

Bundesärztekammer (2014) (Muster-)Kursbuch Notfallmedizin. Methodische Empfehlungen, Lehr- und Lerninhalte für den Weiterbildungskurs zum Inhalt der Zusatz-Weiterbildung »Notfallmedizin«. Berlin.

Burgkhardt M (2000) Vortrag, 8. Refresherkurs für Leitende Notärzte, 26.–28.10.2000, Oberwiesental.

Coellen B (1992) Das Verhalten von Menschen in Extremsituationen. Notarzt 8: 104–107.

Cohn R (1990) Von der Psychoanalyse zur themenzentrierten Interaktion. Stuttgart: Klett-Cotta.

Crespin UB (1995) LNA und OrgL – Überlebende eines Geisterfahrer-Crashs. Rettungsdienst 12: 940–943.

Crespin UB, Peter H (2007) Handbuch für Organisatorische Leiter. Edewecht: Stumpf + Kossendey.

D'Amelio ER, Pajonk FG (2011) Psychiatrische Notfälle. In: Lasogga F, Gasch B (Hrsg.) Notfallpsychologie – Lehrbuch für die Praxis. Heidelberg: Springer Medizin, S. 331–344.

Daniel P (1987) Schaulust bei Verkehrsunfällen. Unveröffentlichte Diplomarbeit, Köln

Daschner C-H (2001) Krisenintervention im Rettungsdienst. Edewecht, Wien: Stumpf + Kossendey.

Davison G, Neale J, Hautzinger M (2007) Klinische Psychologie – ein Lehrbuch. Weinheim: Beltz PVU.

Decker F (1987) Führen im Rettungsdienst. Berlin: Springer.

Deegener G (1996) Psychische Folgeschäden nach Wohnungseinbruch. Mainz: Weisser Ring.

Degner M (1995/97) Die Sucht zu Helfen – Einführung in das Helfersyndrom. www.pflege.klinikum-grosshadern.de/campus/psycholo/helfer/helfer.html

Deutscher Anästhesiekongress (2001) Rettungsdienst in Ballungsräumen: Mehr Notärzte für soziale Notfälle! Notarzt 17: A52–A53.

Dick G, Dick-Ramsauer U (1996) Erste Hilfe in der Psychotherapie. Wien: Springer.

Dick W (1998) Vortrag. In: Topp S (Hrsg.) Rettungsdienst 2000 – Integraler Bestandteil des »Komplexen Hilfeleistungssystems«. Kongressbericht, DRK-Rettungskongress, 13.5.1998. Bonn: Nagel, S. 47–49

Dollard J et al. (1939) Frustration and Aggression. New Haven: Yale Univ. Press.

Dombrowsky W (1998) Zuschauer bei Katastrophen. In: Strauß B (Hrsg.) Zuschauer. Göttingen: Hogrefe.

Dombrowsky W (2012) Sinn und Unsinn von psychosozialer Betreuung. Neuausrichtung der »Hilfe für Helfer«. Notfallvorsorge 43(3): 4–13.

Dörner D, Bick T (1983) Lohhausen – vom Umgang mit Unbestimmtheit und Komplexität. Huber: Bern.

Driller U (2006) Gruppensupervision als Instrument zur Bearbeitung arbeits- und organisationsspezifischer Belastungen in der Polizei. Polizei & Wissenschaft 2: 80–92.

Egle U, Hoffman S, Joraschky P (1997) Sexueller Mißbrauch, Mißhandlung, Vernachlässigung. Stuttgart: Schattauer.

Ehlers A, Clark DM, Winton E (1997) Predicting response to exposure treatment in PTSD: The role of mental defeat and alienation. Journal of Traumatic Stress. Zit. n. Maercker, 1997

Ellinger K, Denz Ch, Lutz Th (1999) Großschadensfälle. In: Madler C, Jauch K-W, Werdan K (Hrsg.) Das NAW-Buch. München: Urban und Schwarzenberg, S. 922–935.

Engelhardt GH (1998) Der Rettungsdienst vor neuen Herausforderungen: Medizin, Ausbildung, Organisation. Edewecht, Wien: Stumpf + Kossendey.

Escher M (1999) Im Brennpunkt: Schnittstelle Rettungsdienst – Krankenhaus. Rettungsdienst 22: 1094–1096

Faust V (1986) Angst – Furcht – Panik. Stuttgart: Hippokrates.

Fertig B (1996) Sind wir Helfer eigentlich noch zu retten? In: Engelhardt GH (1996) Rettungsdienst in Europa. Edewecht, Wien: Stumpf + Kossendey, S. 241–244.

Fiedler H, Gasch B, Lasogga F (2004) Zuschauer bei Notsituationen. In: Bengel J (Hrsg.) Psychologie in der Notfallmedizin und im Rettungswesen. Berlin: Springer, S. 191–200.

Fisch T (1992) Erfahrungen bei Sofort- und Überlebenshilfereaktionen. In: Lanz R (Hrsg.) Medizin und Management bei Katastrophen und Massenunfällen. Bern: Huber, S. 89–91.

Fischer G, Becker-Fischer M, Düchting C (1998) Neue Wege in der Hilfe für Gewaltopfer. Ergebnisse und Verfahrensvorschläge aus dem Kölner Opferhilfe-Modell. Köln: Institut für Psychotraumatologie.

Fischer G, Hermanutz M, Buchmann K (1999) Effizienz einer speziellen psychologischen Beratung von Opfern nach Banküberfällen. Arbeitsmedizin - Sozialmedizin - Umweltmedizin 34: 150–155.

Fischer G, Riedesser P (2009) Lehrbuch der Psychotraumatologie. München: Reinhardt.

Fleischhackl R, Kober A, Fencl S, Jehlik M, Vlach W, Prosch H (2001) Körperkontakt zwischen Personal und Patient im Rettungsdienst. Rettungsdienst 24: 118–122.

Freund D (1997) Konfliktfelder im Rettungsdienst I: Rettungsassistent – Notarzt. Rettungsdienst 20: 802–803.

Fritsche A (2011) Panik in großen Menschenmengen. Der Notarzt 27(3): 97–100.

Fritz S (2001) Erfahrungsbericht: Betreuung von Sparkassenangestellten in Zusammenhang mit Überfällen. In: Bundesanstalt für Arbeitsschutz und Arbeitsmedizin: Psychologische Vor- und Nachsorge für Beschäftigte von Berufsgruppen, die mit Notfallsituationen konfrontiert sind. Bremerhaven: Wirtschaftsverlag NW, S. 79–82.

Fulbroock F et al. (2007) The presence of family members during cardiopulmonary resuscitation. The world of critical care nursing 5(4): 86–88.

Funke J, Kirk M (1994) Schulung für den Katastrophenschutz: Psychologische Aspekte der Ausbildung und des Trainings. Notfallvorsorge und Zivile Verteidigung – Internationale Zeitschrift für Gefahrenabwehr 25(2): 22–25.

Gasch B, Karutz H (2013) Humor im Einsatz: Hilfreich oder unangebracht? Rettungsdienst 36: 128–134.

Gasch B, Lasogga F (1999) Psychische Erste Hilfe (PEH) beim akuten Herzinfarkt. Rettungsdienst 22: 305–309 und 398–401.

GASCH B, LASOGGA F (2001) Psychische Erste Hilfe bei Unfällen. In: Bundesanstalt für Arbeitsschutz und Arbeitsmedizin: Psychologische Vor- und Nachsorge für Beschäftigte von Berufsgruppen, die mit Notfallsituationen konfrontiert sind. Bremerhaven: Wirtschaftsverlag NW, S. 24–32.

GEBHARDT H, KLUSSMANN A, MASSBECK P, TOPP S, STEINBERG U (2006) Sicherheit und Gesundheit im Rettungsdienst. Bremerhaven: Wirtschaftsverlag NW.

GEISEL HO (1999) Die Leitstelle im Blickpunkt: Probleme und Perspektiven. Rettungsdienst 22: 784–786.

GORGASS B, AHNEFELD F (1993) Rettungsassistent und Rettungssanitäter. Berlin: Springer.

GRAMLICH B (1997) Konfliktfelder im Rettungsdienst II: Notarzt – Rettungsassistent. Rettungsdienst 20: 804.

GREIS J (1992) Psychologische Erste Hilfe – ein vergessenes Thema? Rettungsdienst 15: 794–798.

GRETENKORT P, THOMAS P (2000) Postprimäre Prävention in der Notfallversorgung – Moderne Konzepte für Individual- und Massenanfall von Verletzten. Journal für Anästhesie und Intensivbehandlung 5: 103–112.

GROMUS (1998) zitiert nach Brauchle G et al. (2000) Notfallpsychologie oder Psychotherapie? Psychologie in Österreich 5: 260–264.

GROSSER KD, HOMBACH V, SIEBERTH HG (1993) Der internistische Notfall. Stuttgart: Schattauer.

GUGGENBÜHL D (1983) Das Leben im Schutzraum. In: Nussbaumer S (Hrsg.) Katastrophe, was tun? Lugno: Athenäum, S. 266–271.

GUGGENBÜHL D (1986) Angst- und Schreckreaktionen in Katastrophen. In: Faust V (Hrsg.) Angst – Furcht – Panik. Stuttgart: Hippokrates, S. 218–224.

GUILFORD JP (1967). The Nature of Human Intelligence. New York: McGraw Hill.

HAACK H (1998) Der Suizidversuch im Rettungsdiensteinsatz. In: Engelhardt GH (Hrsg.) Der Rettungsdienst vor neuen Herausforderungen. Edewecht, Wien: Stumpf + Kossendey, S. 271–274.

HACKSTEIN A, SIEVERS D (2010) Leitstellenformen. In: Hackstein A, Sudowe H (Hrsg.) Handbuch Leitstelle. Strukturen, Prozesse, Innovationen. Edewecht: Stumpf + Kossendey, S. 21–47.

HAGEN G (1997) Wenn der Schrecken im Gedächtnis haftet. Frankfurter Allgemeine Zeitung Nr. 72 vom 26.3.1997, S. N2.

Hauch H, Gräsner JT, Herrmann D et al. (1998) Notfallmedizin und studentische Ausbildung. Rettungsdienst 21: 58-61.

Hediger H (1986) Angst und Panik bei Tieren. In: Faust V (Hrsg.) Angst – Furcht – Panik. Stuttgart: Hippokrates, S. 27–37.

Heim E (1996) Der Bewältigungsprozess in Krise und Krisenintervention. In: Schnyder U, Sauvant J-D (Hrsg.) Krisenintervention in der Psychiatrie. Bern: Huber, S. 27–43.

Heinerth K (2002) Von der akuten zur Posttraumatischen Belastungsreaktion: eine stresstheoretische Grundlegung zum Verständnis und zur klientenzentrierten Intervention. München: Institut für Päd. Psychologie und Emp. Pädagogik.

Helbing D, Farkas I, Vicsek T (2000) Simulating Dynamical Features of Escape Panic. Nature 407: 487–490.

Helbing D, Johansson A, Al-Abideen HZ et al. (2007) Dynamics of crowd disasters: An empirical study. Phys. Rev. E 75, 046109.

Helmerichs J (1997) Erfahrungen des Rettungsdienst-Personals mit dem Notfalleinsatz »Plötzlicher Säuglingstod«. Rettungsdienst 20: 112–115.

Helmerichs J (1998) Erfahrungen mit psychologischer Ausbildung am Beispiel der Rettungsassistenten-Ausbildung an der Rettungsschule Goslar. In: Deutsches Rotes Kreuz (Hrsg.) Rettungsdienst 2000 – Kongressbericht, 9. Rettungsdienstkongress Münster. Bonn: Nagel, S. 347–355.

Henninger W (Evangelisch-katholische Aktionsgemeinschaft für Verkehrssicherheit) (1997) »Notfallseelsorge« – eine Handreichung: Grundlegendes – Modelle – Fortbildung. Kassel: Bruderhilfe.

Hermanutz M, Buchmann K (1994) Körperliche und psychische Belastungsreaktionen bei Einsatzkräften während und nach einer Unfallkatastrophe. Die Polizei 11: 294–302.

Hermanutz M, Fiedler H (1997) Nachbereitung von Einsätzen bei Großschadensereignissen. In: Bengel J (Hrsg) Psychologie in Notfallmedizin und Rettungsdienst. Berlin: Springer, S. 269–293.

Hermanutz M, Lasogga F (1998) Wohnungseinbrüche – nicht nur ein materieller Schaden. Kriminalistik 52(3): 171–179.

Herrmann M (2009) Internet-Suizid – Suizid vor der Webcam. http://www.herrmann-online.info/documents/internetsuizid.pdf. (19. August 2013).

Hersche B (1996) Erfahrungen mit Busunglücken in Österreich. In: Rettungsdienst in Europa. Referate, gehalten auf dem 16. Bundeskongress Rettungsdienst, 31.5.–2.6.1996. Edewecht, Wien: Stumpf + Kossendey.

HERSCHE B (2000) Großveranstaltungen: Organisation und Panikverhütung. Vortrag, 17. St. Pauler Notfalltage, 4.–6.5.2000, St. Paul.

HERSCHE B (2001) Einsatzorganisationen und Medien – die heutige Landschaft und die Anforderungen. Vortrag, 18. St. Pauler Notfalltage, 29.–30.4.2001, St. Paul.

HERZOG G (1999) Psychologisches Diagnose-Inventar für Leitstellenpersonal. Rettungsdienst 22: 794–797.

HERZOG G ET AL. (2000) Ausbildungsrichtlinien für Notfallpsychologinnen und Notfallpsychologen des Berufsverbandes Österreichische Psychologinnen und Psychologen (BÖP). Psychologie in Österreich 5: 318–321.

HOFMANN N (2001) Traumatischer Schock – Infusionstherapie. Vortrag, Ausbildungskurs Notfallmedizin (ANS), 29.9.–6.10.2001, Bad Gastein.

HÖHN O (1998) Kundenwünsche an den Rettungsdienst aus der Sicht der Patienten. In: Engelhardt GH (Hrsg.) Der Rettungsdienst vor neuen Herausforderungen. Edewecht, Wien: Stumpf + Kossendey, S. 415–418.

HORN AB, MEHL MR (2004) Expressives Schreiben als Copingtechnik: Ein Überblick über den Stand der Forschung. Verhaltenstherapie 14: 274–283.

HÖRNER T (2000) »Rocken und Retten« – Tina Turners »24/7 Tour« im Frankfurter Waldstadion. Rettungsdienst 23: 1106–1109.

HORNUNG P (1998) Psychoedukation und Pharmakotherapie. Stuttgart: Schattauer.

HUSSY W (1984) Denkpsychologie. Stuttgart: Kohlhammer.

HÜTTER M (2000) Klinisch psychologische Behandlung an einer unfallchirurgischen Intensivstation. Psychologie in Österreich 20: 270–274.

HÜTTER M, BRASSE R, KOCHER S (2000) Notfallpsychologinnen bei einer Katastrophenschutzübung des Landes Salzburg. Psychologie in Österreich 5: 311–315.

INSTITUT FÜR RETTUNGSDIENST DES DRK (1997) Leitstelle: Diskussionen, Ergebnisse und Schlußfolgerungen des interdisziplinären Workshops vom 24./25. September 1996 in Maria Laach. Nottuln: Verlags- und Vertriebsgesellschaft des DRK.

IPSEN K (1998) Eröffnung des 9. DRK-Rettungskongresses am 13.5.1998. In: Topp S. (Hrsg.) Rettungsdienst 2000 – Integraler Bestandteil des »Komplexen Hilfeleistungssystems«. Kongressbericht, DRK-Rettungskongress, 13.5.1998. Bonn: Nagel, S. 21–27.

JABRE P ET AL. (2013) Family presence during cardiopulmonary resuscitation. New England Journal of Medicine (NWJM) 368: 1008-1018.

Jatzko H, Jatzko S, Seidlitz H (2001) Katastrophen-Nachsorge am Beispiel der Aufarbeitung der Flugkatastrophe von Ramstein 1988. Edewecht, Wien: Stumpf + Kossendey.

Johnson D (1984) Just in case – A passenger's guide to airplane safety and survival. New York: Plenum Press.

Jorch H (2013) Plötzlicher Säuglingstod (SID). In: Rieske U, Müller-Lange J, Unruh J (Hrsg.) (2013) Handbuch Notfallseelsorge. Edewecht: Stumpf + Kossendey, S. 125–137.

Kabel 1 TV (2001) K1-Magazin: Panik. Sendung am 21.2.2001.

Kahmann J (2007) Stressbewältigung von Polizeibeamten beim Überbringen einer Todesnachricht. Frankfurt/M: Verlag für Polizeiwissenschaft.

Kaltenbach M (1989) Krankheiten des Herzens. In: Kühn HA, Schiermeister J (Hrsg.) Innere Medizin. Berlin: Springer, S. 630–709.

Karutz H, Lasogga F (2005) Positive Aspekte der Arbeit im Rettungsdienst. Rettungsdienst 28: 14–18.

Karutz H, Lasogga F (2014) Kinder in Notfällen. Psychische Erste Hilfe und Nachsorge. Edewecht: Stumpf + Kossendey.

Kelley HH, Condrey JC, Dahlke AE, Hill AH (1965) Collective behaviour in a simulated panic situation. Journal of Experimental Social Psychology 1: 20–54.

Kessler RC et al. (1995) Posttraumatic stress disorder in the national comorbidity survey. Archives of General Psychiatry 52: 1048–1060.

Knobling F (1998) ICE-Unfall Eschede: Bericht aus Sicht des ersteintreffenden Rettungsteams. In: Engelhardt G.H. (Hrsg.) Der Rettungsdienst vor neuen Herausforderungen. Edewecht, Wien: Stumpf + Kossendey, S. 487–491.

Knopf S (1998) Schnittstelle Rettungsdienst/Klinik – Medizinisch-technische Probleme bei der Patientenübergabe. In: Engelhardt G.H. (Hrsg.) Der Rettungsdienst vor neuen Herausforderungen. Edewecht, Wien: Stumpf + Kossendey, S. 241–244.

Koch B et al. (1997) Die notärztliche Versorgung in der Bundesrepublik Deutschland. Nottuln: Verlags- und Vertriebsgesellschaft des DRK.

Kolbe G (2001) Trost nach frühem Kindstod. Ruhrnachrichten 5.10.2001, Nr. 288.

Krüsmann M (2003) Prävention im Einsatzwesen. In: Bevölkerungsschutzmagazin 2: 25–27.

Krüsmann M, Müller-Cyran A (2005) Trauma und frühe Interventionen. Möglichkeiten und Grenzen von Kriseninterventionen und Notfallpsychologie. Stuttgart: Pfeiffer.

KÜHNER R (1988) Wirksamkeit der Ersten Hilfe. In: Erste Hilfe – Gemeinsame Fachtagung 20.–21.Oktober 1987 in Henne/Sieg. St. Augustin: Hauptverband der gewerblichen Berufsgenossenschaften e.V., S. 36–46.

LANGHORST M (2000) Vortrag, Fortbildungsseminar für den Leitenden Notarzt, 16.–20.6.2000, Porta Westfalica.

LARBIG W, BIRBAUMER N (1986) Psychophysiologie der Angst. In: Faust V (Hrsg.) Angst – Furcht – Panik. Stuttgart: Hippokrates, S. 16–26.

LASOGGA F (2001) Psychische Erste Hilfe beim Überbringen von Todesnachrichten. Rettungsdienst 24: 341–344.

LASOGGA F, AMELN F v (2010) Kooperation bei Großschadensereignissen: Problemlagen und Entwicklungsperspektiven eines komplexen Organisationsnetzwerks. Gruppendynamik und Organisationsberatung 41(2):157–176.

LASOGGA F, FROMMBERGER U (2004) Psychische Situation und Reaktion von Notfallpatienten. In: Bengel J (Hrsg.) Psychologie in der Notfallmedizin und im Rettungswesen. Ein Lehrbuch. Berlin u.a.: Springer, S. 13–23.

LASOGGA F, GASCH B (2006) Psycho-soziale Notfallhilfe: Eine Evaluation des »AKUTteams Niederösterreich«. Rettungsdienst 29: 372–376.

LASOGGA F, GASCH B (2011) Helfen als Beruf. In: Lipp R et al. (Hrsg.) Lehrbuch für präklinische Notfallmedizin, Bd. 4: Berufskunde und Einsatztaktik. Edewecht: Stumpf + Kossendey, S. 430–435.

LASOGGA F, GASCH B (2013) Psychische Erste Hilfe bei Unfällen. Edewecht: Stumpf + Kossendey.

LASOGGA F, KARUTZ H (2012) Hilfen für Helfer. Edewecht: Stumpf + Kossendey.

LASOGGA F, KUS C (2013) Kooperation. In: Abschlussbericht des BMBF Verbundprojekts SPIDER (Security System für Public Institutions in Disastrous Emergency ScenaRios). Berlin: DRK.

LASOGGA F, MÜNKER-KRAMER E (2009) Psychosoziale Notfallhilfe. »Psychische Zweite Hilfe« durch Notfallseelsorger und Kriseninterventionsteams. Edewecht: Stumpf + Kossendey.

LASOGGA F, ROEDER S, QUELLMELZ M (2011) Koordination, Kooperation und Kommunikation bei Großschadensereignissen. In: Lasogga F, Gasch B (Hrsg.) Notfallpsychologie – ein Lehrbuch für die Praxis. Heidelberg: Springer, S. 453–465.

LEIDIG S (1994) Nur keine Panik! München: Heyne.

LENZ W ET AL. (2000) Die Dispositionsqualität einer Rettungsleitstelle – Qualitätsmanagement mit der »Rückmeldezahl«. Notfall Rettungsmed. 3(2): 72–80

Lifeline (2006) http://www.arterie.com/arterie/hertzinfarkt/zahlen, 22.9.2006.

Lindemeier B (1995) Psychische, vegetative und soziale Folgen langjähriger Notarzttätigkeit. Rettungsdienst 18: 326–329.

Lippay C (1998) Im Überblick: Rettungsdienst in Frankreich. Rettungsdienst 21: 1073–1076.

Lippay C (1999) Stressmanagement in der Zivilluftfahrt als Vorbild für den Rettungsdienst? Rettungsdienst 22: 586–589.

Lloyd S, Streiner D, Shannon S (1994) Burnout, depression, love and job satisfaction among canadian emergency physicians. The Journal of Emergency Medicine 12: 559–565.

Locke EA, Latham G (1990) A theory of goal setting and task performance. Englewood Cliffs, NJ: Prentice Hall.

Lueger-Schuster B (2000) Psychotraumatologie. Psychologie in Österreich 5: 275–281.

Lutomsky B, Flake F (2000) Leitfaden Rettungsdienst. München: Urban und Fischer.

Madler C, Jauch K-W, Werdan K, Siegrist J, Pajonk FG (Hrsg.) (2009) Akutmedizin – die ersten 24 Stunden (Das NAW-Buch). München: Urban & Fischer.

Maercker A (1997) Therapie der Posttraumatischen Belastungsstörung. Berlin: Springer.

Manning R, Levine M, Collins A (2007) The Kitty Genovese murder and the social psychology of helping: The parable of the 38 witnesses. American Psychologist 62(6): 555–562.

Manz V (1998) Aufklärung und videogestützte Psychoedukation. Unveröff. Dissertation Universität Heidelberg.

Margraf J (1996) Lehrbuch der Verhaltenstherapie, Bd. 2: Störungen. Berlin: Springer.

Marxmüller H (1997) Der DB-Einsatzleiter als Notfallmanager im Bereich der Deutschen Bahn AG. Rettungsdienst 20: 1004–1005.

Marxmüller H (1998) Häufig beklagt: Qualitätsmangel Krankenhausanfahrt. Rettungsdienst 21: 160–161.

Mayer S (2000) Notfallpsychologinnen bei einer Katastrophenschutzübung des Landes Salzburg. Teil II: Der Rahmen für die Durchführung der Übung und die Kooperation. Psychologie in Österreich 5: 314–315.

Meichenbaum D (2012) Intervention bei Stress. Anwendung und Wirkung des Stress-Impfungs-Trainings. Bern: Hogrefe.

MELZACK R (1978) Das Rätsel des Schmerzes. Stuttgart: Hippokrates.

MEYER O (1999) Rettungsdienst in Maryland I: Ambulances und Paramedics. Rettungsdienst 22: 928–932.

MEYER W, BALCK F (1997) Psychologische Betreuung von Angehörigen. In: Bengel J (Hrsg.) Psychologie in der Notfallmedizin und im Rettungsdienst. Berlin: Springer, S. 205–212.

MEYER W, BALCK F, SPEIDEL H, SIEGMUND-SCHULTZE E, HOPF H (1992) Zur Psychologie des notärztlichen Verhaltens in Konfrontation mit dem Tod: Notärztlicher Umgang mit den Angehörigen. Notarzt 8: 66–71.

MINTZ A (1951) Non-adaptive group behaviour. Journal of Abnormal and Social Psychology 46: 150–159.

MITCHELL JT, EVERLY GS (2005) Handbuch Einsatznachsorge. Critical Incident Stress Management, hrsg. von Joachim Müller-Lange. Edewecht, Wien: Stumpf + Kossendey.

MITSCHKE T (1996) Handbuch für Technische Einsatzleitungen. Stuttgart: Kohlhammer.

MITSCHKE T, PETER H (2001) Handbuch für Schnell-Einsatz-Gruppen. Edewecht, Wien: Stumpf + Kossendey.

MITTE K, STEIL F, NACHTIGALL C (2005) Eine Metaanalyse unter Einsatz des Random-Effect-Modells zur Effektivität kurzfristiger psychologischer Interventionen nach akuter Traumatisierung. Z. Klin Psych. Psychother 34: 1–9.

MITTEILUNGEN (2001) Der Notarzt 17: 44.

MOECKE H ET AL. (2013) Praxishandbuch Qualitäts- und Risikomanagement im Rettungsdienst. Berlin: MWV Med. Wiss. Verl.-Ges.

MORAWETZ R (2000) Das Psychologische Akut Service. Psychologie in Österreich 5: 265–269.

MÜCK, HERBERT (2013) Mäuse fliehen in Panik wie Menschen – Enge Ausgänge verhindern Chaos http://www.dr-mueck.de/Wissenschaftsinfos/HM_Panik_Fliehen_Angst.htm (15. November 2013).

MÜLLER-LANGE J, RIESKE U, UNRUH J (2013) Handbuch Notfallseelsorge. Edewecht: Stumpf + Kossendey.

NADLER G (2001) Funktionale Einheit von Notfallrettung und Krankentransport: Reform angebracht! Rettungsdienst 24: 896–899.

NAHMIAS L (1983) Use of the SCL90R to assess health care staff's perceptions of patients' psychological states. Perceptual & Motor Skills 57(3): 803–806.

NEUMAYR A (2013) Qualitätsmanagement im prähospitalen Notfallwesen. Wien: Springer.

Oberender P, Hebborn A (1999) Innovationen in der Notfallkommunikation aus ökonomischer Perspektive. Rettungsdienst 22: 1098–1103.

Oberkinkhaus J (2009) Ersteintreffendes Rettungsmittel: Entwicklung eines Ablaufschemas. Rettungsdienst 32: 326–329.

Otto S (1997) Konfliktfelder im Rettungsdienst III: Notarzt – Hausarzt. Rettungsdienst 20: 806–807.

o.V. (2001) Notfallpsychologie: Übergangsregelungen verabschiedet. Report Psychologie 25: 5–6.

Padosch SA, Wetsch WA (2013) Panikreaktionen und Massenphänomene im Großschadensfall. Anästh Intensivmed. 54: 120–125.

Pajonk F, Cransac P (2010) Arbeitszufriedenheit und psychische Belastung bei Berufsfeuerwehrleuten. Brandschutz 64(3): 173–177.

Passkowski H (Opferschutzbeauftragter der Stadt Dortmund) (2001) Mündliche Mitteilung, 18.10.2001.

Paulus J (2001) Wenn die Helfer Hilfe brauchen. Die Zeit Nr. 33 vom 9.8.2001, S. 24.

Pech F (1998) Erfahrungen mit der psychologischen Fortbildung. In: Deutsches Rotes Kreuz (Hrsg.) Rettungsdienst 2000 – Kongressbericht 9. Rettungsdienstkongress Münster. Bonn: Nagel, S. 357–359.

Pennebaker JW (1997) Writing about emotional experiences as a therapeutic process. Psychological Science 8: 162–166.

Peter H, Maurer K (2001) Die Leitstelle beim MANV. Edewecht, Wien: Stumpf + Kossendey.

Peter H, Mitschke T, Uhr T (2001) Notarzt und Rettungsassistent beim MANV. Edewecht, Wien: Stumpf + Kossendey (=SEGmente 3).

Pietschmann H (2001) DIN EN 1789 und die Folgen: Wer macht was? Rettungsdienst 24: 14–18.

Plappert T (2011) VIRSEM: Ein neuer Weg in der Erfassung von Gewalt in der Notfallmedizin. Rettungsdienst 35: 726–727.

Poguntke P (2001) 5. Münchener BRK-Fachtagung: Was wollen Journalisten vom Rettungsdienst wissen? Rettungsdienst 24: 798–799.

Poguntke P, Eichner M (2013) First Responder: Verstärkung für die Rettungskette. Edewecht: Stumpf + Kossendey

Pohl-Meuthen U, Koch B, Kuschinsky B (1999) Rettungsdienst in Staaten der Europäischen Union. Nottuln: Verlags- und Vertriebsgesellschaft des DRK.

Polizeipräsidium Mülheim an der Ruhr (Hrsg.) (o.J.) Faltblatt zur Aufklärung über Todesermittlungsverfahren.

Poloczek S, Schmitt TK, Pajonk FG (2001) Psychiatrische Notfälle und psychosoziale Krisen – eine neue Aufgabe für die Notfallmedizin? Notfall Rettungsmed. 4(5): 352–358.

Przyrembel M, Jonas K, Beelmann A (2008) Entwicklung und Evaluation eines Trainings zur Optimierung der Überbringung von Todesnachrichten durch Polizeibeamte. Polizei und Wissenschaft 4/2008: 51–63.

Quarantelli EL (1954) The nature and conditions of panic. American Journal of Sociology 60: 267–275.

Quarantelli EL (1989) How individuals and groups react during disasters: Planning and managing implications for EMS delivery. Disaster Research Center, University of Delaware.

Quarantelli EL (1999) Disaster related social behaviour: Summary of 50 years of research findings. Disaster Research Center, University of Delaware. www.udel.edu/DRC/publications.html.

Quellmelz M (2013) Entwicklung und Evaluation eines psychologischen Trainings für Stabsmitglieder und Leitstellendisponenten der Feuerwehr. Hamburg: Verlag Dr. Kovac.

Quellmelz M, Lasogga F (2013) Ausbildungskonzept für Leitstellen im Rettungsdienst. In: Abschlussbericht des BMBF Verbundprojekts SPIDER (Security System für Public Institutions in Disastrous Emergency Scenarios).

Redaktion Rettungsdienst (2001) Jg. 24.

Redelsteiner G (1988) Die psychische Situation des Notfallpatienten. Rettungsdienst 11: 614–621.

Reinecke S, Runde B, Bastians F, Bär O, Weiss U, Heuft G (2006) Qualität, Intensität und Quantität von psychischen Belastungen innerhalb der Polizeiarbeit – Bericht über ein Forschungsprojekt. In: Polizei & Wissenschaft 2/2006: 4–16.

Rempe A (2000) Vortrag, Fortbildungsseminar für den Leitenden Notarzt, 16.–20.6.2000, Porta Westfalica.

Reschen M (2001) Katastrophen-Management. Vortrag, Ausbildungskurs Notfallmedizin (ANS), 29.9.–6.10.2001, Bad Gastein.

Riebandt FH (1996) Der Ärztliche Leiter des Rettungsdienstes. In: Engelhardt G.H. (Hrsg.) Rettungsdienst in Europa. Edewecht, Wien: Stumpf + Kossendey, S. 91–92.

Rogers C (1973) Die klientenzentrierte Gesprächspsychotherapie. München: Kindler.

Rogner O, Frey D, Havemann D (1987) Der Genesungsverlauf von Unfallpatienten aus kognitionspsychologischer Sicht. Zeitschr. f. Klinische Psychologie 1: 11–28.

Roy H (2000) Vortrag, 8. Refresherkurs für Leitende Notärzte, 26.–28.10.2000, Oberwiesental.

Runggaldier K, Enke K, Bals Th (1994) Die Berufsausbildung im Rettungsdienst. Nottuln: Verlags- und Vertriebsgesellschaft des DRK.

Russell RD (1994) Situal altruism: Toward an explanation of pathologies in disaster assistance. Disaster Research Center, University of Delaware. www. udel.edu/DRC/publications.html.

Saigh P (1995) Posttraumatische Belastungsstörung. Diagnose und Behandlung psychischer Störungen bei Opfern von Gewalttaten und Katastrophen. Bern: Huber.

Sass H, Wittchern H-U, Zaudig M (2003) Diagnostisches und Statistisches Manual psychischer Störungen. DSM IV Tr. Göttingen: Hogrefe.

Saternus K-S, Helmerichs J, Walter-Humke S (1996) Der plötzliche Kindstod – Betreuungsaufgaben in der Notfallmedizin. Notarzt 12: 43–46.

Schaper (1996) Mündliche Mitteilung, 44. Delegiertenversammlung des Deutschen Feuerwehrtages, 5.10.1996, Bad Neuenahr/Ahrweiler.

Scharfetter C (1986) Die Angst des schizophrenen Menschen. In: Faust V (Hrsg.) Angst – Furcht – Panik. Stuttgart: Hippokrates, S. 106–111.

Schenk G (1958) Panik – Wahn – Besessenheit. Stuttgart: Mundus.

Schmidbauer W (1992) Hilflose Helfer. Reinbek b. Hamburg: Rowohlt.

Schnabel M et al. (1998) Notfallmedizinische Ausbildung für Medizinstudenten. Rettungsdienst 21: 662–666.

Scholl H, Mayer F (2001) Flugrettung in Kärnten: Chaotische Verhältnisse erfordern dringend klare Neuorganisation! Rettungsdienst 24: 904–908.

Schuh H (1986) Kollektives Verhalten in der Katastrophe – Beurteilungshilfen und Führungsmaßnahmen. In: Faust V (Hrsg.) Angst – Furcht – Panik. Stuttgart: Hippokrates, S. 225–234.

Schüller K (1999) Wenn schnelle Entscheidungen gefragt sind: Weisungsbefugnisse im Rettungsdienst. Rettungsdienst 22: 802–805.

Schüpbach H (1997) Organisationspsychologische Konzepte und Strategien. In: Bengel J (Hrsg.) Psychologie in Notfallmedizin und Rettungsdienst. Berlin: Springer, S. 307–326.

Schuster H-P (1993) Internistische Notfälle. In: Gross R, Schölmerich P, Gerok W (Hrsg.) Die Innere Medizin. Stuttgart: Schattauer, S. 1221–1232.

Schwarz R (1997) Streßbewältigung im Rettungsdienst. Vortrag, Tage der Klinischen Psychologie (BDP), Hamburg.

SCHWIND H-D (1998) Alle gaffen – keiner hilft. Heidelberg: Hüthig.

SCHWIND H-D, GIETL S, ZWENGER G (1991) Der (non-helping) bystander-Effekt. Kriminalistik 45(4): 233–242.

SEFRIN P (2001) Reanimation. Vortrag, Ausbildungskurs Notfallmedizin (ANS), 29.9.–6.10.2001, Bad Gastein.

SENDERA A, SENDERA M (2013) Trauma und Burnout in helfenden Berufen. Wien: Springer.

SEXTON BJ (2004) The better the team, the safer the world. Golden rules of group interaction in high risk environments: Evidence based suggestions for improving performance. Gottlieb Daimler und Karl Benz Foundation & Swiss Re Centre of Global Dialogue. Ladenburg und Rüschlikon.

SINGER S, BENGEL J (2004) Belastungsverarbeitung und Stressbewältigung. In: Bengel J. (Hrsg.) Psychologie in Notfallmedizin und Rettungsdienst. Berlin: Springer, S. 229–242.

SODENKAMP U (2000) Oberbrandmeister der Feuerwehr Arnsberg, Mündliche Mitteilung

SPIEWAK M (2000) Suche nach der Zauberformel. DIE ZEIT Nr. 36 vom 31.8.2000, S. 32.

STALP M (1998) Erfahrungen mit der Telemedizin an der MHH. In: Engelhardt GH (Hrsg.) Der Rettungsdienst vor neuen Herausforderungen. Edewecht, Wien: Stumpf + Kossendey, S. 429–432.

STÄNDIGE KONFERENZ FÜR DEN RETTUNGSDIENST (1999) Berufliche Ausbildung zur Rettungsassistentin, zum Rettungsassistenten – Curriculum. Gemeinsame Ausbildungsgrundlage der Rettungsdienstorganisationen Arbeiter-Samariter-Bund, Deutsches Rotes Kreuz – Johanniter-Unfall-Hilfe, Malteser Hilfsdienst und der Berufsfeuerwehren in Deutschland. Nottuln: Verlags- und Vertriebsgesellschaft des DRK.

STAPELFELD JP (1986) Angst und Panik – Bedeutung für Brandschutzmaßnahmen. In: Faust V (Hrsg.) Angst – Furcht – Panik. Stuttgart: Hippokrates, S. 241–249.

STAUFFERT B (o.J.) Bedürfnisse von Patienten im Krankentransport und Rettungsdienst. Unver. Diplomarbeit, Universität Bamberg.

STEINIGER S, HUBER W, SCHIER V (1992) Großunfälle im Straßenverkehr. Bergisch Gladbach: Bundesanstalt für Straßenwesen.

STEPAN T (1997) Mobbing im Rettungsdienst: Über neue Umgangsformen im Kollegenkreis. Rettungsdienst 20: 711.

STEPAN T (1998) Wenn sich der »Lebensbogen« schließt. Rettungsdienst 21: 108–113.

STEPAN T (2000) Der »Kick« mit dem Blaulicht oder: Schon wieder nichts »Gescheites«. Rettungsdienst 23: 950–951.

STEPAN T, WESSELS M (1996) Wir sind mit den Bildern im Kopf allein. Rettungsdienst 19: 500–501.

STRATMANN D (2000) Vortrag, Fortbildungsseminar für den Leitenden Notarzt, 16.–20.6.2000, Porta Westfalica.

STRATMANN D (2001) Mündliche Mitteilung.

STRATMANN D, ANDING K, LACKNER CK, RUPPERT M, MOECKE H (2001) Interdisziplinärer BAND-Workshop »Ärztlicher Leiter Rettungsdienst« – Bericht und Resolution. Notfall Rettungsmed. 4(5): 364–367.

STRAUSS B (1998) Zuschauer. Göttingen: Hogrefe.

STRIAN F, PLOOG D (1986) Angst und Katastrophenreaktion. In: Faust V (Hrsg.) Angst – Furcht – Panik. Stuttgart: Hippokrates, S. 213–218.

TEEGEN F, DOMNICK A, HEERDEGEN M (1997) Hochbelastende Erfahrungen im Berufsalltag von Polizei und Feuerwehr: Traumaexposition, Belastungsstörungen, Bewältigungsstrategien. Verhaltenstherapie und psychosoziale Praxis 29(4): 583–599.

TIERNEY KJ (1993) Disaster preparedness and response: Research findings and guidance from the social science literature. Disaster Research Center, University of Delaware. www.udel.edu/DRC/publications.html.

TOPP S (1998) Rettungsdienst 2000 – Integraler Bestandteil des »Komplexen Hilfeleistungssystems«. Kongressbericht, DRK-Rettungskongress, 13.5.1998. Bonn: Nagel, S. 657–675.

TREUKANN S (1999) Die Schnittstelle »Rettungsdienst / Notaufnahme im Krankenhaus«. Diplomarbeit, Universität Dortmund.

TRIES R (1998) Den Rettungsdienst besser machen? – aus der Sicht der Polizei. In: Engelhardt G.H. (Hrsg.) Der Rettungsdienst vor neuen Herausforderungen. Edewecht, Wien: Stumpf + Kossendey, S. 294–298.

TRIES R (1998A) Die Polizei – Dein Freund und Erst-Helfer. Rettungsdienst 21: 510–514.

TRUM H, SCHMALZL HP, LANGER M (1987) »Einen Schritt weiter – und ich springe!«. Stuttgart: Boorberg.

UFER MR (1999) Rechtsfragen bei der Notaufnahme im Krankenhaus. Rettungsdienst 22: 1122–1124.

UFER MR (2001) Verweigerung der Notaufnahme? Wenn Krankenhäuser »abmelden«... Rettungsdienst 24: 792–793.

VEITH J (1999) Wenn es auf der Seele brennt. Rettungsdienst 22: 72.

VERGEINER G, CZAPPEK G, SCHNEIDER A (1999) »Advanced Medical Priority Dispatch System« zwei Jahre im Einsatz. Rettungsdienst 22: 798–801.

Volmert K, Lasogga F (2013) Psychosoziale Notfallhelfer – Ausbildung, Belastungen und Folgen. Trauma und Gewalt 7(4): 278–289.

Warger R (2007) Kriseninterventionsdienst. Unterschiede zwischen aktiven Mitarbeitern und Aussteigern hinsichtlich Trauma Symptomen, Burnout Symptomen und chronischem Stress. Unveröffentlichte Magisterarbeit, Universität Innsbruck.

Waterstraat F (2011) Notfallseelsorge. In: Lasogga F, Gasch B (Hrsg.) Notfallpsychologie – Ein Lehrbuch für die Praxis. Berlin: Springer, S. 213–227

Wendrich P (2000) Psychisch-emotionale Reaktionen nach einem Unfall. Rettungsdienst 23: 1070–1075.

Werneburg H-Ch (2001) Erfahrungsbericht aus der Notfallseelsorge. In: Bundesanstalt für Arbeitsschutz und Arbeitsmedizin (Hrsg.) Psychologische Vor- und Nachsorge für Beschäftigte von Berufsgruppen, die mit Notfallsituationen konfrontiert sind. Bremerhaven: Wirtschaftsverlag NW, S. 33–35.

Wetzchewald D (2012) (aim). Mündliche Mitteilung.

Wichmann V (2000) Vortrag, Kurs Fachkunde Rettungsdienst, 28.4.–4.5.2000, Arnsberg.

Widetscheck O (2000) »Wehe, wenn sie losgelassen!« Vortrag, 17. St. Pauler Notfalltage, 4.–6.5.2000, St. Paul.

Willkomm B (2000) CISM (nach Mitchell): Maßnahmen zur akuten Krisenintervention und zur Prävention posttraumatischer Belastungsstörungen. Psychologie in Österreich 5: 251–254.

Wolf V (2000) Die Bedeutung von Information als wichtiges Element des psychoedukativen Ansatzes in der notfallpsychologischen Arbeit mit Kindern und Jugendlichen. Psychologie in Österreich 5: 284–286.

www.uni-bamberg.de/ppp/insttheopsy/Glossar/Fehler (2000)

Zehentner P (2011) Das Kriseninterventionsteam (KIT) München. In: Lasogga F, Gasch B (Hrsg.) Notfallpsychologie – Ein Lehrbuch für die Praxis. Berlin: Springer.

Zeigarnik B (1927) Das Behalten erledigter und unerledigter Handlungen. Psychologische Forschung 9: 1–85.

Zimbardo PG (1983) Psychologie. Berlin: Springer.

Zwingmann C (1971) Katastrophen-Reaktionen. Frankfurt/M: Akademische Verlagsgesellschaft.

Zydziak J (1999) Krankenhaus – das Ende der Rettungskette? Rettungsdienst 22: 1090–1092.

Autoren

Prof. Dr. Frank Lasogga, Jahrgang 1951, studierte Psychologie an der Universität Hamburg. Seit 1975 lehrt und forscht er an der Universität Dortmund. Hauptarbeitsgebiet: Klinische Psychologie mit dem Schwerpunkt Notfallpsychologie (Psychische Erste Hilfe, Psychosoziale Notfallhilfe; Hilfen für Helfer etc.). Seit 1988 zahlreiche Bücher und Artikel zur Notfallpsychologie.

Prof. Dr. Bernd Gasch (em.), Jahrgang 1941, studierte Psychologie in Erlangen und Hamburg. Seit 1979 an der Universität Dortmund. Dort u.a. auch zeitweise Dekan und Prorektor. Forschungsaufenthalte in Australien und den USA. Arbeitsgebiete: Notfallpsychologie, Organisationspsychologie und Pädagogische Psychologie.

Alle Abbildungen sind nach Vorgabe der Autoren vom Verlag erstellt worden.

Register

A

Abgestumpftheit ... 57, 101
Ablenkung ... 131
 von Kindern ... 103
Abschied von Verstorbenen ... 117
Abschirmen ... 84, 123
Abwehrmechanismen ... 39–40
Affektregulation ... 43
Aggressionen von Opfern ... 29, 37–38, 107, 160, 185
aktives Zuhören ... 96–97, 100, 132
Aktivierung ... 131–132
akute Belastungsreaktion ... 54
akute Belastungsstörung ... 44
Akutintervention ... 20, 22, 141
Alarmierungsstichworte ... 62
Alexithymie ... 43
Alkoholkonsum ... 156
Allgemeines Adaptions-Syndrom ... 55
Als-ob-Empfinden ... 52
alte Menschen ... 30, 104–105, 163
Altruismus, situativer ... 166
Amnesie, dissoziative ... 44
Angehörige ... 23, 53, 78, 82, 92, 98
 Umgang mit ... 106–107, 109–121, 137–138
 von Suizidalen ... 161
Angst
 Helfer ... 57, 143
 Opfer ... 25, 27, 34, 42, 44
Anhängekarte ... 174
Ansprechpartner ... 98
Ansprüche, eigene ... 56
Anteilnahme ... 87, 116–117
Arousal ... 46, 55, 125, 183
Ärztlicher Leiter Rettungsdienst (ÄLRD) ... 64, 67, 77
Atemnot ... 25, 44
Atmung ... 130, 145, 191–192
Aufgaben (psychosozialer Notfallhelfer) ... 53
Aufgabenzuteilung *siehe auch* Handlungsanweisung ... 110–111
Aufklärung ... 25, 134
Augenzeugen ... 17, 21, 23, 42, 52, 108–109, 138–140
Ausbildung ... 49–51, 53–55
Ausländer ... 105–106
Ausstattung der Rettungsfahrzeuge ... 74

B

BAND ... 173
Bedanken ... 99
Begrüßen ... 89–90
Beherrschung ... 38
Belastungen
- externe ... 26–27
- Helfer ... 55–58
- interne ... 23–25
- Opfer ... 23–30
- physiologische ... 23–27
- psychologische ... 27–30
- Übersicht ... 24

Beruhigen ... 85, 130–132
Bewertungsangst ... 82
Bewusstlosigkeit ... 25, 95, 97
Bewusstseinstrübung ... 25
Bezugspersonen ... 16, 31, 40–41, 102
Bildvorstellung ... 130
Blickkontakt ... 86, 94, 96, 116, 152
Bundesärztekammer ... 61, 65, 67, 77, 173
Bundeswehr ... 59
Burnout ... 48

C

Checklisten
- Einsatzplanung ... 127
- Großschadensereignis ... 171

Coping-Strategien ... 32, 119, 133
Critical Incident Stress Management (CISM) ... 148–149
Curriculum ... 49, 54

D

Debriefing ... 148–149
Defusing ... 148
Demobilization ... 148
Denkblockade ... 162, 183–184
Depersonalisation ... 44
Depersonalisationserleben ... 183
Depressionen
- Helfer ... 56
- Opfer ... 43, 107

Derealisationserleben ... 44, 183
Dienstleistung ... 80–81
DIN-Normen ... 65, 74
DIVI ... 65, 76–77

Dokumentation 72, 169
DSM-IV-TR 45–46
Dunkelheit 26, 163
Durchsage 125, 194–196
 Muster 194–195

E

Eigenkontrolle *siehe auch* Selbstkontrolle 28, 95
Eigensicherung 172
Einbruch 23, 33, 135, 162–164
 Beratung 164
Einklemmung 27, 131
Einsatz 129–140
Einsatzplanung 126–128
 Checkliste 127
Einweisung in die Psychiatrie 160–161
Empathieverlust 57
Entfremdung 46
Entsetzen über die eigene Reaktion 43, 184
Entspannungstechniken
 Helfer 144–145
 Opfer 135
Erregungsdämpfung 193
Erregungsniveau 84, 125, 130, 145
Erregungszustand 183
Ersatz, psychischer 98, 110
Ersthelfer *siehe auch* Laienhelfer 64, 82–87

F

Fachbegriffe 92, 115
Fachkundenachweis Rettungsdienst 64
Feuerwehr 18, 59, 62, 70–71
First Responder 64
»Flaschenhals«-Situation 187–189
Floskeln 92, 111–112, 116
Folgeprobleme
 Helfer 55–58
 Opfer 20, 41, 80–81, 95, 163
Forschungssituation 197
Fortbildung 49
Fortbildungspflicht 63–64
Fragen (von Kindern) 94, 102–103
Freezing 184–186, 192
Frustration 107
Führungskompetenz 49

G

Gedächtnisschwierigkeiten ... 56, 170
Gedanken des Opfers ... 35–36
Gedankenstopp ... 131, 136
Gefühle des Opfers ... 34–35
Gefühlsarmut ... 43–44
Gefühlskälte ... 57, 116
Geruchssinn ... 27
Gesamteinsatzleiter ... 66
Gesamtzufriedenheit ... 82
Gespräche ... 86–87, 96–97, 117, 132–133, 135, 158–159
  Themenwahl ... 86–87
Gesprächsführung ... 96–97
Gesprächsphasen ... 132
Gestik *siehe* nonverbales Verhalten
Getränke ... 53
Gleichgültigkeit *siehe auch* Abgestumpftheit, Gefühlskälte ... 163
Großschadensereignis ... 52, 55, 65–67, 112, 165–196
  Checkliste ... 171
  Einsatzhierarchie ... 168
  erste Schritte ... 172–174
  Prävention ... 179–180

H

Handlungsanweisung *siehe auch* Aufgabenzuteilung ... 192–194
Handlungsunterbrechung ... 28
Hektik ... 57, 91, 100–101, 108, 152, 177
Helfer ... 18–19, 47–48
  Aggressivität ... 56
  Angst ... 56, 143
  Belastungen ... 55–58
  Depressionen ... 56–57
  Entspannungstechniken ... 144–145
  Folgeprobleme ... 55–58
  posttraumatische Belastungsstörung ... 56–57
  professionelle ... 10, 48–51, 78, 88–126
  Stress ... 55–56, 144–145, 190
  Umgang mit ... 99
  Verhalten ... 40
Helfergruppen ... 47–55
Helfersyndrom ... 48
Herzinfarkt ... 15, 41, 109, 150–153
Hierarchie ... 29–30
Hilfe
  psychologische ... 78–149
  psychologische / für Helfer ... 141–149
  technische ... 173, 190

Hilfsangebote 136
Hilfsfrist 75–76
Hitze 26, 56
Horizontalflucht 171

I

indirekt Betroffene 12, 23
Infantilisierung 105
Information 83, 89, 91–94, 129–130, 189, 193
Informationsblätter
  bei Todesfall 120
  für Einbruchsopfer 164
  für Notfallopfer, Angehörige und Augenzeugen 139–140
Informationsüberlastung 170
Informationsweitergabe 72–73
Intervention 19, 142, 191–196
  bei individueller Panik 191–192
  bei Massenpanik 193–196

J

Jugendliche 102–104

K

Kälte 25–26, 56
Katastrophe 13–14, 165
Katastrophenschutz 67, 179–180
Kinder 30, 102–104, 117, 163
Kirchen 59
Kliniken 71–73, 174
Kommunikation
  beim Großschadensereignis 167, 169
  mit den Einsatzkräften 62–63, 173
Kompatibilitäts-Schwierigkeiten 75
Kompetenz 62, 82, 94–95, 101, 151–152
  Führungs- 49
Konflikte 53, 69
Konkurrenzsituation 81
Kontakt 43, 85–86, 90, 97, 102, 106, 130, 157
Kontrollverlust 28, 95
Konzentrationsstörung 44, 56
Kooperation 60, 68–73
  mit den Medien 176
Koordination bei Großschadensereignissen 167–169
Kopfschmerzen 56–57, 163
Körperkontakt 85–86, 90, 130
  bei Ausländern 106

bei Jugendlichen ... 104
bei Kindern ... 102
Krankentransporte ... 62
Krankheitsgewinn, sekundärer ... 41
Kreislaufprobleme ... 44
kriminelle Delikte ... 9, 15, 52
Kriseninterventionsteam ... 51
Kundenorientierung ... 81–82
Kuscheltier ... 81, 103

L

Lachen ... 38, 185
Lage des Unfallopfers ... 26–27, 30
Lagefeststellung ... 172–173
Lähmung *siehe auch* Freezing ... 25, 38
Laienhelfer *siehe auch* Ersthelfer ... 21, 47–48, 82–87
Länderzuständigkeit ... 74–77
Landesärztekammern ... 74
Lärm ... 26, 56, 188
Leitender Notarzt (LNA) ... 65–66, 70, 165
Leitstelle ... 21, 52, 61–63, 65, 67, 70–71
beim Großschadensereignis ... 167, 173, 176
Licht ... 17, 26, 156, 188
Losgelöstsein ... 44, 46

M

Machtstrukturen ... 30
Magengeschwür ... 163
Magenschmerzen ... 44
Massenanfall von Verletzten *siehe* Großschadensereignis
Massenpanik ... 186–188, 193–196
Massenreaktion ... 181
Medien ... 9, 18, 122, 136–137, 179
Bedürfnisse ... 175
Medienvertreter ... 18, 48, 129, 155
Umgang mit ... 175–176
medizinische Notfälle ... 9, 13, 15
mentales Training ... 144
Mikrostressoren ... 56
Mimik *siehe* nonverbales Verhalten
Misstrauen ... 35
Mitleid ... 78, 116
Modellwirkung (Zuschauer als Helfer) ... 125–126
Moderatorvariablen ... 30–32, 36, 40, 146
Motivation ... 122
der Opfer ... 124, 193–194
Muskelentspannung (Relaxation) ... 130–131, 145

N

Nachbearbeitung ... 148
Nachbesprechung ... 146–148
Nachbetreuung ... 22, 140–141
Nachforderung ... 61
Nachsorge ... 13, 19, 142, 145–149
Nachtarbeit ... 56
Namensnennung ... 89, 110, 152
Naturereignisse ... 9, 13–14, 26, 42
Naturkatastrophen ... 13
Neid ... 29
Nervosität ... 41, 100–101
Netz, soziales ... 133–134
Neubewertung von Verhalten ... 136
Neugier ... 122
nonverbales Verhalten ... 85, 90–91, 100, 104, 106, 115
Notarzt ... 61, 64–65, 68–70
Notarztausbildung ... 50, 74
Notarztindikationskatalog ... 61
Notaufnahme ... 71–73
Notausgänge ... 189
Notfälle ... 12–13
  Definition ... 12
  medizinische ... 9, 13, 15
  soziale ... 9
  technische ... 13–14
  zwischenmenschliche ... 13, 15–16
Notfallbegleiter ... 51
Notfallfolgen ... 36
Notfallhelfer, psychosoziale ... 51–54, 57, 98–99, 126–141
  Aufgaben ... 53
  beim Großschadensereignis ... 176–179
  Indikationen ... 52
Notfallhilfe, psychosoziale ... 20–22, 178
Notfallkoffer, psychologischer ... 128
Notfallpsychologen *siehe auch* psychologische Fachkräfte ... 11
Notfallpsychologie
  Definition ... 12
  Faktoren ... 12
Notfallreaktion ... 33–41
Notfallsanitäter ... 63–64
  Ausbildung ... 49–50
Notfallseelsorge ... 51, 53, 114
Notfalltypen ... 13–16
Notkompetenz ... 63–64, 67
Notruf ... 61, 70
Notrufnummern ... 75

O

Obduktion 53, 121
Opfer 16–17, 23–46
  Aggressionen 37–38, 107
  Angst 34, 42, 44
  Belastungen 23–30
  Depressionen 43, 107
  Entspannungstechniken 135
  Folgeprobleme 20, 80–81, 95
  Gedanken 35–36
  Gefühle 34–35
  Konstitution 30
  Lage 26–27, 30
  Misstrauen 35
  Moderatorvariablen 30–32
  Motivation 124, 193–194
  posttraumatische Belastungsstörung 110
  Reaktionen 23, 33–41, 93
  Rückzug 43
  Schamgefühle 35
  Schuldgefühle 29, 34–35
  Umgang mit 89–99
  Verhalten 36–40
  Vermeidungsverhalten 43–44
  Vorerkrankungen 30
Organisationen 59–77
  Strukturen 72
Organisatorischer Leiter (OrgL) 27, 66, 70–71, 177

P

Panik 180–196
  Definition 180–181
  Intervention 191–196
  Prävention 189–191
  Typen 184–188
paradoxe Intention 160
paraverbales Verhalten 91–92, 94, 106, 159
Patientenübergabe 71–73
Personalplanung 143
Personengruppen 12, 16–19
physiologische Belastungen 23–27
Polizei 18, 53, 59, 70–71, 80, 107, 114, 120
Polizeibeamte, Ausbildung 50–51
posttraumatische Belastungsstörung 45–46
  Helfer 56
  Opfer 110
  Risikofaktoren 42
  Symptome 45–46

Prävention 14, 19–21
  von Großschadensereignissen 179–180
  von Panik 189–191
Pressezentrum 175
Probleme, psychologische beim Großschadensereignis 170–172
professionelle Helfer 48–51, 78, 88
protektive Faktoren 31
Protokoll 72–73, 76
Psychiatrie, Einweisung 160–161
Psychische Erste Hilfe 20–21, 48, 82–87, 151
psychischer Ersatz 98, 110
Psychoanalyse 39, 141
Psychoedukation 53, 134–137, 139
psychologische Akutintervention 20, 22, 141
psychologische Belastungen 27–30
psychologische Fachkräfte 22, 54–55, 141
psychologische Hilfe 78–149
  für Helfer 141–149
psychologische Rettungskette 82
psychologischer Notfallkoffer 128
Psychopharmaka 131
Psychosomatik 25, 79–80
psychosoziale Notfallhelfer 51–54, 57, 98–99, 126–141
  beim Großschadensereignis 176–179
psychosoziale Notfallhilfe 20, 21–22, 178
psychosoziale Versorgung, Überblick 20
Psychotherapeuten 21–22, 54–55, 143, 149
Psychotherapie 141, 149

Q

Qualitätsmanagement 60, 67, 80

R

Rationalisierung 39
Raubüberfälle 9, 15, 31
Reaktanz 124–125
Reaktionen
  auf Todesnachricht 119–121
  der Opfer 23, 33–41, 93
  im Katastrophenfall 166
Reanimation, erfolglose 51
Regression 39–40
Reizbarkeit 44, 46, 57
»Rendezvous-System« 61–62
»Reparaturdienstverhalten« 171
Ressourcen 53, 100, 133–134
  beim Großschadensereignis 167

Rettungsassistent ... 63, 68
  Ausbildung ... 49
Rettungsdienst
  Beteiligte ... 62–67
  Mitarbeiter ... 63–64, 68–70
  -Protokoll ... 76
  Träger ... 77
Rettungsfahrzeuge, Ausstattung ... 74
Rettungshelfer ... 64
Rettungskette, psychologische ... 82
Rettungsleitstelle *siehe* Leistelle
Rettungsmittel ... 62, 74, 76, 165, 173
Rettungssanitäter ... 64, 68
Rettungsteam *siehe auch* Rettungsdienst, Beteiligte ... 68–73, 149, 152
Rettungswesen ... 63, 73, 77
Risikofaktoren ... 31–32
Routine ... 71, 101, 163
Rückenschmerzen ... 44

S

Schädigungstyp ... 16
Schamgefühle ... 35
Schaulust ... 122–123
Schichtarbeit ... 56
Schlafstörung ... 44, 57, 163
Schmerzen ... 23–25
Schock ... 36–37
Schreien ... 37
Schuldgefühle ... 29, 34–35
Schuldzuweisungen ... 87, 100, 116, 124
Schutzräume ... 180
Schwindel ... 44
sekundärer Krankheitsgewinn ... 41
Sekundär-Traumatisierung ... 40
Selbsthilfegruppen ... 119, 141
Selbstkontrolle ... 28, 95, 110, 133–135, 190
sensorische Empfindungen ... 25
Sichtblenden ... 123
Sichtung ... 65, 173–174
Situationstypen (Angehörige) ... 109
Somatisierung ... 44
soziale Notfälle ... 9
soziales Umfeld ... 133–134, 137
Sprachprobleme ... 106
Sprechgeschwindigkeit *siehe* paraverbales Verhalten
Statusprobleme ... 62
Sterbende ... 49, 108

Störungen
bei Helfern ... 55–58
langfristige ... 45–46
mittelfristige ... 42–44
Stress (Helfer) ... 55–56, 144–145, 190
Stress-Impfungs-Training ... 145
Strukturieren ... 132–133
Suizidversuch ... 16, 52, 54, 153–162
Angehörige ... 161
Fehler von Helfern ... 159
Gründe ... 154
öffentlicher ... 155–156
Supervision ... 148

T

Taubheit, emotionale *siehe auch* Gefühlsarmut ... 44
Taubheitsgefühle ... 25
Teamentwicklung ... 143
technische Hilfe ... 173, 190
technische Notfälle ... 13–14
Technisches Hilfswerk ... 48, 68
Temperaturunterschiede ... 26
Therapie ... 22
Tod
eines Angehörigen ... 51, 111–121
eines Kindes ... 51, 111
Todesnachricht ... 51, 112–121
Reaktionen auf ... 119–121
Regeln für das Überbringen ... 118
Todesursache, unklare ... 119–121
»Todsünden« ... 99–101
Tonfall *siehe* paraverbales Verhalten
Totenbergung ... 174, 180
Totenschein ... 121
Trauma-Therapie ... 22, 141, 149

U

Überaktivität ... 38, 101
Überbewertung ... 170–171
Überlastung ... 170
Überlebenschancen, Frage nach ... 94
Umfeld, soziales ... 133–134, 137
Umgang
mit Angehörigen ... 106–107, 109–121, 137–138
mit Helfern ... 99
mit Medienvertretern ... 175–176

mit Opfern ... 89–109
mit Zuschauern ... 122–126
Unfälle ... 14

V

Verantwortlichkeiten (Massenpanik) ... 189–190
Verdrängung ... 39
Vergewaltigung ... 9, 15, 28, 35, 52, 85, 90
Verhalten
Helfer ... 40
nonverbales ... 90–91, 100, 104, 106, 115
Opfer ... 36–40
paraverbales ... 91–92, 94, 158
Umwelt ... 41
Verhaltenstherapie ... 141
Verkehrsunfälle ... 14
Verletzungsschwere ... 23–24, 93
Verleugnung ... 39
Vermeidungsverhalten ... 43–44
Vermisste ... 16, 52, 121
Verschüttung ... 26–27, 131
Versicherungen ... 59, 141, 164
Versorgungskapazität der Kliniken ... 71, 170
Vertrauen ... 35, 159–160
Verursacher ... 18, 108–109, 138
Visitenkarte ... 119, 121, 161
Vorerkrankungen ... 30
Vorgesetzte ... 56, 121, 141, 145, 147
Vorstellung ... 89–90, 110, 114, 129
Vorwarnung (Katastrophen) ... 179, 189
Vorwarnzeit ... 14
Vorwürfe ... 29, 100, 116

W

Weinen ... 37, 90–91, 130
Weisungsbefugnis ... 66, 68–69, 71
Wiedererleben ... 44
Wiederholungen ... 194
wirtschaftliche Aspekte ... 80–81
Wut ... 29, 46, 119, 162

Z

Zeitangaben ... 91–92
Zeitdauer einer Situation ... 19, 52
Zeitdimension ... 12, 19–22

Zeitdruck ... 55–56
Zuhören, aktives ... 96–97, 100, 132
Zusammenarbeit ... 54, 68–73, 166
  mit den Medien ... 175–176
Zusatzweiterbildung Notfallmedizin ... 64
Zuschauer ... 17–18, 21, 23, 28–29, 47–48, 84, 108
  Umgang mit ... 122–126
Zuwendung ... 102, 108, 151
zwischenmenschliche Notfälle ... 13, 15–16
Zwischenziele ... 172